福建省“十四五”普通高等教育本科规划教材

信息检索与科研创新

主　编　杨　瑜

副主编　饶绪黎　陈旭华

科学出版社

北　京

内 容 简 介

本书旨在普及信息检索的基本知识，教授学生获取信息的有效手段与技巧，以期提高学生的信息素养，促进科研创新，最终达到提升学术研究和实践应用能力的目的。全书分为 7 章，从探讨信息素养、数字素养与科研创新的关系开始，逐步引导学生了解信息检索的基础知识，包括信息的类型、检索的原理和主要检索技术。在此基础上，详细介绍网络信息资源的特点以及常用检索工具的使用方法。为了帮助学生更好地开展科研工作，还介绍了论文的开题与撰写方法，以及文献管理软件的使用。最后，通过两个实际案例，将前述知识点融会贯通，便于学生全面深入地应用所学知识。本书在编写中注重实用性、实践性，通过大量的案例、图表展现信息检索的主要内容。这种编写方式既有助于学生理解和掌握理论知识，又能够提高学生解决实际问题的能力。

本书可作为研究生、本科生、高职高专等高等院校学生学习信息检索知识的教材，也可作为社会各界人士日常学习检索技能的参考用书。

图书在版编目（CIP）数据

信息检索与科研创新 / 杨瑜主编. -- 北京 : 科学出版社, 2024. 12.
ISBN 978-7-03-079590-8

I. G254.9

中国国家版本馆 CIP 数据核字第 2024698KE6 号

责任编辑：孙露露　王会明　刘　刚 / 责任校对：马英菊
责任印制：吕春珉 / 封面设计：东方人华平面设计部

科学出版社 出版
北京东黄城根北街 16 号
邮政编码：100717
http://www.sciencep.com

三河市中晟雅豪印务有限公司印刷
科学出版社发行　各地新华书店经销
*
2024 年 12 月第 一 版　开本：787×1092 1/16
2026 年 3 月第二次印刷　印张：11 3/4
字数：275 000

定价：49.00 元

（如有印装质量问题，我社负责调换）
销售部电话 010-62136230　编辑部电话 010-62135763-2010

前　言

随着数字经济的蓬勃发展，知识生产力、数字生产力和智能生产力等新质生产力应运而生。这些生产力的“新”体现在不断创新上，“质”体现在高效和精准上，而所有这些都依赖于人的智慧。因此，提升劳动者的数字素养，成为适应新时代、把握新机遇的基本要求。

信息检索技能就像一把钥匙，能够帮助人们在知识的宝库中迅速找到所需的宝藏，在面对海量信息时，能够快速筛选、甄别、提炼有价值的内容。这种能力在学习、工作中尤为重要，无论是本科生、研究生还是高职院校的学生，都应该掌握信息检索的基本知识和技能。它不仅是科研创新、学术研究的基石，也是终身学习的前提。

从高校的文献检索课到今天对数字素养的强调，虽然名称和概念随着时代的发展而演变，但信息检索的核心作用始终未变，它始终是人们学习知识、激发创新、实现自我提升的重要工具。

信息检索技能本质上是一种解决问题的能力，它要求回答三个基本问题：寻找什么、在何处寻找以及如何寻找。首先，“寻找什么”要求对信息检索的目标有清晰的认识，能够利用各种信息技术手段，构建精确的检索表达式。其次，“在何处寻找”要求对各种检索工具的收录范围和功能特点有深入的了解，以便根据具体的检索需求，选择合适的检索工具。最后，“如何寻找”要求精通不同检索工具的操作方法和检索技巧。在检索过程中，需要与检索工具进行有效的交互，灵活运用各种检索策略和技巧，提高检索的效率和准确性。以上问题，不仅需要熟练掌握检索工具的功能和操作，更需要具备分析问题、解决问题的能力。

本书以信息检索为切入点，紧密围绕当前数字素养的核心议题，致力于全面深入地介绍信息检索技能的相关知识。在编写过程中，特别注重教材的实用性和实践性。在理论知识的阐述上，通过丰富的图表和案例，力求将抽象的概念具体化、通俗化；在检索工具的应用上，结合实例，详细介绍各种检索方法和技巧，以帮助读者更好地理解和掌握。同时，随着人工智能技术的飞速发展，信息检索领域正面临着前所未有的变革和挑战。因此，本书特别增加了“批判性信息素养与信息甄别”以及“AI带来的检索变革”的内容，深入探讨在新形势下信息检索技能的新发展和新要求。

1985年，在张文德教授的带领下，福州大学开设了信息检索的相关课程，发展至今，曾出版过多版课程教材，取得了丰硕的学术成果。随着时代的变迁，教学团队在原有基础上，不断探索创新，最终形成了一套以问题为导向的教学模式，这一模式的实施，使教学内容更加贴近实际，更能满足学生的学习需求。为了使本书能够满足不同层次学生的需求，特别邀请了福州职业技术学院、福建信息职业技术学院、福建警察学院的骨干教师参与编写，以确保内容的适用性和实用性。

本书由福州大学杨瑜担任主编，福州职业技术学院饶绪黎、福州大学陈旭华担任副主编。具体编写分工如下：杨瑜负责写作大纲、全书的统稿与最终审核，同时负责编写第 1 章的 1.1～1.4 节，第 2 章，第 4 章的 4.1.1 节、4.1.2 节，第 5 章的 5.1 节、5.2 节、5.4～5.6 节，以及第 6 章的 6.2 节；饶绪黎负责第 3 章的统稿审核，同时负责编写第 3 章的 3.2 节；陈旭华协助全书写作大纲的确定，负责第 4 章和第 7 章的统稿审核，同时负责编写第 4 章的 4.3 节、4.6 节、4.7 节，第 5 章的 5.3 节、5.7 节～5.9 节，以及第 7 章；福建信息职业技术学院程智宾负责第 6 章的统稿审核；福建警察学院王海霞负责编写第 1 章的 1.5 节；福州大学林艺山负责编写第 3 章的 3.1 节、3.3 节、3.4 节；福州大学王玲艳负责编写第 4 章的 4.1.3 节、4.2 节、4.4 节、4.5 节；福州大学赵丹负责编写第 6 章的 6.1 节及附录部分案例的整理点评。此外，福州大学王咏梅老师参与了本书的前期准备工作，福州大学情报学专业 2021 级和 2022 级的研究生参与了本书部分章节资料的收集整理工作。

本书在编写过程中，参考了大量的相关文献，包括各位同行的论著、各检索系统的使用指南、培训视频课件等，在此一并致谢！本书的出版也得到了福州大学教务处、福州大学图书馆领导的支持，深表谢意！感谢为本书出版提供帮助的各位同人、朋友！

由于作者水平有限，书中难免有疏漏之处，敬请读者批评指正。

目　录

第1章 绪 论

学习目标

知识：掌握有关信息、知识、情报、文献的相关概念；掌握信息素养、数字素养的内涵与评价标准；掌握批判性信息素养在信息甄别中的作用。

技能：掌握甄别虚假信息的方法。

1.1 信息、知识、情报、文献的相关概念

1.1.1 信息

1. 信息的概念

信息在古希腊文中表示理想的身份或事物的本质。在拉丁文中，“信息”（informatio）来源于动词 informare，其动词形式 informare 表示“告知”、“通知”或“赋予形状/形式”。在英文中，“信息”（information）源于拉丁文 informatio，并继承了类似的含义。在我国，“信息”这个词曾出现在五代南唐诗人李中的诗作《暮春怀故人》：“梦断美人沈信息，目穿长路倚楼台。”这里的“信息”表示音信、消息。“信息”作为科学术语最早出现在美国学者哈特莱（R. V. L. Hartley）于 1928 年撰写的《信息传输》一文中。

随着信息时代的到来，信息这一概念被应用到社会的方方面面，也就有了对信息的不同解读。据不完全统计，相关的解释就有 100 多种。美国信息管理专家霍顿（F. W. Horton）认为：“信息是为了满足用户决策的需要而经过加工处理的数据。”电子学家、计算机科学家认为“信息是电子线路中传输的以信号作为载体的内容”。物理学家用“熵”来度量信息。意大利学者朗高（G. Longo）在《信息论：新的趋势与未决问题》一书中指出：“信息是反映事物的形成、关系和差别的东西，它包含于事物的差异之中，而不在事物本身。”

在诸多关于信息的解释中，被较多人认可的是信息论的奠基人美国数学家香农（C. E. Shannon）和控制论创始人美国应用数学家维纳（N. Wiener）给出的定义。香农认为“信息是用来消除随机不确定性的东西”，维纳认为“信息是人们在适应外部世界，并使这种适应反作用于外部世界的过程中，同外部世界进行互相交换的内容和名称”，它们都被作为经典性定义加以引用。

在《辞海》中，关于信息有两个解释。①音信；消息：互通信息｜远隔重洋，信息不通。②通信系统传输和处理的对象，一般指事件或资料数据。信息的量值取决于事件

的不确定性，若接收端无法预估事件所含的内容和意义，信息量就大。通常以事件发生概率的对数来度量。智能理论、智能技术专家钟义信教授给了信息一个广义的定义，他认为“信息是事物存在方式或运动状态，以这种方式或状态直接或间接的表述”。这个定义也得到了很多学者的认可而被经常引用。这个定义强调了信息作为描述事物特征的方式的重要性。

信息之所以有如此多的解释，与信息本身的极端复杂性有关，也与信息接收端（即个体）的差异性有关。因此，信息的表现形式数不胜数，信息的分类也不计其数。

2. 信息的特征

虽然信息自身非常复杂，但总的来说有如下特征。

（1）载体依附性。信息不能单独存在，需要依附某种载体，同一信息可以依附在不同的载体上。

（2）共享性。信息在共享过程中不会丢失，信息内容也不会被改变，甚至其价值会因共享而增值。正如爱尔兰剧作家萧伯纳（G. B. Shaw）所说：“如果你有一个苹果，我有一个苹果，彼此交换，那么，每个人只有一个苹果；如果你有一个思想，我有一个思想，彼此交换，我们每个人就有了两个思想，甚至多于两个思想。”

（3）可传递性。信息可借助一定的载体进行传递，使人们接收到信息。

（4）价值性。信息只有被使用后才能体现其价值，但一些信息的价值可能还未被发现。信息价值的大小取决于接收者对该信息的需求程度以及对相关信息的认知程度，即信息的价值具有相对性，同一信息对不同的人可能有不同的价值。

（5）时效性。信息往往只反映某一时刻（时段）的价值，这一时刻（时段）过后该信息价值可能会衰减。

（6）真伪性。信息也有真伪之分，只有客观反映现实世界事物的信息才是相对可靠的。

（7）可处理性。杂乱的信息可以经过人的分析处理变成有序的信息，使信息的价值增加。

1.1.2 知识

不同时期，哲学家对知识的性质、知识的价值、知识的分类进行了不同维度的描述。有关知识的定义，《辞海》中的解释为：人类的认识成果，来自社会实践。知识的初级形态是经验知识，高级形态是系统科学理论。《教育大词典》的定义是：“对事物属性与联系的认识。表现为对事物的知觉、表象、概念、法则等心理形式。”《中国大百科全书·教育卷》则定义为：“所谓知识，就它反映的内容而言，是客观事物的属性与联系的反映，是客观世界在人脑中的主观映像。就它的反映活动形式而言，有时表现为主体对事物的感性知觉或表象，属于感性知识；有时表现为关于事物的概念或规律，属于理性知识。”这两个定义都是根据哲学认识论中的反映论给出的，强调知识是客观世界的主观反映。

知识和信息的关系十分密切，知识是基于信息的一种高级表现形式。它是对信息的筛选、加工、组织后所形成的有序、有逻辑、有结构的信息体系。没有信息，知识就无法形成。知识的基础是信息，但不仅仅是信息的简单堆砌，而是通过人的大脑进行深度处理后的产物。

随着时间的推移，知识也在不断地发展：一方面，新的信息不断地被获取和加工，从而丰富和拓展了已有的知识体系；另一方面，知识不断地被验证、修正、推翻，形成新的认知和理解。在这个过程中，知识逐渐从初级向高级进化，从简单向复杂发展。

1.1.3 情报

情报与信息在英语词汇中是同一个词，即 information。情报观归纳起来主要有三种：军事情报观、信息情报观、知识情报观。在不同的情报观中，关于情报的定义不同。

《现代汉语词典》中的解释为，情报是“关于某种情况的消息和报告，多带机密性质”，如情报员、军事情报、科学技术情报等。这一解释更多地代表了军事情报观的观点。

信息情报观对情报的解释主要有：情报是“被人们所利用的信息”“被人们感受并可交流的信息”“指含有最新知识的信息”“某一特定对象所需要的信息”等。

情报在知识情报观中，往往被视作一种特殊形态的知识。例如，《牛津英语词典》对情报的定义是“传递有益知识的行为”；英国情报学家布鲁克斯（B. C. Brookes）则将情报视作“能够引起个体知识结构变动的那一部分知识”；而在苏联情报学家米哈依洛夫（А. И. Михайлов）的定义中，情报是“作为存储、传递和转换对象的知识”；日本《情报组织概论》则将情报描述为“人与人之间传递的一切符号系列化知识”。著名科学家钱学森强调：“情报就是为了解决特定问题所需要的知识。”严怡民主编的《情报学概论》也持有相同的看法，认为“情报是作为传递和交流对象的知识”。这些定义均突显了情报与知识之间的紧密联系。

总的来说，情报是一种特定的信息或者说特定的知识，是被传递的知识或事实，是知识的再激活，是运用一定的媒体（载体），越过空间和时间传递给特定用户，解决科研、生产中的具体问题所需要的特定知识和信息。

1.1.4 文献

所谓文献，文，指有关典章制度的文字资料；献，指熟悉掌故的人。《辞海》中对于文献一词是这样定义的：“原指同历史、文化有关的典籍和人物。今指用文字、图像、符号、声频、视频等手段记录人类知识的各种载体。”也就是说，文献是通过一定的方法和手段，运用一定的意义表达和记录体系，记录在一定载体上的有历史价值和研究价值的知识。简单来说，文献就是记录知识的一切载体。

文献包括以下几个要素：①有历史价值和研究价值的知识，它们是文献的内容，是核心、灵魂；②一定的载体，它们是文献的形态，依据年代的不同，有甲骨、青铜器、纸介型、胶片、磁带、磁盘、光盘等多种形式，也使文献呈现出不同的类型；③一定的方法和手段；④一定的意义表达和记录体系。

人们通常所理解的文献是指图书、期刊、典章所记录知识的总和。文献是记录、积累、传播和继承知识的有效手段，是人类社会活动中获取情报的基本的、主要的来源，也是交流传播情报的基本手段。

那么信息、知识、情报、文献这四个概念之间是什么关系呢？

下面先来看一个例子：假设你是一家科技公司的市场部经理，你的团队正在准备一个新产品的推广活动。

首先，你们需要通过各种来源（如市场调研报告、新闻报道、行业报告等）来收集与这个新产品相关的各种信息。这些信息可能是市场需求、竞争对手的情况、消费者的喜好等。这些收集到的原始数据和信息，就是工作的起点。

其次，你们需要对这些信息进行筛选、整理和分析，以提取出对你们的产品推广有价值的知识。例如，你们可能发现某个年龄段或地区的消费者对这种类型的产品特别感兴趣，或者你们的竞争对手在某个方面存在明显的短板。这些经过处理和分析的信息，就转化为对你们有用的知识。

再次，你们可能需要将这些知识转化为具体的营销策略和行动计划。在这个过程中，你们可能会使用一些专业的情报分析工具或软件，以便更深入地了解市场环境和竞争对手的情况。这些针对特定目的而收集和分析的信息，就可以被称为情报。

最后，为了支持你们的推广活动，你们可能需要撰写一些文档或报告，如市场分析报告、产品推广计划等。这些文档通常会包含你们收集和分析的信息、提取的知识及制定的策略等内容。这些文档，就是文献的一种形式。

在这个例子中，信息、知识、情报和文献是相互关联、层层递进的，它们共同构成了从原始数据到最终结果的完整过程。

由此可见，这四个概念之间既密切联系，又有所区别。信息是最原始的数据和消息，其外延最广，涵盖了自然界的方方面面；知识是通过处理和分析信息而得到的有用信息和理解；情报是为了特定目的而收集和分析的信息；而文献则是一种具体的形态，是记录、传播信息和知识的书面材料。

1.2 信息素养

1.2.1 信息素养的定义

信息素养（information literacy）是一种能力，是适应信息时代发展的基本能力，是终身学习的基础。信息素养的概念伴随着信息时代的发展而诞生。

1974 年，美国信息产业协会主席泽考斯基（P. Zurkouski）在向全美图书馆学和信息学委员会提交的报告中首次使用了信息素养的概念：“经过训练能够在工作中应用信息资源的人就能够被称作具备信息素养。他们学习了广泛应用信息工具和原始信息源来解决实际问题的技术（technique）和技能（skill）。”这一概念强调了对信息资源的应用，但对于如何应用，具体应包括哪些技能没有阐述。

1989 年，美国图书馆协会（American Library Association，ALA）信息素养主席委员会在总结报告中提出了信息素养的定义：“为了具备信息素养，人们必须能够识别何时需要信息，能够查找、评价和有效地利用需要的信息。”报告中进一步说明：“从根本上讲，具备信息素养的人是那些学会了如何学习的人。他们懂得如何学习，因为他们懂得知识是如何组织的，如何找到信息，以及如何以一种其他人能够向他们学习的方式利用信息。他们为终身学习做好了准备，因为他们总是能够为手中的任何任务和决策找到需要的信息。”这一定义，对如何应用信息做了具体说明，即识别、查找、评价和利用，也是今天被广泛使用的定义。

1993 年，基尔施（I.S.Kirsch）等学者首次提出了信息素养与终身学习的关系，以及健康信息素养的概念。2000 年，英国教授韦伯（S. Webber）在《信息素养的概念：新的观点与意义》一文中，对信息素养的概念进行了深入的探讨，并特别增加了信息道德维度及在社会中合法使用信息的重要性。

1.2.2 信息素养的内涵

从信息素养概念的发展历程，并参考美国国家信息素养论坛在 1990 年度报告中所提出的信息素养的标准（表 1-2-1），信息素养实际上由四个方面组成：信息意识、信息知识、信息能力、信息伦理与信息安全。

表 1-2-1 信息素养的标准（美国国家信息素养论坛，1990 年）

序号	信息素养的标准
1	了解自己的信息需求
2	承认准确和完整的信息是制定明智决策的基础
3	能在信息需求的基础上系统阐述问题
4	具有识别潜在信息源的能力，能制定成功的检索策略
5	能检索信息源，包括能利用以计算机为基础的信息技术或其他技术
6	具有评价信息的能力
7	能为实际应用而对信息进行组织
8	具有将新信息结合到现存的知识体系中的能力
9	能采用批判性思维，利用信息解决问题

1）信息意识

信息意识是信息在人脑中的反映，体现为个人对自己信息需求的感悟力、对周边信息的敏锐的注意力及对信息价值的判断力。信息时代“选择大于努力”，“信息差”成了决定成败的一大要素。日常学习生活中，是否具备信息意识将对我们的学习、生活产生重大影响。以考研备考为例，具有较强信息意识的同学就能够及时发现并收集与考研相关的有用信息，诸如考研政策的变化、考试科目的调整、历年真题的解析、拟报考学校的招生信息等，这些信息对于备考具有重要的指导意义。

2）信息知识

信息知识包括信息理论知识和信息技术知识。信息理论知识是基础，如信息源的类型与特点、信息组织的方法、信息检索的基本理论与方法、信息分析的基础知识等。信息技术知识主要指检索工具的功能特点、使用技巧及常用的信息分析工具。

在备考的过程中如果能了解一些基本的信息知识，如不同信息源（图书馆、学术期刊、网络数据库等）的特点和使用方法、基本的检索技巧（如何选择关键词、布尔算符等）及信息评价和筛选的标准，将能更有效地获取和利用与考研相关的信息。

3）信息能力

信息能力是指学生运用信息知识解决实际问题的能力，具体可以分为信息分析能力、信息获取能力和信息利用能力。以考研备考为例，学生的信息能力主要体现在以下几个方面：一是能够熟练运用各种信息工具和平台（如搜索引擎、学术数据库、在线学习平台等）获取所需的信息；二是能够对获取的信息进行整理、分析和归纳，提取出对备考有用的知识点和解题技巧；三是能够将获取的信息与已有的知识相结合，形成自己的理解和见解，为考试做充分的准备。

4）信息伦理与信息安全

信息伦理是指在使用信息过程中应遵循的道德规范和职业操守。信息安全是指个人信息的保护、隐私的维护等。学生在考研备考中，能尊重知识产权和学术规范，不抄袭、不剽窃他人的学术成果；尊重他人的隐私和权益，不非法获取、使用或传播他人的个人信息；遵守考试纪律和规定，不作弊、不舞弊。这些都是相关素养的具体表现。

1.2.3 信息素养的评价标准

20 世纪 90 年代末，随着信息技术的迅猛发展和广泛应用，美国、英国、澳大利亚和新西兰等国家纷纷着手制定信息素养标准，以提升国民的信息素养水平，适应信息化社会的发展需求。

在美国，信息素养标准被赋予了层次性。从 K-12 教育阶段到高等教育阶段，再到专业教育阶段，美国都制定了相应的信息素养标准。这种层次性的设计使学生在不同的教育阶段都能得到相应的信息素养培养，从而更好地适应不同阶段的学习和生活需求。例如，在 K-12 教育阶段，信息素养标准主要关注学生的基本信息技术应用能力和信息道德观念的培养；而在高等教育阶段，则更加强调学生的信息分析、评价和创新能力。

英国发布的信息素养标准具有鲜明的时代性，注重将信息素养标准与国家的教育政策、课程改革等相结合，以推动信息素养教育的深入发展。澳大利亚的信息素养框架不仅涵盖了传统的信息技术应用能力，还强调了信息分析、评价、创新和传播等方面的能力，尤其将信息素养教育与专业课程相结合，以提升学生的跨学科素养和实践能力。

在这一过程中，2015 年 2 月 5 日由美国大学与研究图书馆协会（Association of College and Research Libraries，ACRL）理事会正式通过的《高等教育信息素养框架》[①]（以下简称《框架》）起到了关键性的指导作用。《框架》的两大基础理论支柱——阈概念和元素养，为信息素养的培养提供了坚实的基础。阈概念是打开和理解特定学科领域的门户和核心，元素养则涵盖了学生作为成功信息消费者和创造者所需的各种能力，包括行为、情感、认知和元认知等关键要素。《框架》依据这些基础理论，进一步提出了六大阈概念："权威是建构和情境化的""信息创建是过程性的""信息具有价值""研究即探究""学术即交流""检索即战略性探索"。每个阈概念都从知识实践和意向两大元素进行解读。知识实践侧重于学生如何深入理解和应用这些阈概念，而意向则关注学生在学习过

① 韩丽风，王茜，李津，等，2015. 高等教育信息素养框架[J]. 大学图书馆学报（6）：118-126.

程中如何处理情感、态度或评价等维度的问题。这种双重维度的分析，不仅提升了学生的学习效果，也增强了他们作为信息消费者的综合素质。

我国有关信息素养的教育萌芽于 20 世纪 70 年代。1984 年，教育部发布了《关于在高等学校开设“文献检索与利用”课的意见的通知》，1985 年、1992 年又相继发布了文献检索课专门指导文件，这些指导文件为我国组织实施以文献检索课为核心的信息素养教育实践提供了政策依据和规范准则，有力推动了我国信息素养教育的普及和发展。2015 年 12 月，教育部印发了《普通高等学校图书馆规程》，明确要求“图书馆应重视开展信息素质教育，采用现代教育技术，加强信息素质课程体系建设”。

在信息素养评价体系方面，我国相关单位制定了以下较有影响力的评价体系：①2005 年清华大学图书馆与北京航空航天大学图书馆牵头制定的《北京地区高校信息素质能力指标体系》；②2005 年中国科学技术信息研究所制定的《高校学生信息素质综合水平评价指标体系》；③2008 年中国高校图书馆工作委员会推出的《高校大学生信息素质指标体系（讨论稿）》。

综合国内外研究，我们认为信息素养的评估可细分为以下五个方面。

（1）信息的探索与获取。应熟练运用各种搜索引擎、数据库和其他在线工具，有效识别和获取学术资源、网络资源等所需相关信息。

（2）信息的筛选与鉴别。须具备评估信息可信性、准确性和相关性的能力，深入了解信息来源和背景，学会批判性分析和评价信息，以适应学术和研究的需求。

（3）信息的整理与存储。能妥善组织和管理所获取的信息，确保在需要时能够快速检索和使用，包括使用各种软件工具创建和管理电子文档、引用和参考文献等。

（4）信息的分享与合作。掌握利用信息技术进行有效沟通和合作的技能，如撰写论文、制作演示文稿、进行在线讨论等。此外，能熟练使用电子邮件、社交媒体和其他在线平台进行信息交流。

（5）信息的创新与应用。能基于所获取的信息进行创新和创造，如提出新的观点、解决方案或创造新的作品等。

1.3 数字素养

1.3.1 数字素养的概念

数字素养（digital literacy）这一概念在 20 世纪 90 年代由欧美学者提出，指的是阅读和理解超文本和多媒体文本的能力。例如，拉纳姆认为“在数字时代，素养本身意味着理解信息的能力，而不管信息以何种方式呈现”[①]，数字素养涉及解读图像、声音及文本等技能。1997 年，美国学者吉尔斯特（P. Gilster）对数字素养概念做了进一步的补充，他将其大致定义为“当信息通过计算机呈现时，从各种来源理解和使用多种格式信息的能力”。他明确指出“数字素养是掌握思想，而不是敲击键盘”，它是对你在使用网

① LANHAM, R A, 1995. Digital literacy[J]. Scientific American, 273(3): 160-161.

络媒体时在计算机屏幕上看到的东西的认知。你不仅要掌握查找东西的技能，还要掌握在日常生活中使用这些东西的能力。欧盟将数字素养定义为：在工作、就业、学习、休闲及社会参与中，有把握地、批判地和创新地使用信息技术的能力。2017 年 8 月 18 日，国际图书馆协会联合会（International Federation of Library Associations and Institutions，IFLA）（简称国际图联）发表《数字素养宣言》[①]（以下简称《宣言》）。在《宣言》中国际图联认为“数字素养是一种能发挥数字工具潜能的能力”，具备数字素养意味着能最大程度高效、有效与合理地利用数字技术，从而满足个人、社会和专业领域内的信息需求。《宣言》中还具体诠释了数字素养内涵，要求人们在线上线下遵循同样的行为准则，尊重人权，以开放的心态面对语言、文化和宗教差异。国际图联认为与信息素养相比，数字素养更加强调对数字工具的应用、数字技能的掌握，尤其伴随着信息技术和通信技术发展而来的网络运行准则和虚拟身份的管理、数据的安全等。

国家互联网信息办公室（以下简称网信办）把数字素养定义为：数字社会公民学习、工作、生活应具备的数字获取、制作、使用、评价、交互、分享、创新、安全保障、伦理道德等一系列素质与能力的集合，具体包括数字意识、计算思维、数字化学习与创新、数字社会责任。[②]

1.3.2 数字素养框架

1．欧美国家学者对数字素养框架的研究

2004 年，以色列学者埃谢特-阿尔卡莱（Y. Eshet-Alkalai）通过多年研究及工作试点提出了数字素养的概念框架，他认为数字素养应该包括五个方面的内容：图片-图像素养、再创造素养、分支素养、信息素养、社会-情感素养。这个理论框架被认为是较早也是较全面的数字素养模式，并被《远程教育百科全书》列入数字学习的主要模式。

欧盟在 2006 年制定的核心素养框架中就包括了数字素养，并通过组织不同领域的专家研讨之后，最终形成了包括五个素养域的数字素养框架，在每个素养域之下，又可以细分为若干具体素养。2021 年 3 月，欧盟委员会发布了《2030 数字罗盘：欧盟数字十年战略》（*2030 Digital Compass: the European way for the Digital Decade*）报告，为欧盟数字化发展提供战略建议。

2．联合国教科文组织发布的数字素养框架

2018 年，联合国教科文组织发布了数字素养全球框架，提出了七个素养域，分别为操作域、信息域、交流域、内容创作域、安全伦理域、问题解决域和职业相关域。2020 年 6 月，联合国（United Nations，UN）发布《数字合作路线图》，包含八大关键行动领域：信息与通信技术（information and communication technology，ICT）基础技能、数字

---

① IFLA. IFLA Statement on Digital Literacy[EB/OL]. (2017-08-18)[2024-03-23]. https://repository.ifla.org/handle/123456789/1283/ .

② 中央网络安全和信息化委员会办公室. 提升全民数字素养与技能行动纲要[EB/OL]. (2021-11-05)[2024-03-23]. https://www.cac. gov.cn/2021-11/05/c_1637708867754305.htm.

内容创建与传播、隐私与安全、数字伦理与法规、数字创新与创业、跨文化交流与合作、数字经济与金融素养、数字健康与福祉。

3. 我国发布的有关数字素养框架的相关文件

2021 年 11 月，中央网络安全和信息化委员会印发《提升全民数字素养与技能行动纲要》（以下简称《纲要》)。《纲要》首次对我国应如何提升全民的数字素养和技能做出了明确要求，提出应聚焦数字生活、数字工作、数字学习和数字创新四大场景，同时部署了重点任务，见表 1-3-1。《纲要》还明确指出我国数字素养与技能提升的目标：到 2025 年，全民数字化适应力、胜任力、创造力显著提升，全民数字素养和技能达到发达国家水平，2035 年基本建成数字人才强国。此后，网信办、教育部、工业和信息化部、人力资源和社会保障部分别在 2022 年 3 月、2024 年 2 月联合印发《提升全民数字素养与技能工作要点》，对当年的重点任务做了具体部署。

表 1-3-1 《提升全民数字素养与技能行动纲要》（2021 年）部署的重点任务

任务内容	具体描述
丰富优质数字资源供给	优化完善数字资源获取渠道，丰富数字教育培训资源内容，推动数字资源开放共享，促进数字公共服务普适普惠
提升高品质数字生活水平	培育智慧家庭生活新方式，提高智慧社区建设应用水平，丰富新型数字生活场景，开展数字助老助残行动
提升高效率数字工作能力	提高产业工人数字技能，提升农民数字技能，提升新兴职业群体数字技能，开展妇女数字素养教育与技能培训，提升领导干部和公务员数字治理能力
构建终身数字学习体系	提升学校数字教育水平，完善数字技能职业教育培训体系，建设数字技能认证体系与终身教育服务平台
激发数字创新活力	打造企业数字化竞争力，探索数据驱动科研新范式
提高数字安全保护能力	提高全民网络安全防护能力，强化个人信息和隐私保护
强化数字社会法治道德规范	引导全民依法规范上网用网，提高全民网络文明素养，强化全民数字道德伦理规范

2022 年，教育部也发布了《教师数字素养》教育行业标准，标准给出了教师数字素养框架。该框架包括 5 个一级维度（数字化意识、数字技术知识与技能、数字化应用、数字社会责任、专业发展)、13 个二级维度和 33 个三级维度。

1.4 信息素养、数字素养与科研创新

1.4.1 信息素养与数字素养的关系

从概念看，信息素养注重信息获取、处理和应用的全面能力，强调评估与利用信息；数字素养则关注数字工具运用、学习、创造与交流，重视操作技能与资源利用。信息素养更注重信息获取处理技能，数字素养更侧重使用数字工具学习、研究和表达。两者都培养有效获取信息、解决问题和媒体使用能力，强调法律道德观念，如信息安全与隐私保护。

信息素养与数字素养紧密相关，互为补充。信息素养涉及信息技术工具使用的知识、技能和态度，强调信息获取、评估、利用和处理能力。数字素养则强调运用数字技术解决问题的能力，包括数字技术理解、操作、分析和评价。信息素养注重信息资源的全面利用，数字素养侧重优化学习和解决实际问题。两者共同促进个体在当代社会的信息获取、加工和传播。

总之，信息素养是数字素养的基础，数字素养是信息素养在数字化时代的扩展和深化。两者都强调个人在信息时代应具备的基本能力，但数字素养更侧重在数字化环境下，个人应具备的技术、交流、信息、知识和创新的能力。

1.4.2 信息素养、数字素养对创新能力的影响

在数字时代，无论是信息素养还是数字素养都已经成为创新能力不可或缺的组成部分。这两者不仅为人们提供获取、分析、处理和应用信息的能力，还促进人们的思维模式从传统的线性思维转变为更加灵活、富有创造性的非线性思维。

首先，信息素养与数字素养能够拓宽人们的视野。通过高效的信息检索与筛选，人们能够快速获取与创新相关的各种知识和信息。这不仅包括专业领域的最新研究成果，也包括跨领域的灵感与启示。这种跨领域的知识融合，常常能够激发人们新的创意和想法。

其次，信息素养与数字素养有助于提高人们分析与解决问题的能力。面对复杂多变的问题，通过数字工具和分析方法，人们能够进行数据的挖掘与处理，从而更加准确地把握问题的本质。这种基于数据的决策和分析，能够使人们的创新活动更有针对性和实效性。

此外，信息素养与数字素养还能够促进团队协作与知识共享。在创新过程中，团队成员之间的有效沟通与协作至关重要。通过数字平台和工具，团队成员能够更加便捷地进行知识共享与经验交流，从而提高团队协作的效率和质量。

1.4.3 信息素养、数字素养在科研创新能力中的具体体现

（1）信息/数据收集和处理能力：信息素养、数字素养可以提高科研人员对信息与数据的收集、处理和分析能力。科研过程中，科研人员需要处理大量的信息/数据，良好的信息素养、数字素养可以帮助他们更有效地进行信息与数据清洗、挖掘和可视化等工作，从而提高科研效率和准确性。

（2）数据挖掘能力：信息素养、数字素养还可以帮助科研人员更好地进行数据挖掘，发现隐藏在数据中的规律和趋势。通过对数据的深入挖掘，科研人员可以发现新的科研问题、提出新的假设，为科研创新提供新的思路和方法。

（3）科研合作与交流能力：在数字时代，科研合作与交流已经越来越依赖数字技术和工具。数字素养的提高有助于科研人员更好地使用这些技术和工具，提升科研合作与交流的效率和效果。例如，科研人员可以通过在线协作平台共同开展研究、分享研究成果，从而加速科研创新的进程。

（4）科研决策能力：信息素养、数据素养还可以帮助科研人员提高科研决策能力。通过对信息/数据的深入分析和挖掘，科研人员可以更全面地了解科研问题的本质和现

状，为制定科学的科研决策提供依据。同时，信息素养、数字素养的提高也有助于科研人员更好地理解和应用新技术和新方法，提高科研创新的水平和质量。

1.5 批判性信息素养与信息甄别

1.5.1 批判性信息素养

1. 批判性信息素养的定义

批判性信息素养（critical information literacy，CIL）是在表明所有信息都是被建构的基础上形成对信息的自我辨别能力及影响和改善信息的能力，形成对价值观和意识形态进行思考和批判性解读的能力。批判性信息素养是指信息素养人能够批判性地处理信息，能对其制定的检索策略、所利用的信息源、所得到的结果和所确定的信息源逐一进行评估；在接受信息之前，人们会怀疑信息的有效性并查找确证。批判性信息素养是在新的媒体环境下提出来的一种新型的、更高层次的信息素养类型，它是对传统信息素养要求的进一步提升。信息素养与批判性信息素养之间是包含与被包含的关系。

2. 批判性思维与批判性信息素养的关系

批判性信息素养是批判性思维和信息素养两个概念复合而形成的新概念，是在信息素养中融入批判性思维而形成的一种新的信息素养类型。

批判性思维是带有目的的、自我规范的判断，它对各种证据的、概念化的、方法的、分类标准的或情境的考虑进行理解、分析、评价、推论和解释，并最终形成判断。批判性思维是人类的高级思维能力，是基于人类的理性和自我反思来不断提高自己思维水平的一种能力。批判性思维不仅对客观存在的信息进行分析、综合、评价、质疑和反思，更重要的是，它在分析和判断信息可靠性、准确性的基础上重新评估和重构自己的思维，是一种对思维方式进行反思的艺术。基于这种艺术，人们能够不断优化自己的思维方式。换言之，批判性思维思考的对象不是信息，而是思维，是对思维过程的再思考，通过审视自己与他人的思维，从而理解由思维产生的信息的目的、局限、偏见等。因此，批判性思维的核心是对思维的反思，而不是狭义的对目标对象的否定与质疑。

批判性思维原本就是信息素养的重要组成部分，人类的批判性思维过程也是信息处理的过程，都是基于客观信息展开的反思过程。批判性思维与信息素养是共生的关系，是人们在学习和解决问题，以及开展创新活动中涉及的同一过程的不同方面，信息素养侧重于内容，批判性思维侧重于方法，信息素养较为具体，而批判性思维较为抽象。

3. 信息素养教育需要融入批判性思维

批判性思维将教育和学术思考带到了新的认知维度，与过去的教育模式相比，批判性思维教育及其理论使教学和学习变得更有趣、更复杂，也更有意义。从批判性思维的角度看，教育问题不再被定义为仅仅是信息和知识的传递问题，也就是说传统的教育是教师向学生灌输传统意义上认为是正确的知识。而批判性思维要求对传统教学方法进行改革，使人们重新思考和讨论教育的本质、手段和目的。批判性信息素养在传递给学生知识的基础上，注重培养学生的“批判意识”。学生不仅仅专注于他们获取的知识内容，更重要的是关注他们获取知识的过程、方法和技能，重视对知识的评估、分析、质疑和反思，以提升他们思考和解决问题的能力。通过培养批判性信息素养，学生学会控制自己的生活和学习，成为积极的行动者，能提出和回答对他们的工作和生活都很重要的问题，以一种独立的方式参与解决社会问题。

1.5.2 信息甄别

1. 信息甄别的内涵

信息甄别（information discriminate）是以通过各种媒介、各种渠道获得的信息为考察对象，以法律法规和严谨、认真、科学的工作流程为依托，通过各种技术手段识别、检查、验证信息的真实性、有效性的信息检验过程。信息甄别包含信息的识别、发现、过滤、鉴别、分析与利用等内容。信息甄别可以直接依靠人脑来进行，即通过人的感官等直接观察、核对、辨别信息的真伪，也可以借助人工智能（artificial intelligence，AI）技术间接地进行比对、核验和分析。

2. 信息甄别能力

在自媒体时代，人人都有麦克风，人人都可以以很低的成本在网络上发布、传播信息，导致网络上的信息质量良莠不齐，出现大量的虚假信息，信息环境污染严重。在海量的信息中，人们要通过信息甄别和对照，对各种虚实掺杂的信息进行去伪存真，因此具备一定的信息甄别能力显得尤为重要。

信息甄别能力指的是在事实上和价值上能够对信息进行正确判断的能力，包括能够掌握准确事实的能力及在此基础上能够形成正确的价值判断的能力。提升信息甄别能力的根本在于提升信息筛选的能力、辨别信息来源的能力及对信息进行多方求证的能力。新媒体环境中的信息往往鱼龙混杂、真假难辨，要从中获取真实的信息必须具备一定的信息筛选技能，在信息源和信息内容的选择上都应能做出真实可靠的判断。

1.5.3 批判性信息素养教育与虚假信息甄别

1. 虚假信息对传统信息素养教育的挑战

对于公众而言，在当前的社交媒体环境下，信息的获取已经不是他们面对的最大难题，最大的难题在于如何对随处可获取到的良莠不齐的信息进行高效甄别。公众只有具备一定的批判性思维能力和良好的信息判断能力，才能对鱼龙混杂的信息进行评估、区别和分析，对信息进行反思、质疑，理解信息背后的信息和发现新的信息，进而获取相关背景信息，对虚假信息进行斧正和驳斥。

传统的信息素养教育侧重于教授公众如何获取信息，强调信息搜索技能，教学内容主要是资源导向、技能导向和图书馆导向，对公众的批判性思维培养重视不足。虚假信息的泛滥暴露了传统信息素养教育的缺陷，引起全社会关注虚假信息甄别能力培育，人们越来越重视信息素养教育的有效性、针对性。可以说，传统的信息素养教育已经无法让人们从容应对虚假信息的冲击，因此变革教育模式、更新教育内容、转变教育方法、提升教育层次刻不容缓。

为避免虚假信息的干扰，公众需要不断提高自己的信息甄别能力，深入探求信源的可靠性、信息的完整性、数据引用的确凿性及背后纷繁复杂的利益纠葛。它要求公众具有相对成熟的辩证思维能力，能正确理解、分析、评判媒体内容和传播目的，学会从多种角度对信息进行剖析，善于从纷繁复杂的虚假新闻、小道消息中寻找真相，敏锐察觉信息背后的价值观、经济利益和意识形态，不受表面现象的蒙蔽。因此，越来越多人呼吁，有必要在传统的信息素养教育中融入批判性思维培养，提倡与时代相适应的批判性信息素养教育。

2. 甄别虚假信息要培育批判性信息素养

衡量一个人是否具有批判性信息素养，主要是指这个人是否能够批判性地处理信息，能否对其制定的检索策略、所利用的信息源、所得到的结果和所确定的信息源逐一进行评估，以及在接受信息之前是否会怀疑信息的有效性并查找确证。

提升公众的批判性信息素养水平是阻断虚假信息传播的根本途径。从信息素养角度出发，增强公众的虚假信息甄别能力，最重要的是要加强其批判性思维能力培养。批判性信息素养教育着重提升人们的信息辨识力，它是抵御虚假信息的最佳方法。批判性信息素养教育在抵御虚假信息方面的作用可以比作为了预防虚假信息现象发生而提前对公众进行的疫苗接种，它将使人们获得针对各种类型和形式的虚假声明、发布欺骗性信息、虚假宣传等包含虚假信息活动的免疫能力。

3. 批判性信息素养是未来信息素养教育的主要发展方向

批判性信息素养教育是一种全新的教育方法，它与传统信息素养教育不同。传统信息素养教育关注学生的信息获取技能，而批判性信息素养则更多地关注学生如何对所获得的信息采取批判性和话语性的思维方式进行分析和思考。传统信息素养教育过于注重工具和技能的传授，建立的是“以教师为中心”的教育结构，而批判性信息素养则充分体现学生的主体地位，构建“以学生为中心”的新型信息素养教学结构，引导学生挑战教师的权威性、否定知识文本的真理性，积极开展对话、争辩或反驳，教会学生学会学习、学会思考。

批判性信息素养教育实际就是将批判性教学理念引入信息素养教学过程，将批判性思维方式融入信息素养课程体系。批判性信息素养教育需要使参与者对信息进行批判性思考。在批判性信息素养教育中，教师要让学生不断地提问，以此实现对所接收到信息的解构。学生要对信息的发布者、内容的含义、背后的价值观、信仰倾向、行为指向及表象与真实之间的错位等进行提问，并对它们进行分析和评价，其独立的批判思考能力会一直引领他们去找到真理。未来的信息素养教育一定是以培养学生的批判性思维方式为出发点，以“知行合一”为落脚点的。

1.5.4 虚假信息甄别的方法

虚假信息甄别是一项复杂的任务，需要综合考虑多个因素。以下是一些常见的方法。

1. 追溯和查证信息来源

确认信息来源的可信度是甄别虚假信息的关键。可以通过追溯信息是否来自可靠的新闻机构、官方机构或知名的媒体机构来判断信息是否是虚假信息。一般来说，如果信息来源不清，则很有可能是虚假信息。

【案例 1-5-1】

日本福岛核泄漏事件后，网络上有虚假信息称海水受辐射污染，食盐将短缺，导致民众纷纷抢购食盐。相关政府部门和媒体立即采取行动对虚假信息进行追溯查证，发现“食盐短缺且受辐射污染”的虚假信息源头是一些不法商家为囤积居奇、哄抬物价、恶意炒作而故意散播。为了消除公众的恐慌，相关部门立刻通过官方渠道发布信息，介绍我国食盐的主要来源是井矿盐，其储量丰富，生产和供应有保障，不会因海水污染而短缺。同时，专业机构对市场上的食盐进行检测，证明未受辐射污染，食盐抢购风波得以平息。

2. 验证信息内容的真实性和可信度

在接收到信息后，可以通过查找其他独立、权威的信息来进行比较分析，检查信息的内容是否合理和可信。如果信息内容存在不可能发生或不合逻辑的地方，或者是缺乏相关证据支撑，或者是与权威信息描述不符，那么它很有可能是虚假信息。我们也可以通过专家或权威人士的意见和观点来验证和鉴别虚假信息。

【案例 1-5-2】

一则网络短视频称市场上出现用塑料制作的大米，这种“塑料大米”在水中漂浮、燃烧时有刺鼻味。经专业机构和媒体调查，发现这些视频内容多为移花接木或故意伪造的，并不是真实信息。“塑料大米”的源头是一些不良商家为博眼球、推销产品而编造的虚假信息，还有部分是对正常大米加工过程的曲解和误导。例如，断章取义地截取一些大米在抛光过程中产生的碎屑图片，因碎屑的形状和质地与塑料相似，让公众将其误认成“塑料大米”。

3. 从虚假信息的传播方式上进行甄别

一般来说，虚假信息的传播方式具有一定的规律性。例如，一些虚假信息常常会通过手机短信、电子邮件进行点对点发送，还会借助微信、抖音等社交媒体工具进行迅速传播。日常生活中在使用这些工具时，需要时刻注意这些以碎片化方式进行传播的信息是否完整和可信。由于碎片化信息的来源和质量参差不齐，一些虚假或低质量的信息可能会误导我们。很多文字信息和视频片段只是截取了原文的部分片段，进行断章取义得到的，歪曲了原文的本义，形成了难以识别的虚假信息。可以通过反向的原文和图像搜索，或者与其他来源比对来验证文字片段、照片或视频的来源和内容。

【案例 1-5-3】

2023 年，很多人在朋友圈和微信群里转发一条关于“退休人员领取医保一次性差额补贴”的信息，内容如下：家里退休老人的医保卡里有一笔钱，千万别忘记领，如果过期了就会被清除。医保账户会补发一笔钱，叫作“医保一次性差额补贴”。每年 4 月，国家会一次性返还给退休老人。以上海为例，70 岁以下统一是 1690 元；70 岁以上统一是 1890 元。全国其他城市的退休老人也可以领到这笔钱，具体金额不同的地方不一样，可以拨打社保电话 12333 进行查询。

这则信息中说的退休老人的医保卡里会有一笔“医保一次性差额补贴”是国家一次性返给退休老人的钱，实则是将某地区的“医保年度定额资金”进行了歪曲，让人误解为“差额补贴”。这个案例就属于从某个完整的事件内容中摘取一小段，或者将不同的数据和概念进行拼凑，形成虚假的叙事，罔顾上下文和具体情况，在网络上大肆传播并不加解释，最后造成完全不同甚至相反的理解，令不明真相的人误解。

4．通过背景信息对虚假信息进行驳斥和斧正

要判断一个信息的真假，需要了解信息所处的时代背景、文化背景和政治背景是否符合常理和逻辑。通过了解信息背景，可以更好地理解信息的含义和真实性。

【案例 1-5-4】

2022 年朋友圈十大谣言榜里有这样一条信息：请务必转发到朋友圈，务必距离厨房一米以外接听电话。你有没有经常在厨房里打电话或接电话？3 天前，一名医生分享了 6 个人的伤亡事件，他们伤亡的原因是在厨房煮饭菜时使用了手机。因为微波炉、燃气灶、冰箱放在一起是很危险的。他们都是边做饭边用手机才引起的爆炸！所以请停止在厨房拨打或接听电话，这与在加油站使用手机一样危险。不要忘记与亲人分享。如果急需接打电话，必须离有液化气灶的厨房 3 米以外，切记！切记！并转发！

这则信息极易引起人们的恐慌，但稍微具备一定信息甄别能力的人，就可以轻松地识别出它是虚假信息。首先，从信息内容上看，在厨房的微波炉或燃气灶边打电话会引起爆炸的信息不仅不符合常理和逻辑，而且根本没有科学依据。其次，人们使用手机这么长时间，从来没有发生过相关案例。最后，通过查证其他网络信息可以发现，厨房内引发爆炸事故的危险条件主要包括：一是发生燃气泄漏，燃气浓度达到爆炸极限；二是厨房处在一个密不透风的封闭空间；三是明火或有电流通过产生一定的能量，从而引燃气体。在厨房内使用手机根本不可能达到引爆的条件。

5．关注虚假信息的表达形式，留意极端用词或耸人听闻的标题

很多迅速传播的虚假信息通常会使用极端或夸大的词语来吸引人们的注意力。在甄别此类虚假信息时应避免轻信标题党内容，特别是那些煽动情绪、暗示性强的信息，比较常见的有以下两种。一是套用公文样式，伪装权威来源的虚假信息。例如，经常使用“中央发话了”“央视都播了”“国家最高机密”等标题吸引关注。要甄别此类虚假信息，可以登录政府部门官方网站检索相关文件，或者联系发文机关进行询问，或者根据公文

的文号在网上查验，还可以通过核对发文机关标识、文件红头格式、政府公章、印发日期等信息辅助判断。二是捏造夸大事实，引发群众恐慌的虚假信息。此类信息通常以耸人听闻的标题吸引眼球，大量使用“震惊！”“惊爆！”“出大事了！！！”等词语，乱堆感叹号。甄别此类信息，主要考察信息来源是否权威，图像是否真实，信息内容是否出现逻辑混乱、语言不通顺和前后矛盾的现象，也可以向权威媒体或政府部门求证。在暂时无法判断信息内容真假的时候，应该保持耐心，通过多种方式求证信息的真实性，以官方统一发布的信息为准。

第2章　信息检索基础

学习目标

知识：掌握信息的主要类型及其特点；掌握信息检索的基本理论及检索工具的概念与类型；掌握分类语言与主题语言的概念与主要类型；掌握常用的检索算符及用法；掌握信息检索的主要步骤。

技能：掌握判断信息类型的主要方法，能根据检索需求选择信息；能根据检索需求构建检索策略；能根据检索需求选择适合的检索方法。

2.1　信息的类型

由于信息本身的复杂性与多样性，因此基于不同的视角，信息可以划分成不同的类型，多角度的划分有利于更全面地了解信息的特点。

2.1.1　按加工层次划分

所谓加工层次，指的是对信息内容的加工深度。可以对信息的外部特征进行再加工，也可以对信息的内容特征进行再加工。信息通常分为零次信息、一次信息、二次信息及三次信息，如图 2-1-1 所示。

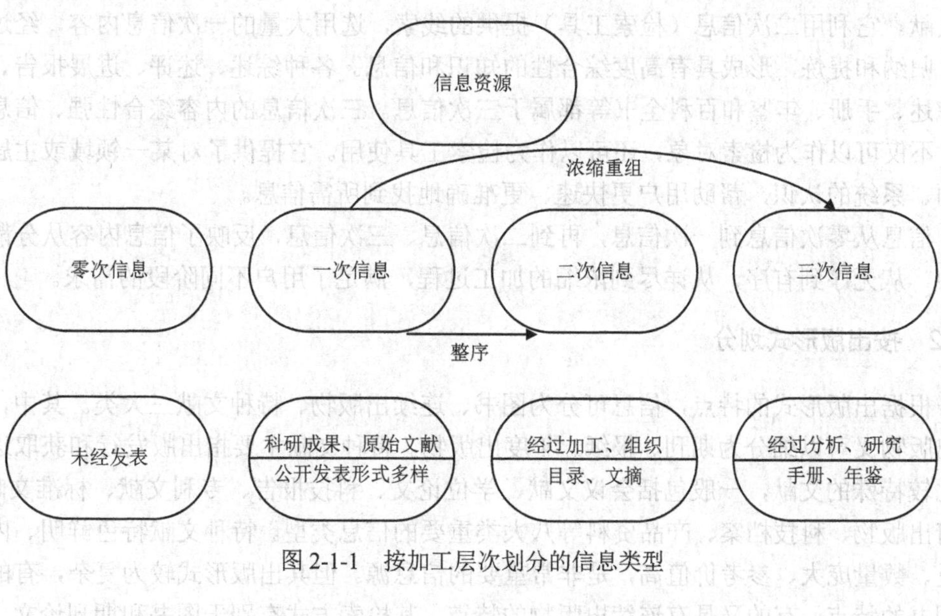

图 2-1-1　按加工层次划分的信息类型

1．零次信息

零次信息（zeroth documents）指未经发表的文献，包括原始的素材、草稿、工作图纸、考察记录、实验记录、调查问卷、原始统计数字及口头交流的知识、经验或意见论点等。零次信息往往内容真实、新颖，尤其一些原始的调研数据、实验数据有着较高的利用价值。在传统媒体时代，这些信息较难获取，随着自媒体的发展，现在的零次信息大量存在于个人空间或一些特定的网站，获取的渠道更为多样、便捷。

2．一次信息

一次信息（primary documents）指的是那些首次正式发布的文献，也被称为原始文献或原始信息。这些文献是基于作者的生产和科研工作成果创作和撰写的，是最主要的信息源和检索对象。一次信息的特点是新颖、详细和具体，如期刊论文、学位论文、科技报告、会议论文及专利说明书等。然而，一次信息的数量庞大、内容分布广泛且分散于各种载体，如果不借助检索工具，获取这些信息可能会相当困难。

3．二次信息

二次信息（secondary documents）是将分散的、无组织的一次信息，按一定原则加工、整理、简化、组织成为系统的、便于查找利用的信息，是文献的检索工具，包括目录、题录、索引、文摘及各种索引数据库。二次信息的特点是有序化，只提供文献的线索（有的有摘要）。

4．三次信息

三次信息（tertiary documents）是对一次信息进行综合、分析和评述后，再度出版的文献。它利用二次信息（检索工具）提供的线索，选用大量的一次信息内容，经过整理、归纳和提炼，形成具有高度综合性的知识和信息。各种综述、述评、进展报告、动态综述、手册、年鉴和百科全书等都属于三次信息。三次信息的内容综合性强、信息量大，不仅可以作为检索对象，还可以作为检索工具使用。它提供了对某一领域或主题的全面、系统的认识，帮助用户更快速、更准确地找到所需信息。

信息从零次信息到一次信息，再到二次信息、三次信息，反映了信息内容从分散到集中，从无序到有序，从详尽到浓缩的加工过程，满足了用户不同阶段的需求。

2.1.2 按出版形式划分

根据出版形式的特点，信息可分为图书、连续出版物、特种文献三大类。其中，连续出版物又可以细分为期刊、报纸、年度出版物。特种文献主要指出版发行和获取途径都比较特殊的文献，一般包括会议文献、学位论文、科技报告、专利文献、标准文献、政府出版物、科技档案、产品资料等八大类重要的信息类型。特种文献特色鲜明、内容广泛、数量庞大、参考价值高，是非常重要的信息源。但其出版形式较为复杂，有的具有图书的特点，有的又具有连续出版物的特点，其检索方式有别于图书和期刊论文，通常有特定的流通途径，一般又称灰色文献。下面具体介绍十种信息类型的特点与应用。

1．图书

1）定义

联合国教科文组织对图书的定义是凡由出版社或出版商出版的不包括封面和封底在内的 49 页以上的印刷品，具有特定的书名和著者名，编有国际标准书号，有定价并取得版权的出版物。

图书有阅读性图书、参考工具书、检索工具书等。阅读性图书包括教科书（textbook）、专著（monograph）、文集（anthology）等，是获取原创信息的重要来源，是检索的主要对象。参考工具书（reference book）包括词典（dictionary）、百科全书（encyclopedia）、手册（handbook）、年鉴（yearbook）等，它提供经过验证、浓缩的知识，既是检索的主要对象，也是信息检索的工具。检索工具书是指以图书形式刊行的书目、题录、文摘等，是供人们查找一定范围内文献线索的检索类出版物。

2）内容特点

从图书的内容看，图书具有系统、全面、稳定的特点。图书的内容相当广泛，但往往有一定的主题、一定的观点，比较系统地叙述相关的内容，有自己的内容体系，反映了图书内容的某种系统性。另外，图书所阐述的内容较为完整，往往围绕某种观点或理论，从其发生发展、不同观点、存在问题、发展趋势等多方面进行论述。与期刊、报纸相比，图书的内容也相对稳定，其论点成熟、可靠。图书的这些特点有利于人们系统学习某个领域的知识，全面了解某种经典理论。如果需要查找某个问题的具体答案或了解某种理论的概要，也可以利用图书。但图书由于出版周期长、报道速度慢、时效性差，往往不能及时反映最新研究成果。

3）著录特点

在检索工具里，图书在著录上主要包括书的外部特征和内容特征，它们是检索图书信息的主要途径。图书的外部特征主要有书名、目次、著者、出版社、国际标准书号（International Standard Book Number，ISBN）、出版地、出版时间等，内容特征主要有分类号、主题词、摘要等。

知识拓展 2-1-1

ISBN

ISBN 是国际通用的图书或独立出版物的代码，是专门为识别图书等文献而设计的国际编号。1972 年，国际标准化组织（International Standards Organization，ISO）颁布了 ISBN 国际标准，并在原西柏林国立普鲁士文化遗产图书馆设立了实施该标准的管理机构——国际 ISBN 中心。ISBN 由多位数字分成 5 段组成，各段依次是：产品标识编码-地区或语种号-出版商代号-书名号-校验码。ISBN 通常有 978 的前缀（978 称为 EAN.UCC 前缀），是从 2007 年 1 月 1 日起，在原来的 10 位数字前加上 3 位 EAN（欧洲商品编号）图书产品代码 978 和 979 组成的。在很多书目数据库中，ISBN 已被作为一个检索字段，为检索者增加了一种检索途径。例如，978-7-302-02372-7，表示中国出版商代号为 302 的出版社（即清华大学出版社）出版的一种图书，书名号为 02372，校验码为 7。

2．期刊

1）定义

联合国教科文组织关于期刊的定义是凡用同一标题连续不断（无限期）定期或不定期出版，每年至少出一期（次）以上，每期均有期次编号或注明日期的出版物。1988 年 11 月新闻出版署颁布的《期刊管理暂行规定》给期刊下的定义是指有固定名称，用卷、期或年、月顺序编号，成册的连续出版物。

《中国大百科全书》新闻出版卷中，将期刊分为四大类：①一般期刊，强调知识性与趣味性；②学术期刊，主要刊载学术论文、研究报告、评论等；③行业期刊，主要报道各行各业的产品、市场行情、经营管理进展与动态等；④检索期刊，是检索工具，主要报道二次信息。

2）核心期刊

核心期刊是某学科领域内高影响力的学术期刊，具有信息量大、质量上乘的特点，能够充分体现专业学科的最新发展动向，并备受本学科领域学者的青睐。专家在研究中发现，在文献资源分布方面，存在核心期刊效应，即某一学科的多数高质量学术成果往往集中在少数核心期刊上发表。多位学者对此进行了深入研究，如英国著名文献学家布拉德福（S. C. Bradford）于 1931 年揭示了文献的集中与分散规律，指出某学科三分之一的高质量论文发表在仅占 3.2%的期刊上；联合国教科文组织在 1967 年的研究中发现，75%的文献集中在 10%的期刊中；而美国科技信息研究所所长加菲尔德（E. Garfield）在 1971 年的统计也显示，24%的引文来源于仅占 1.25%的期刊。这些研究共同揭示了期刊的核心效应，从而衍生了“核心期刊”的概念。

目前，我国有七大核心期刊（或来源期刊）遴选体系，其中最有影响力的是《中文核心期刊要目总览》及中文社会科学引文索引（Chinese Social Sciences Citation Index，CSSCI）。

《中文核心期刊要目总览》是由北京大学图书馆及北京十几所高校图书馆众多期刊工作者及相关单位专家参加的中文核心期刊评价研究项目成果，至今已经出版了 9 版（这些期刊涵盖了自然科学、人文社会科学等各个领域），是国内学术界具有较高影响力的期刊评价体系。

CSSCI 是由南京大学中国社会科学研究评价中心开发研制的数据库，用来检索中文社会科学领域的论文收录和文献被引用情况，是我国人文社会科学评价领域的标志性工程。CSSCI 的收录范围广泛，覆盖了社会科学各个领域的高质量学术期刊，其评价标准严格，注重学术质量、影响力和创新性，被广大学者视为社会科学领域的重要评价标准。

从评价侧重点来看，CSSCI 更加专注于社会科学领域，对人文社会科学的期刊收录更为全面，评价标准也更为严格。这使 CSSCI 在社会科学领域具有更高的权威性和影响力。《中文核心期刊要目总览》则涵盖了更广泛的学科领域，包括自然科学和人文社会科学，其评价标准也相对较为宽泛。

知识拓展 2-1-2

期刊影响因子

期刊影响因子（impact factor，IF），是国际上通行的期刊评价指标，其值是某一期刊前两年发表的论文在统计年度被引用的总次数除以该期刊在前两年内发表的论文总数。这是一个国际上通行的评价指标，用以衡量学术期刊的影响力。这一概念最早是加菲尔德提出的。影响因子是一个相对客观的量化指标，它可以评价期刊的有用性和显示其在科学界的影响和地位。通常来说，影响因子越高，期刊的影响力越大，该期刊在科学界的地位和声誉也就越高。

影响因子广泛应用于科研评价、学术评价、学术期刊评价等领域。在申请科研项目、评定职称、选拔学术人才等方面，影响因子常常作为一个重要的参考指标。影响因子通常可以在学术期刊的官方网站、各大数据库（如 PubMed、Web of Science 等）及一些学术评价机构的官方网站上查询到。

知识拓展 2-1-3

SCI 分区

科学引文索引（science citation index，SCI）分区是指将 SCI 收录的期刊根据其影响因子的高低和学术影响力的大小进行分类的一种方式。SCI 分区主要有两种标准：一种是基于期刊影响因子的期刊引证报告（journal citation report，JCR）分区，另一种是基于期刊影响因子和学术影响力的中国科学院分区。

JCR 由科睿唯安（Clarivate）每年出版，它将收录的期刊分为 176 个不同学科类别。每个学科分类按照期刊的影响因子高低平均分为四个区。

Q1 区：影响因子前 25%（含 25%）的期刊。

Q2 区：影响因子位于 25%～50%（含 50%）之间的期刊。

Q3 区：影响因子位于 50%～75%（含 75%）之间的期刊。

Q4 区：影响因子位于 75%之后的期刊。

中国科学院将 JCR 中的所有期刊分为 13 大类，包括数学、物理、化学、生物、地学、天文、工程技术、医学、环境科学、农林科学、社会科学、管理科学及综合性期刊。每一大类的期刊又分为以下四个等级。

1 区：前 5%。

2 区：6%～20%。

3 区：21%～50%。

4 区：剩余部分。

SCI 分区的主要目的是帮助科研人员更准确地评估期刊的质量和影响力，从而选择合适的期刊发表研究成果。1 区期刊通常具有最高的影响因子和学术价值，是学术界广泛关注和引用的顶级期刊。4 区期刊则是影响因子最低的一类刊物，其学术影响力相对较低。

3）内容特点

作为期刊论文，其内容具有新颖性、科学性、理论性的特点。与图书相比，期刊论文的内容新颖、报道速度快，能及时反映最新的研究成果，是了解某一领域最新进展的重要途径。当然受到篇幅的限制，期刊论文系统性差，往往只能针对问题的某个方面进行研究。

4）著录特点

在检索工具里，期刊与期刊论文的著录项目有所差异。

期刊作为单位出版物，著录项目包括刊名、国际标准连续出版物号（International Standard Serial Number，ISSN）、国内统一刊号（CN）、邮发代号、出版者等。

期刊论文的著录项目包括作者、篇名、出处（年、卷、期、页）、摘要等。

知识拓展 2-1-4

ISSN 和 CN

ISSN 是根据国际标准 ISO 3297: 2022 制定的连续出版物国际标准编码，其目的是使世界上每一种不同题名、不同版本的连续出版物都有一个国际性的唯一代码标识。ISSN 由 8 位数字分两段组成，如 1002-3321，其中前 7 位是期刊代号，末位是校验码。

我国正式出版的期刊都有国内统一刊号（CN），它由地区号、报刊登记号和《中国图书馆分类法》分类号组成，如 CN35-1048/C，其中 CN 代表中国，35 代表福建省，1048 代表《福州大学学报（哲学社会科学版）》，分类号 C 代表社会科学。

3．会议文献

会议文献特指各国或国际学术会议上发表的论文或报告，通常分为会前出版物和会后出版物两种。会前出版物主要包括会议内容、日程、预告、论文摘要和论文预印本等。会后出版物主要是论文集及会议相关的总结、报道等。会议文献在一定程度上反映了国际上或某个国家某些专业研究的水平、动向，是一次信息，也是重要的文献情报源。

会议文献的特点是传递信息比较及时，内容新颖，专业性和针对性强，一部分科研成果就是通过学术会议首次发表的。因此，会议文献往往是人们了解某一领域最新进展的重要途径。同时，由于会议文献主题性较强，当检索到某篇相关文献后，还可以顺藤摸瓜找到同一主题的其他文献。

会议文献在出版上形式比较多样，有图书、科技报告、期刊论文、声像资料等。尤其一些比较有影响力的学会，每年都会召开不同主题的学术年会，其论文集通常以连续出版物的形式刊发。

虽然出版形式不同，但会议论文在著录上通常会有表示会议的词，如 Meeting、Conferences、Proceedings、Symposium、Congress 等，还有诸如会议名称、时间、地点、届次及会议录的出版信息。

4．学位论文

学位论文是作者为获得某种学位而撰写的研究报告或科学论文，一般分为学士论文、硕士论文、博士论文三个级别。其中尤以博士论文质量最高，是具有一定独创性的科学研究著作，也是信息收集和利用的重点。学位论文代表不同的学识水平，是重要的文献情报源之一，可以通过学位论文数据库或学位授予单位、指定收藏单位获得。中国国家图书馆、中国科学技术信息研究所是指定的博士论文官方收藏单位。

从内容看，学位论文一般偏重于理论，论文中有对相关领域研究现状的总结，由此可以了解相关专题的发展过程和趋势，其文后附有大量的参考文献，可以帮助读者获得更多的相关信息；与期刊论文相比，学位论文没有较多的篇幅限制，能更详细地展示其研究思路和研究过程。

从著录项目看，检索工具著录了学位论文的篇名、著者、著者毕业学校、专业、导师、毕业时间、学位等级等信息。

5．科技报告

科技报告又称技术报告或研究报告，它是对一个研究计划或实验的内容、过程、结果等较为详细的记录。它可以是科研成果的总结，也可以是科研进展情况的实际记录。许多最新的研究成果，尤其是尖端学科的最新探索往往出现在科技报告中，大多与政府的研究活动、国防及尖端科技领域有关。

从内容看，科技报告具有内容广泛、翔实、具体、完整、技术含量高、实用意义大等特点。科技报告内容新颖，往往涉及相关领域的最新研究成果，能代表某个国家、地区的发展方向，有的有保密性。科技报告有特定的撰写要求，与期刊论文、会议论文相比，内容更为详尽、具体，对各种研究方案、研究数据都有详细的介绍，是一种重要的信息源。

科技报告按内容可分为报告书、论文、通报、札记、技术译文、备忘录、特种出版物等。美国的四大科技报告是国际上非常知名的科技报告，每年会有部分内容解密。

（1）PB 报告，即“Publications Board（出版物委员会）报告”，主要来源于美国政府科研机构及其相关合作机构的科技文献。PB 报告的内容主要涉及科学和技术领域，包括基础理论、生产技术、工艺流程、材料等方面。进入 20 世纪 70 年代后，PB 报告的内容开始更多地聚焦于民用工程技术。

（2）AD 报告，即“Aerospace Defense（航空航天防御）报告”，是由美国国防部下属研究所及其合作方编写的技术报告。这些报告由当时的美国武装部队技术情报局（Armed Services Technical Information Agency，ASTIA）整理，并在规定的范围内发行。

AD 报告是该情报局出版的文献。

（3）NASA 报告，即“National Aeronautics and Space Administration（国家航空和宇宙航行局）报告”，是由美国国家航空和宇宙航行局所属研究机构编写的技术报告。该报告的主要内容包括空气动力学、发动机及飞行器结构、材料、试验设备、飞行器的制导及测量仪器等方面。

（4）AEC/ERDA/DOE 报告，最初由 1946 年成立的美国原子能委员会（Atomic Energy Commission，AEC）编写。随着机构的更名和重组，1975 年该委员会更名为能源研究与发展署（Energy Research and Development Administration，ERDA），1977 年进一步改组扩大为美国能源部（Department of Energy，DOE）。自 1978 年 7 月起，该报告逐渐采用 DOE 的名称。这些报告的内容始终以原子能研究为重点。

万方数据知识服务平台的《中外科技报告数据库》是获取国内外科技报告的主要来源，其收录的中文科技报告始于 1966 年，源于中华人民共和国科学技术部，共计 10 万余份。外文科技报告收录始于 1958 年，涵盖美国的四大科技报告，共计 110 万余份。

科技报告的著录项目与图书相似，通常载有主持单位、报告撰写者、密级、报告号、研究项目号和合同号等，只是其内容中会出现报告的相关词汇。

6．专利文献

专利文献是专利制度的产物，也是专利制度的重要基础。专利文献是专利申请文件在经过国家主管专利的机关依法受理、审查合格后，定期出版的各种官方出版物的总称。这些出版物不仅包括发明、实用新型和外观设计的专利申请书和发明专利说明书，还涵盖了与发明相关的其他类别的文件，如专利公报、专利年度索引等。

专利文献是由各国专利局或国际性专利组织发布的，具有很高的权威性。专利文献包含了大量的技术、经济和法律信息，是技术创新的重要载体，也是重要的科技情报源。由于专利文献的出版有严格的标准和规定，因此其格式和内容都相对统一，方便用户进行检索和阅读。专利文献通常在专利申请被批准后迅速公开，因此它是获取最新技术信息的重要途径。

专利文献可用于以下领域。①技术创新：企业和研究机构可以通过专利文献了解最新的技术动态和研究方向，为自身的技术创新提供参考。②法律保护：专利文献是证明专利权归属的重要文件，对于维护企业的合法权益具有重要作用。③技术评估：在技术交易、项目评估等场景中，专利文献可以作为评估技术价值和创新性的重要依据。

在著录项目上，专利文献通常包括专利号、专利名称、申请人/专利权人、发明人等主要信息。有关专利及专利文献的详细解读参见 6.1 节。

7．标准文献

标准文献是指由技术标准、管理标准、经济标准及其他具有标准性质的类似文件所组成的特种文献。它涵盖了按规定程序制定，经公认权威机构（如国际标准化组织、各国的国家标准机构等）批准的一整套在特定范围（如工业、科技、环境等）内必须执行的规格、规则、技术要求等规范性文献。此外，广义上的标准文献还包括与标准化工作有关的一切文献，如标准形成过程中的各种档案、宣传推广标准的手册及其他出版物、揭示报道标准文献信息的目录、索引等。

从内容看，标准文献具有权威、系统、实用、新颖、可直接应用于工农业生产的特点。

在著录项目上，标准文献通常有标准号、标准颁布机构、标准名称、标准分类号等内容。有关标准及标准文献的详细内容参见 6.2 节。

8．政府出版物

政府出版物，又称为“官方出版物”，是指由各国政府部门及其设立的专门机构发表、出版的文件。这些文件主要根据国家的命令进行出版，内容具有官方性质（部分内容与科技报告重复），具体可分为行政性文件和科技性文献。

行政性文件包括会议记录、司法资料、条约、决议、规章制度及调查统计资料等。

科技性文献，包括研究报告、科普资料、技术政策文件等。

政府出版物往往具有以下特点。①数量多、范围广：由于政府部门涉及各个领域，因此政府出版物的数量庞大，且覆盖的领域广泛。②内容权威：作为官方文件，政府出版物的内容具有很高的权威性，反映了政府对各项工作的观点、方针和政策。③实用性强：政府出版物包含了大量的行政性文件和科技文献，这些文献对于了解国家的政治、经济、科技等方面的情况具有重要的参考价值。

政府出版物可用于以下工作中。①政策研究：政府出版物是了解国家政策的重要来源，可以为政策研究者提供丰富的数据和背景信息。②决策参考：政府部门在制定政策时，可以参考其他政府部门发布的出版物，以获取更多的信息和数据支持。③学术研究：在学术界研究国家政治、经济、科技等方面的问题时，政府出版物是不可或缺的参考资料。

政府出版物在出版前后，往往用其他形式发表，包括图书、报纸、期刊、档案等多种形式，著录项目与其出版形式相关。

9．科技档案

科技档案是指记载和反映科学技术研究、生产活动、科技成果推广、技术转让、科技教育等活动的原始记录。它是科学技术活动直接形成的具有保存价值的文件材料，是科技活动的历史记录，也是国家档案的重要组成部分。

科技档案一般具有以下特点。①专业性：科技档案的内容涉及特定的科学技术领域，具有很强的专业性。②系统性：科技档案通常围绕某一科研项目或生产活动形成完整的文件体系。③真实性：科技档案记录了科技活动的原始数据和真实情况，具有极高的可靠性。④实用性：科技档案可以为后续的研究和生产活动提供参考和借鉴，具有很高的实用价值。

科技档案为科研人员提供了历史数据和背景资料，有助于避免重复研究，提高研究效率。通过科技档案，新的科技人员可以迅速了解和学习前人的经验和成果，实现技术的传承和发展。政府部门和企业在制定科技政策和发展规划时，可以参考科技档案中的数据和信息。

10. 产品资料

产品资料通常被称为产品文献或产品手册，是制造商或经销商为了宣传和推销其产品而印发的商业宣传品。它主要包括产品的性能、构造原理、用途、使用方法、操作规程、产品规格等详细信息。这些资料以多种形式存在，如产品目录、产品说明书、数据手册等。

产品资料具有以下特点。①技术性强：产品资料通常包含产品的技术细节，供读者深入了解。②图文并茂：为了更直观地展示产品特点，产品资料通常会配备图片、图表和示意图。③更新迅速：随着产品的升级和改进，产品资料也会迅速更新，以反映最新的产品信息和数据。④实用性强：用户可以通过产品资料快速了解产品的使用方法和注意事项，提高使用效率。

产品资料是市场营销的重要工具，能帮助销售人员和潜在客户了解产品的特点和优势。当用户遇到使用问题或需要了解更多产品信息时，产品资料可以提供快速、准确的支持。对于新产品或复杂产品，产品资料可以作为培训和指导的参考手册。产品资料中的技术数据和性能参数也常被用于学术研究和技术分析中。

2.1.3 从载体形式的角度划分

从载体的形式来看，信息可以分为以下几种类型。

（1）印刷型信息。这是最早也是最传统的一种信息形式，主要包括书籍、报纸、杂志等。它们具有易于阅读、携带和保存的特点。

（2）缩微型信息。这类信息将大量的信息通过高科技手段压缩到微小的胶片或光盘中，如缩微胶卷、缩微平片等。它们极大地节约了存储空间，使大量信息的保存和传输更加方便高效。

（3）机读型信息。以电子数据形式存储和传输的信息，如磁带、磁盘、光盘等，通过计算机等设备进行读取和处理。机读型信息具有存储容量大、传输速度快、便于检索等优点。

（4）声像型信息。主要包括音频、视频等多媒体信息，如录音带、录像带、电影、电视等。声像型信息将声音和图像相结合，以多媒体的形式呈现，它们通过直观、生动的画面和声音，让人们更加直观地了解和理解信息内容。

（5）网络信息。包括网络上的各种信息，如网页、社交媒体、在线数据库等。网络信息具有更新速度快、内容丰富多样、交互性强等特点，使人们能够随时随地获取所需的信息，并进行信息的交流和分享。

知识拓展 2-1-5

信息的分布规律

齐普夫定律（Zipf's law）

齐普夫定律，也称省力法则，是由美国学者齐普夫（G. K. Zipf）于 20 世纪 40

年代提出的词频分布定律。该定律指出，如果把一篇较长文章中每个词出现的频次统计起来，按照高频词在前、低频词在后的递减顺序排列，并用自然数给这些词编上等级序号，即频次最高的词等级为 1，频次次之的词等级为 2，以此类推，频次最小的词等级为 D。若用 f 表示频次，r（r=1,2,…）表示等级序号，那么频次和等级序号之积近似为一个常数，即 fr=C（C 为常数）。这个定律表明，在英语单词中，只有极少数的词被经常使用，而绝大多数词很少被使用。

启示：研究词频分布对编制词表、制定标引规则、进行词汇分析与控制、分析作者著述特征具有一定意义。高频词往往是一些常用词，中频词往往是大量有检索意义的关键词，一些具有创新观点的内容则可能在低频词中出现。

布拉德福定律（Bradford's law）

布拉德福定律，也称文献分布定律，布拉德福定律描述的是科学期刊与其所载论文数量之间的关系，由布拉德福于 20 世纪 30 年代率先提出。当按照某个学科的论文数量对科学期刊进行递减排列时，可以将期刊分为核心区和其他几个区。这些区域中的期刊数量呈现出 1∶n∶n^2…的关系。这一定律说明了核心区的期刊数量远多于其他区域，且这些期刊通常拥有更高的载文率。

启示：这一定律广泛应用于选择和评价核心期刊，这些期刊是刊载该学科学术论文较多的、论文被引用较多的、受读者重视的、能反映该学科当前研究状态的、最为活跃的一些期刊。在信息检索中，应多关注相关领域核心期刊发表的研究成果。

洛特卡定律（Lotka's law）

1926 年，美国统计学家洛特卡（A. J. Lotka）发表论文《科学生产率的频率分布》，提出了这一定律。洛特卡定律揭示了作者频率与文献数量之间的关系。它表明，在大量的科学文献中，只有少数作者发表了多数文章，而大多数作者只发表了少数文章。这一定律反映了科学生产力的分布状况，即高产作者与低产作者之间存在明显的数量差异。

启示：洛特卡定律可以用于预测特定学科论文的作者数量和文献数量，也可以用以研究科学家的活动规律。这也是在信息检索中要关注相关学科领域高产作者、高被引作者的研究成果的原因。

2.2 信息检索与检索工具

2.2.1 信息检索

1．信息检索的定义

信息检索（information retrieval）最早由美国学者穆尔斯（C. Mooers）于 1950 年提出。有些人把 retrieval 翻译成获取，其本义是"获得与输入要求相匹配的输出"。

广义的信息检索包括信息存储与检索（information storage and retrieval），是指将信息按照一定的方式组织和存储起来，并能根据用户需要找出其中相关的信息的过程。存储是基础，检索是目的。狭义的信息检索是指从存储集合中快速获取各种需要的信息。

2. 信息检索的原理

信息检索从根本上说就是对信息集合与需求集合的匹配与选择。信息检索原理示意图如图 2-2-1 所示。

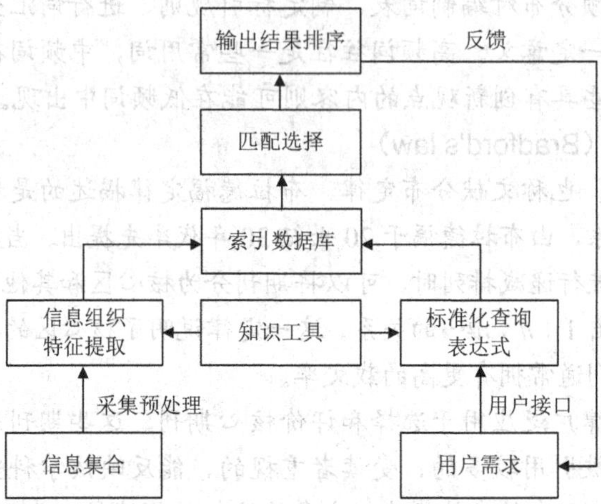

图 2-2-1　信息检索原理示意图

具体过程介绍如下。

（1）信息采集与预处理（information collection and preprocessing）。采集工具需要从多种媒介（如文本文档、网页、数据库）广泛采集原始数据。随后，对采集的数据进行预处理，如清洗、去重、分词、提取词干等，以便于后续的信息组织。

（2）信息组织（information organization）。预处理后的信息通过分类、标引、排序等方法被系统化地组织起来，以建立一个结构化的框架。

（3）索引数据库构建（index construction）。组织好的信息被进一步转换为索引数据库，该数据库通常采用高效的数据结构（如倒排索引），以支持快速检索。

（4）用户查询表达（user query expression）。用户通过输入一组关键词或自然语言表述，来表达其信息需求。查询处理模块对用户输入进行解析，生成可用于检索系统的标准化查询表达式。

（5）检索与匹配（retrieval and matching）。检索系统根据标准化查询表达式，在索引数据库中执行匹配运算，以识别与用户需求相匹配的文献。

（6）结果排序与呈现（result ranking and presentation）。对检索到的信息根据相关性评分进行排序，并以列表形式呈现给用户，这些信息通常包括文献标题、摘要、链接等。

（7）用户反馈与迭代检索（user feedback and iterative retrieval）。用户对检索结果进行评估，根据满意度给予反馈。根据检索结果，用户可以调整查询表达式，进行迭代检索，以优化检索结果。

（8）系统评估与优化（system evaluation and optimization）。整个检索过程还包括系统性能的评估和优化步骤，用以提高检索效率和结果的相关性。

3．信息检索的类型

1）信息检索三分法

信息检索的类型多种多样，根据检索对象可以分为以下类型。

（1）文献检索。以文献资料为检索对象，如图书、期刊、论文等。这种检索的结果通常是文献线索或文献全文。

（2）数据检索。以数据为检索对象，如数值、图表、参数、公式等。这种检索的目的在于获取具体的数值或数据信息。

（3）事实检索。以特定的事实或知识为检索对象。这种检索的结果通常是某个具体的事实或知识点。

数据检索和事实检索，其最终结果往往是唯一的，两者是确定性检索，文献检索则是一种相关性检索。需要注意的是，数据检索和事实检索的结果往往存在于文献中，因此，这三种检索以文献检索为主。

2）信息检索新三分法

随着网络的发展，这种划分方法也有了变化，出现了新三分法。

（1）文本检索。以各种自然语言符号系统所表示的信息作为主要检索对象。

（2）数值检索。针对数值型数据（包含数据和事实）的查询而发展起来的一类较有特色的信息检索。

（3）音频与视频检索。针对各种数字化音频与视频信息进行查询的一类信息检索。

文本检索经历了从早期的结构化书目信息检索到当前的无结构或半结构化的自由文本检索，以及从关键词检索到概念检索，再到语义检索等发展历程；数值检索则由于数值信息的不断丰富和在某些领域（如财经、金融、统计等）的广泛应用，获得了独立发展的空间；声频与视频检索随着 5G 发展，异军突起，成为多媒体时代信息检索研究的前沿领域。可以说，新的三分法比较全面地反映了信息检索的进展。

4．信息检索的发展阶段

在人类文明的漫长历史中，信息检索的方式和手段经历了显著的演化。信息检索从诞生发展到现在，经历了手工检索、机械检索、网络检索、智能检索四个主要阶段。

1）手工检索阶段（1830 年至今）

这一阶段的主要特点是以印刷文献（如图书、期刊、会议论文、专利、学位论文等）为主要检索对象；以各类文摘、题录和目录性工具书为可利用的主要检索工具；以图书馆的参考咨询部门为开展信息检索服务的中心机构。

世界上第一种学术期刊《学者杂志》既是最早的期刊，也是最早以专栏和附录形式出现文摘的刊物，可谓最早的文摘性检索刊物。1830 年创刊的《药学总览》是世界上第一个正规的文摘性检索刊物。

虽然随着技术的进步，检索工具与检索手段也在更新换代，但至今手工检索尚未完全退出历史舞台，尤其在整个20世纪，手工检索都发挥着重要作用。

2）机械检索阶段（1954—1998年）

自1946年世界上第一台电子计算机诞生起，人类便开始构想将计算机技术应用于文献检索领域。随着50年代“穿孔卡片”和“穿孔纸带”等计算机应用领域的数据录入技术及设备的出现，计算机逐渐在文献检索领域展现出强大的潜力。这一阶段，计算机文献检索大致可以划分为脱机检索、联机检索和光盘检索三个主要阶段。

1954年，美国海军兵器中心借助IBM-701型计算机，开创了全球首个科技文献检索系统，实现了单元词组配检索的突破。当时，由于计算机尚未实现联网，且缺乏远程终端装置，信息检索主要依赖脱机批处理的方式。用户需要将查询需求提交给计算机操作人员，由操作人员对提问内容进行主题分析，编写查询语句，并输入计算机建立用户提问档。随后，根据这一提问档，对新到达的文献进行定期的批量检索，并将检索结果及时通知用户。

1965年，随着第三代集成电路计算机的广泛应用，存储介质逐渐演进为磁盘和磁盘机，存储容量有了质的飞跃。同时，数据库管理和通信技术取得了显著的进步。在这一背景下，信息检索领域迎来了划时代的变革，从传统的脱机检索迈入了联机检索时代。

20世纪80年代，随着新的载体——光盘的出现，新的计算机文献检索类型——光盘检索出现了。光盘检索具有存储密度大、读取速度快、携带方便等特点。用户可以通过光盘驱动器读取光盘上的信息，进行快速、准确的信息检索。

3）网络检索阶段（1991年至今）

随着计算机网络技术的突飞猛进，特别是互联网的崛起与普及，信息检索迎来了前所未有的变革。借助网络检索工具（如搜索引擎、数据库等），用户能够轻松跨越国界，在全球范围内实现信息的迅速定位和获取。网络检索以其实时性、全球性和交互性等鲜明特点，极大地提升了信息检索的效率和便捷性。

若对网络检索的发展历程进行细致划分，大致可分为以下阶段。

（1）文本搜索阶段（1991—1995年）。这一时期的显著特征是，随着互联网的迅速普及和Web 1.0时代的开启，网络信息开始呈现丰富多元的面貌。早期的网络检索工具主要依赖于文本搜索技术，通过对网页内容进行简单的关键词匹配，帮助用户定位所需信息。在这一阶段，Lycos、AltaVista等代表性检索工具崭露头角，为用户提供了基本的网页搜索服务，用户只需输入关键词，便能轻松查找到相关信息。

（2）算法与交互的兴起（1995—2000年）。在这一时期，Web 2.0的出现，标志着网络信息从静态向动态、从单向向交互的转变。检索工具与时俱进，开始引入更为精细复杂的算法（如PageRank），致力于提升搜索结果的精确度和相关性。此外，针对特定领域的专业数据库也逐渐崭露头角，为特定行业或领域的研究者提供了极大便利。

代表性检索工具中，Google（1998年推出）和百度凭借其卓越的技术和算法，迅速成为备受用户青睐的搜索引擎。特别是Google，其前沿的搜索技术和持续的创新优化，使其迅速成为业界翘楚。同时，专业领域的数据库［如PubMed（生物医学领域）］也开始在学术研究中大放异彩。

（3）智能搜索的进化（2000 年至今）。互联网的蓬勃发展带来了信息量的爆炸式增长，信息的种类和来源也日益多样化。同时，检索工具继续升级进化，引入了一系列先进的技术和功能，如自然语言处理（natural language processing，NLP）、机器学习、图像识别等，以应对复杂多变的搜索需求，提高搜索的精准度和效率。此外，个性化搜索、语义搜索等新颖理念逐渐兴起，为用户带来更加智能、高效的搜索体验。

代表性检索工具中，Google Scholar（2004 年推出）凭借其广泛的学术资源覆盖和强大的搜索功能，迅速成为学术界的宠儿。Google Scholar 不仅整合了众多学术资源，还通过先进的搜索技术，帮助用户快速找到高质量的学术文献，极大地促进了学术研究的发展。此外，还有一些专业的检索工具如 Scopus、Web of Science 等，针对特定的领域或数据类型提供深入的搜索和分析功能。

4）AI 驱动的检索（2023 年至今）

随着大数据时代的来临，AI 检索技术已悄然融入人们的日常生活，为信息检索带来了前所未有的变革。

（1）智能化。借助先进的 AI 技术，如 NLP 和深度学习，检索工具得以深度洞察用户的查询意图。它们不仅能够智能地提取关键词，还能为用户呈现更为精确、贴合需求的搜索结果，极大地提升了检索的精准度和用户体验。

（2）个性化。在大数据的背景下，AI 技术能够深度挖掘用户的搜索历史、偏好和行为模式，从而为用户提供个性化的搜索结果。这意味着每位用户都将享受到量身定制的搜索体验，所获得的信息更加贴近其真实需求和兴趣，极大地提升了搜索的效率和用户的满意度。

（3）实时性。大数据的涌现赋予了网络检索强大的实时性。检索工具能够迅速处理和分析海量的数据，并实时更新搜索结果。这确保用户能够随时获取最新、最鲜活的信息，满足了现代社会对于实时数据的高度需求。

（4）多模态检索。除传统的文本检索外，AI 技术还支持图像、音频、视频等多模态数据的检索。用户可以通过上传图片、语音等方式进行检索，拓宽了检索的方式和范围。

（5）语义理解。AI 技术使网络检索不再局限于关键词匹配，而是能够理解查询的语义含义。这有助于解决同义词、近义词及歧义问题，提高了搜索的准确性和质量。

（6）交互性。AI 技术提供了更加友好的用户界面和交互方式。用户可以通过自然语言与检索工具对话，进行更加自然和便捷的搜索操作。

（7）可扩展性和灵活性。随着数据量的不断增长，网络检索工具需要具备可扩展性和灵活性。AI 技术可以帮助检索工具更好地处理大规模数据集，应对不断增长的数据量，并保持系统的稳定运行。

2.2.2 检索工具

1. 检索工具的定义

检索工具是指根据需要按照一定的规则对一次信息进行编制的二次文献，是用于报道、存储和查找文献线索的工具和设备的总称，如图书馆目录、期刊索引、文献数据库等。

按照信息加工的手段或设备划分，检索工具可以分为手工检索工具和机械检索工具。手工检索工具主要指目录、索引、文摘等印刷型的二次文献；而机械检索工具则是指电子计算机情报检索系统的技术设备。按照信息载体形态划分，检索工具可以分为书本式检索工具（包括期刊式、单卷式和附录式）、卡片式检索工具、缩微式检索工具、网络式检索工具等。按照收录范围划分，检索工具可以分为全面性检索工具和单一性检索工具。按照著录内容划分，检索工具主要包括目录、题录、文摘和索引等。

2．检索工具的特点

随着互联网技术的发展及大数据时代的来临，检索工具从形态到收录内容上都有了很大变化，尤其自媒体已经成为新型的网络检索工具，成为公众获取信息的重要渠道。

相较于传统的检索工具，现代检索工具展现出显著的优势和特点。

（1）全面性。涵盖的信息资源无论在资源类型上还是在学科专业上都相当完备，为用户全面获取信息提供内容保障。

（2）可定制性。根据用户的个性化需求和筛选条件，用户可以自定义检索的范围和条件，并可享受专属的信息推送服务。

（3）实时性。能够迅速更新最新的信息，确保资源的时效性，让用户第一时间获取到最新、最全面的信息。

（4）检索方式多元化。提供多种检索选项，包括关键词、分类、全文、作者检索等，方便用户根据自身需求灵活选择。

（5）可视化检索结果。通过图表、色彩、排列等方式直观展示检索结果，方便用户理解。

（6）支持分析与保存搜索结果。允许用户对搜索结果进行整理和分析，提高信息的利用效率。

2.3 检索语言

2.3.1 检索语言概述

文献信息数量庞大且内容繁杂，涵盖了各个领域。对于相同的内容，信息的生产者（作者）、组织者和用户可能产生不同的理解和诠释。因此，需要创建统一的语言来描述文献的特征，以确保这三者之间能够建立起精确的联系。

检索语言是一种由人工创造的语言，专门用于描述文献信息的外部和内部特征，从而方便信息的组织和检索。这种语言在信息检索系统中发挥着桥梁的作用，帮助实现系统与用户之间特定的联系或通信。

外部特征主要描述信息载体的物理和出版信息，如图书的书名、作者、出版项（出版地、出版社、出版年份）、ISBN、开本及价格等。内部特征则描述信息的实质性内容，如分类号、主题词和摘要等。这些特征在检索系统中被称为检索标识、检索字段或检索项。

2.3.2　分类语言

分类语言用分类号来表达各种概念，将各种概念按学科专业进行分类和系统排列。分类语言包括体系分类法和组配分类法。其中体系分类法是国际上较为常用的分类语言。

1. 体系分类法的定义

体系分类法，即体系分类语言，是一种依据知识体系，以学科属性为核心标准，同时考虑其他属性的综合性分类体系。它通过符号标识系统，对知识与学科进行层次化的等级分类，从而精准表达学科概念。该分类法旨在为特定学科和专业领域提供集中、系统的文献分类服务。

在体系分类法中，分类知识与概念逻辑方法得到了广泛应用。它遵循学科属性与逻辑分类的原理，将学科概念进行多层次、逐步细化的划分。这种划分从一般到具体、从简单到复杂、从低级到高级、从总概念到分概念，构建了一个科学合理、层次分明的类目体系。

类号的位数在体系分类法中扮演着重要的角色。它直接反映了类目的级别及其相互关系。类号位数越少，代表该类目的级别越高，涵盖的范围越广泛；而类号位数越多，则表明该类目的级别越低，具体性和细分度越高。通过这种位数的变化，用户可以清晰地理解类目之间的层次结构和逻辑关系，从而更有效地进行文献检索和信息组织，如图 2-3-1 所示。

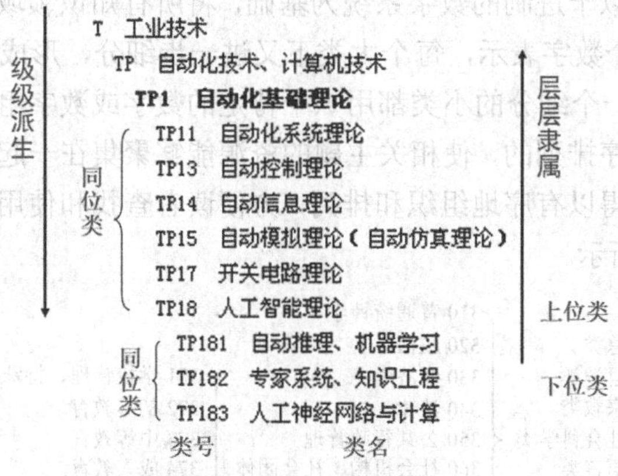

图 2-3-1　体系分类法举例

知识拓展 2-3-1

体系分类法中的一些概念

类：具有某种共同属性的事物的集合。

类名：表示一类事物的概念，分类表中叫类目。

上位类：被划分的类，又叫母类、属概念。

下位类：经一次划分所形成的概念，又叫子类、种概念。

同位类：被划分出的各子类之间的关系，并列概念。它们之间既有母类的共同属性，又有各自的特殊属性。

2．常用体系分类法

传统的体系分类法常见的有杜威十进分类法、国际十进分类法、国际专利分类法，以及国内的中国图书馆分类法、中国图书资料分类法（简称资料法）、中国科学院图书分类法（简称科图法）、中国人民大学图书馆图书分类法（简称人大法）。其中中国图书馆分类法在我国各大图书情报机构的应用最广。

现在，随着科学技术的不断发展，许多新兴学科出现了，传统的分类法也不能完全符合现在的学科发展趋势，因此伴随着互联网的出现，网络文献分类法诞生了。

下面介绍几种常用的体系分类法。

1）杜威十进分类法

杜威十进分类法，也被称为杜威十进制图书分类法，是由美国图书馆专家杜威（M. Dewey）发明的。这种分类法对世界图书馆分类学产生了深远的影响，并已被翻译成多种语言。杜威十进分类法被许多英语国家的大多数图书馆以及其他使用相应译文的国家的部分图书馆所采用。特别值得一提的是，在美国，几乎所有的公共图书馆和学校图书馆都采用这种分类法。

杜威十进分类法以十进制的数字系统为基础，将所有知识领域划分为十大类，每个大类用 0～9 中的一个数字表示，每个大类下又进一步细分，形成一个层级结构。在杜威十进分类法中，每一个细分的小类都用一个特定的数字或数字组合来表示，这些数字是按照一定的逻辑顺序排列的，使相关主题的资源能够聚集在一起。这种分类法使图书馆的书籍和其他资源得以有序地组织和排列，方便读者查找和使用。杜威十进分类法的分类层级如图 2-3-2 所示。

- 000 总类
- 100 哲学类
- 200 宗教类
- 300 社会科学类
  - 310 普通统计学
  - 320 政治学
  - 330 经济学
  - 340 法律
  - 350 公共行政管理
  - 360 社会机构、社会团体
  - 370 教育
    - 371 学校管理、特殊教育
    - 372 初等教育
    - 373 中等教育
    - 374 成人教育
    - 375 课程
    - 376 妇女教育
    - 377 学校与宗教
    - 378 高等教育
    - 379 政府法规管理与资助
  - 380 商务、通信、运输
  - 390 习俗、礼仪、民俗
- 400 语言类
- 500 纯科学类
- 600 应用科学类
- 700 艺术类
- 800 文学类
- 900 地理历史类

图 2-3-2 杜威十进分类法的分类层级

2）中国图书馆分类法

《中国图书馆图书分类法》是中华人民共和国成立后编制出版的一部具有代表性的大型综合性分类法，简称《中图法》，自 1999 年第四版起更名为《中国图书馆分类法》，简称还是《中图法》。《中图法》的编制始于 1971 年，先后出版了五版，即 1975 年出版的第一版，1980 年出版的第二版，1990 年出版的第三版，1999 年出版的第四版，2001 年出版了《中图法》（第四版）电子版 1.0 版，2010 年出版的第五版。《中图法》与国内其他分类法相比，编制年代较晚，但发展很快，它不仅系统地总结了我国分类法的编制经验，还吸取了国外分类法的编制理论和技术，是我国图书馆和情报单位普遍使用的一种图书分类法。

《中图法》的分类表由基本部类、基本大类、简表、详表和复分表组成。

五大基本部类分别是：马克思主义、列宁主义、毛泽东思想、邓小平理论；哲学；社会科学总论；自然科学总论；综合性图书。在这五大基本部类下，又细分了 22 个基本大类，这 22 个基本大类是《中图法》的一级类，具体如图 2-3-3 所示。

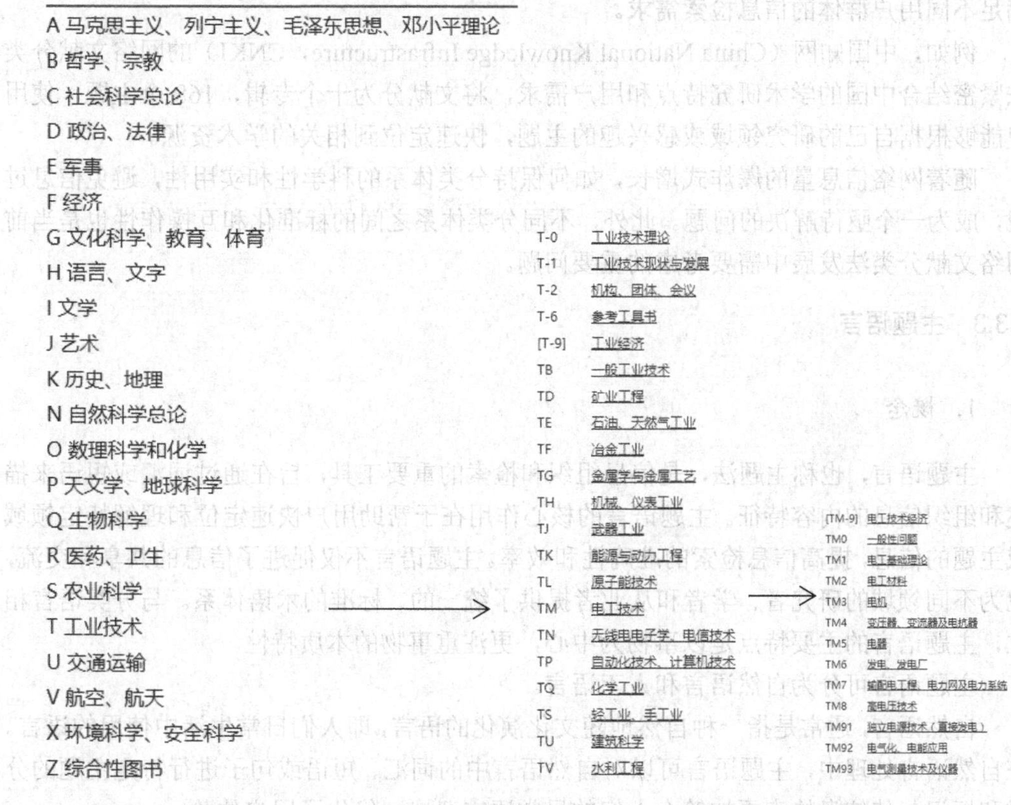

图 2-3-3 《中图法》22 个基本大类与“工业技术”部分类目

每一基本大类下还细分了若干小类，这些小类再根据具体的学科或主题进行进一步的划分。这种分类方法使图书馆能够系统地组织和排列图书，方便读者根据自己的需求查找和借阅图书。同时，这种分类法为图书馆之间的资源共享和馆际互借提供了便利。

《中图法》的分类号采用混合号码制，大类的类号用 22 个大写英文字母表示，以字母加数字的形式表示大类之下的类目，如 B 表示大类“哲学、宗教”，B84 表示“心理学”，B843 表示“发生心理学”。这种层次式的分类可以把图书按学科区分开来，把论述相同学科内容的图书归纳到统一的类号下。其中，“工业技术”二级类由两个英文字母构成。

为了进一步区分一些特殊的文献，如教材、词典等，《中图法》还设置了复分号，复分号通过连字符与分类号连接，形成更专指的分类号，如《哲学词典》的分类号为B-61，其中B表示哲学，61为复分号，表示词典。

3）网络文献分类法

随着网络技术的发展和普及，网络文献日益成为学术研究和日常生活中不可或缺的信息资源。为了有效地组织、管理和检索这些海量的网络文献，网络文献分类法应运而生。与传统的纸质文献分类法相比，网络文献分类法更加注重信息的动态性、多维性和用户交互性。网络文献分类法通常由大型搜索引擎、学术数据库和专业网站等构建，以满足不同用户群体的信息检索需求。

例如，中国知网（China National Knowledge Infrastructure，CNKI）的网络文献分类法紧密结合中国的学术研究特点和用户需求，将文献分为十个专辑，168个主题，使用户能够根据自己的研究领域或感兴趣的主题，快速定位到相关的学术资源。

随着网络信息量的爆炸式增长，如何保持分类体系的科学性和实用性，避免信息过载，成为一个亟待解决的问题。此外，不同分类体系之间的标准化和互操作性也是当前网络文献分类法发展中需要考虑的重要问题。

2.3.3 主题语言

1．概念

主题语言，也称主题法，是信息组织和检索的重要工具，旨在通过词汇或短语来描述和组织信息的内容特征。主题语言的核心作用在于帮助用户快速定位和理解特定领域或主题的信息，提高信息检索的准确性和效率。主题语言不仅促进了信息的共享和交流，也为不同领域的研究者、学者和从业者提供了统一的、标准的术语体系。与分类语言相比，主题语言的主要特点是以事物为中心，更注重事物的本质特性。

主题语言可分为自然语言和人工语言。

自然语言，通常是指一种自然地随文化演化的语言，即人们日常生活中使用的语言。在自然语言处理中，主题语言可以对自然语言中的词汇、短语或句子进行特定主题的分类和标记，使信息检索更加符合人们的日常语言习惯，优化了用户体验。

人工语言是为特定目的而创造的语言，具有明确、规范的特性，可以有效避免自然语言中的歧义和模糊性。在主题语言中，人工语言的应用主要体现在构建专业的术语体系和分类体系，以满足特定领域的信息组织和检索需求。

2．主题语言的类型

1）关键词语言

关键词语言（keywords）是基于自然语言的一种文献检索语言。它直接从文献的题名、摘要或正文中选取具有实质意义的词汇或词组作为检索词汇，用以表达文献的主题内容。由于这些词汇或词组直接反映了文献的核心内容，因此用户在进行检索时，只需输入与文献主题相关的词汇或词组，即可快速找到所需信息。自由性是关键词语言的主要特点，其简单易用，用户无须掌握专业的检索技巧，但也因此可能存在同义词、近义词或相关术语的遗漏，导致检索结果不够全面。

关键词选取是提高检索准确性和全面性的第一步，其选取应充分考虑以下几点。

（1）明确检索目标。明确自己的检索目标，了解所需信息的具体内容和范围，从而确定与之相关的关键词。

（2）关键词主要选择名词、动名词和名词化的词组。一些动词和形容词在某些情况下可以选作关键词，但形容词只有在它们构成名词性词组时才能选作关键词；而动词只有在它们名词化或对文献主题表达起关键作用且具有检索意义时才选作关键词。

（3）对于固定搭配且具有特定含义的词组和专业术语，不宜拆分开来，而应以词组和专业术语作为关键词。这些术语通常具有较高的准确性和专业性，能够更准确地反映所需信息的核心内容。

（4）使用同义词和近义词。考虑使用与主题相关的同义词和近义词，以扩展检索范围，提高检索的全面性。

2）单元词语言

单元词语言（uniterms）是一种人工编制的文献检索语言，是指从文献中抽取出来的，经过规范，能表达文献主题的最基本、不能再分的词汇单位，又称元词。单元词有单纯词，如“碳”；也有合成词，如“车床”，不能分成“车+床”。

3）标题词语言

标题词语言（subject heading）是一种基于标题的文献检索语言。它主要使用标题词来表达文献的主题内容，这些标题词经过规范化处理，具有明确的含义和用法。标题词语言适用于以标题为主要检索点的检索系统，如图书馆目录、期刊论文索引等。标题词语言的优点是能够准确反映文献的主题，提高检索的查准率（precision）；缺点是可能存在同义词、近义词或相关术语的遗漏，导致检索结果不够全面。

4）叙词语言

叙词语言（thesaurus）是一种人工编制的主题检索语言。它通过一系列的叙词和叙词之间的关系来表达文献的主题内容。叙词是经过严格筛选和定义的规范词汇，具有明确的含义和用法。叙词语言具有高度的专业性和准确性，适用于专业性强、要求精确匹配的检索需求。叙词语言的优点是能够准确揭示文献的内在联系和深层次的主题内容，提高检索的查准率和查全率（recall）；缺点是用户需要掌握一定的专业知识和技能，才能有效地进行检索。

叙词表是由受控词组成的词汇表，这些受控词是经过各学科专家规范化处理的，能够表达学科主题概念的词。它们具有精准性和专指性，用于检索平台收录的论文主要研究主题的标引及检索。

美国工程索引（EI Compendex）数据库和 INSPEC（Information Services for Physics, Electro-Technology Computer and Control）数据库均提供叙词的标引和检索功能。这两个数据库的叙词表包含大量的控制词汇，使研究人员能够更准确地搜索到相关的研究文献。例如，泡沫混凝土的受控词为autoclaved aerated concrete。叙词表的作用不仅在于帮助找到规范词，还允许用户利用这些词找到相关的广义概念、狭义概念、相关叙词等进行逻辑组合搜索，从而提高文献检索的查准率。

例如，automatic vehicle identification（自动车辆识别）的相关词有trucks、vehicle detection，狭义概念有intelligent vehicle highway systems（智能交通系统）等。

通过使用叙词表进行检索，研究人员可以避免因同一概念的不同表达方式导致的漏检问题，或者一个词语有多种含义导致的错检问题。这种检索方法不仅提高了文献检索的效率，也保证了检索结果的准确性。

2.4 信息检索技术

2.4.1 常用的检索算符

1. 布尔算符

布尔算符是规定检索词之间逻辑关系的符号，包括AND（逻辑与）、OR（逻辑或）、NOT（逻辑非）三种类型，见表2-4-1。

表2-4-1 布尔算符

运算符	表达式	含义	作用	图示
与	A * B A AND B	A、B检索词同时出现方为命中	提高查准率、增加专指性	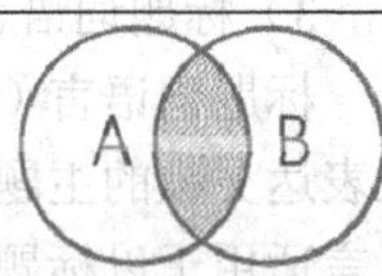
或	A + B A OR B	A、B检索词两者出现一个即命中	提高查全率、扩大检索范围	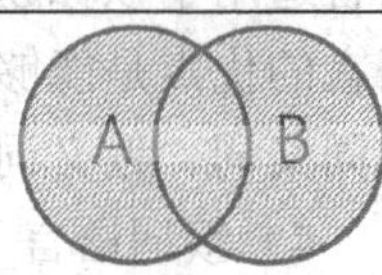
非	A – B A NOT B	A检索词出现且B检索词不出现时为命中	缩小检索范围、提高准确性	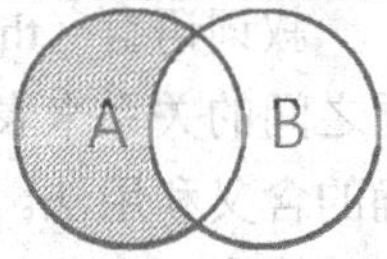

示例：

（1）检索关于“神经网络应用于人工智能”的文献，可以使用“人工智能 AND 神经网络”作为检索式，这样返回的结果必须同时包含“人工智能”和“神经网络”两个词的文献。

（2）检索关于“人工智能或AI”的文献，可以使用“人工智能 OR AI”作为检索式，检索结果中包含其中任意一个词的都会命中返回。

（3）检索“电动汽车不用太阳能”的文献，检索式可以写为“电动汽车 NOT 太阳能”，检索结果将返回包含电动汽车但不包含太阳能的检索结果。

三种布尔算符还可以根据检索需求再进行组配，形成更为复杂的检索式。

2. 优先级与短语检索

优先级的符号是“()”（括号）。检索式中含有括号，表示括号内的组合先运算。例如，查找山楂食品加工方面的文献，检索式可以用：（山楂+红果+山里红）*食品加工。不同检索系统对优先级的规定有所不同，有的不带有优先级的，是按照词序从左往右执行运算的。

短语检索是对一些固定搭配的检索词或专业术语进行检索时常用的检索算符，常用“”或{}表示。例如，“Information Retrieval”表示在检索时这两个词必须以词组的形式出现，中间不能插入任何单词。

3. 截词符

截词符用于检索具有同一词干的词，常用的有“*”“?”“$”等，其具体的使用方法，不同的检索系统有不同的规定，实际使用时注意参考检索系统的检索规则。截词有有限截词和无限截词之分，“?”常表示有限截词，无限截词常用“*”表示。根据截词符的位置，截词可分为以下几种。

（1）右截词。右截词是指在检索词的末尾进行截断，以匹配所有以该词开头的词汇，也称为前方一致。例如，在检索时输入“educat*”，可以匹配到 education、educational、educator 等以 educat 开头的词汇。这种截词方式在不知道确切的词尾时非常有用。而“Acid??”，可以匹配到 Acid、acidic、acids，但不包含 acidicity、acidify、acidity。

右截词还可以用来表示：①词的单复数，如 book?、tomato??；②年代，如 199?（20 世纪 90 年代）；③作者，如 Lancaster*。

（2）左截词。左截词是指在检索词的开头进行截断，以匹配所有以该词结尾的词汇，也称为后方一致。例如，在检索时输入“*magnetic”，可检索出包含 Magnetic、electromagnetic、paramagnetic、Thermomagnetic 的结果。

左截词常用于查找具有相同词尾的词汇，可应用于同一学科的不同应用领域。

（3）中间截词。中间截词是指在检索词的中间进行截断。例如，在检索时输入“t??k”，可以匹配到 talk、took。中间截词在处理拼写错误或词形变化时特别有用。

（4）前后截词。前后截词是前截词和后截词的综合应用，如输入“*construct*”，可匹配到 construction、reconstruction 等。

4. 位置算符

位置算符也叫相邻算符，是用来规定符号两边的词出现在文献中的位置关系的逻辑算符。常用的有以下几种。

（1）（W）。W 的含义是 with，其用法为 A（W）B，表示（W）前后所连接的 A、B 两个检索词在检出结果中必须紧密相邻，且词序不能颠倒。例如，“Information（W）Retrieval”，其检索结果为 Information Retrieval。

（2）（nW）。n 代表单词个数，W 的含义仍是 with，用法为 A（nW）B，表示 A、B

两词之间最多允许插入 n 个其他词语，插入词可以是实词或系统禁用词，同时 A、B 两词的前后顺序保持不变。例如，"Information(2W)Retrieval"的检索结果可以为Information Retrieval、Information Storage and Retrieval 等。

（3）（N）。N 的含义是 near，用法为 A（N）B，表示在检索出的结果中 A、B 两词必须紧密相邻，但允许词序发生颠倒。例如，"information（N）retrieval"可以检索到 Information Retrieval、Retrieval Information 等。

（4）（nN）。n 代表单词个数，N 的含义仍是 near，用法为 A（nN）B，表示 A、B 两词之间最多允许插入 n 个其他词语，插入词可以是实词或系统禁用词，两词的前后顺序可以颠倒。例如，"Information（2N）Retrieval"可以检索到 Retrieval of Geographic Information。

（5）（S）。S 的含义是 subfield，表示其两侧的检索词必须出现在同一个句子或短语中，次序不限。例如，中国知网中的句子检索。

（6）（F）。F 的含义是 field，表示其两侧的检索词必须出现在同一字段中。例如，中国知网中的段落检索。

注意：不同的检索系统中有关位置算符的表达方式有所不同，请留意"帮助"或使用指南。

位置算符与逻辑"与"运算很相似，但比它更具体。逻辑"与"运算仅仅规定了检索词的同时可见，没有规定检索词以什么位置同时出现。位置算符规定了检索词出现的顺序和距离，有利于提高检索结果的精确性。

5. 字段检索

字段检索是一种辅助检索技术，是限定检索词在数据库记录中出现的字段范围的一种检索方法。例如，"MBA within AB""Title：北京大学"。

不同的数据库，检索字段不同。同一数据库中，同一检索词用不同的字段检索，其检索结果是不同的。在实际检索中，应注意根据检索的主题内容及检索需求选择适合的检索字段。

在专业检索中，大多数数据库的检索字段往往用代码表示。例如，表 2-4-2 展示了《工程索引》平台的部分字段代码。

表 2-4-2 《工程索引》（EI）检索平台的字段及字段代码表（部分）

字段名称	字段代码	字段名称	字段代码
All fields	ALL	Abstract	AB
Subject/Title/Abstract	KY	CODEN	CN
Author	AU	ISSN	SN
Author affiliation	AF	ISBN	BN
Publisher	PN	Conference	CC
Ei Classification code	CL	Conference information	CF
Ei controlled term	CV	Uncontrolled term	FL

续表

字段名称	字段代码	字段名称	字段代码
Document type	DT	Serial title	ST
Language	LA	Title	TI
Treatment type	TR	Accession number	AN
Ei main heading	MH		

2.4.2　检索策略

1．检索策略的概念

检索策略是在信息检索时，根据用户的具体需求和信息源的特点，制定的一套系统性的检索方法和步骤，其目的是提高检索的效率和准确性，帮助用户快速找到所需的信息。狭义的检索策略特指检索表达式，也称为检索式，用于构建计算机可以识别和执行的检索命令式。检索表达式通常是由检索词和各运算符组成的反映用户检索需求的逻辑表达式。例如：

主题：钢管混凝土*火灾后*（黏结力*滑移+本构关系）

作者：福州大学 AND 书名：新能源

（"energetic particle" OR "energy electron"）WN KY

2．检索策略的类型

关于如何制定检索策略，美国学者梅多（C. T. Meadow）和科克伦（P. A. Cochrane）在《联机检索基础》（1987）一书中曾提出过五种信息检索策略，对于学习制定检索策略颇有启发。

1）最专指面优先

对于检索课题，通常存在多个检索条件，这种方法强调在检索时优先考虑最具体、最专业的检索词或主题。通过优先使用这些高专指度的词汇，可以更快地找到准确、相关的信息。例如，查找有关“卫星舱内高能粒子监测仪”方面的文献，检索时就可以先从内容更为专指的“高能粒子”入手查找，如果需要进一步查准，再分别加入“监测仪”和“卫星舱”这一条件。检索策略如图 2-4-1 所示。

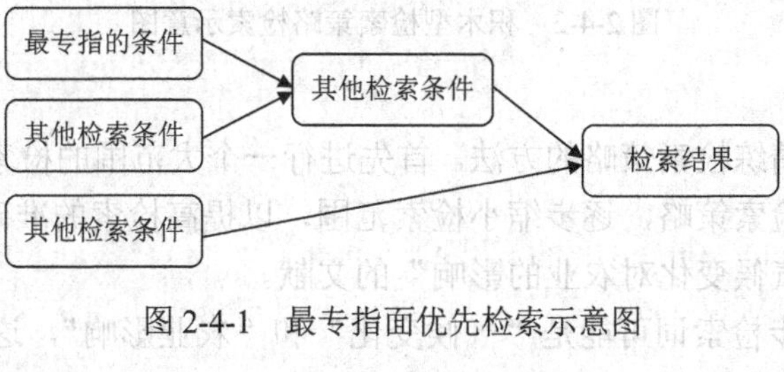

图 2-4-1　最专指面优先检索示意图

2）最小登录量面优先

这种方法指的是在检索时优先考虑检索结果可能最少的检索条件进行检索，如果检出的结果数量较少，则不必检索其他的检索条件。例如，课题“从承启土楼看客家人的文化传承与变迁”，此题中“承启土楼”为客家土楼的典型代表，但与其相关的检索结果要比另外两个检索条件“客家人”“文化”要少，因此，检索时可以优先考虑这一条件。

最小登录量面优先和最专指面优先在实际检索中常常是相通的，即最专指面优先的检索结果往往也是最少的，但最小登录量面优先要比最专指面优先更容易判断。

3）引文珠型增长

这是一种逐步缩小检索范围的策略。通常从一个最核心的主题或概念开始，先获取少量的命中结果，然后阅读这些检索结果，从中发现其他新的检索条件并加入检索式中，而后重新查找并获得更多的检索结果，直到满足检索需求为止。

例如，要了解“中国学者对哥德巴赫猜想的研究贡献”。可以从已知数学家“陈景润”开始检索，找到相关论文“大偶数表为一个素数及一个不超过二个素数的乘积之和”，从论文的参考文献中发现相关学者“潘承洞”“王元”，进而将他们加入新的检索式中继续检索，获得更多相关结果。

4）积木型

这种方法类似于积木的搭建过程，先把检索请求剖析为几个不同的检索条件（概念面），分别从这几个概念开始检索，从检索结果中发现与其相关的其他概念，包括同义词、上位词、下位词、缩写、全称等，然后把这些相关概念与原概念进行逻辑或的组配，最后把所有概念组合成一个完整的检索表达式。

同样以查找有关“卫星舱内高能粒子监测仪”方面的文献为例，可以把课题需求剖析成三个概念面：卫星舱、高能粒子、监测仪，然后分别展开检索，找到它们的相关概念，再合并检索，如图 2-4-2 所示。

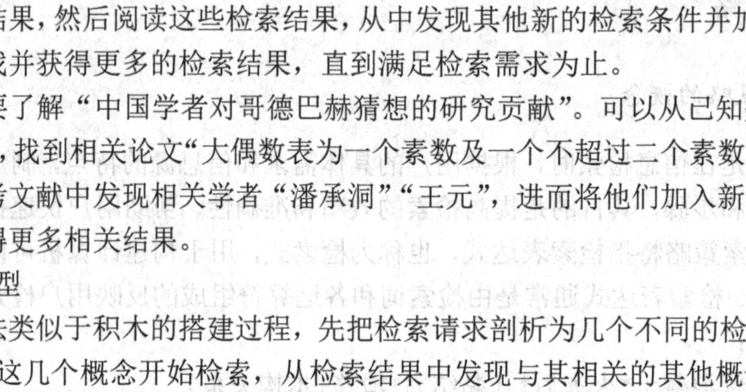

图 2-4-2 积木型检索策略检索示意图

5）逐次分馏法

这是一种逐步精练检索策略的方法。首先进行一个大范围的检索，然后根据检索结果逐步调整和优化检索策略，逐步缩小检索范围，以提高检索的准确性和效率。

假如要查找“气候变化对农业的影响”的文献。

检索初期，初步检索词可能是“气候变化”和“农业影响”，这样可以得到一个范围较广、数量较多的检索结果。通过阅读检索结果，可以进一步明确“气候变化”的具体表现为全球变暖，“农业影响”更主要体现为对农业产量的影响。据此，在接下来的检索中，可以用更为专指的词“全球变暖”“农业产量”进行检索，从而获得更准确的检索结果。逐次分馏法在实际检索中有助于发现更准确的检索词。

在实际检索中，上述五种检索策略通常是融会贯通的，应视不同的检索情况来选择。

2.4.3　检索效果的评价

查全率和查准率是信息检索领域中常用的两个评价指标，用于衡量检索系统的性能及某次检索中检索策略的合理性。

查全率=检出的相关文献数量 / 系统中全部的相关文献数量

查准率=检出的相关文献数量 / 检出文献总量

查全率和查准率之间一般为互逆关系，通常在某一次具体的检索任务中，提高查全率的措施会降低查准率，反之，提高查准率的措施也会降低查全率。因此，应根据检索的具体要求灵活调整检索策略，以满足查全或查准的要求。

2.5　信息检索的方法与步骤

2.5.1　信息检索的方法

从传统检索来说，检索方法有常用法、追溯法、分段法。

1. 常用法

常用法根据检索时间顺序分为顺查法、倒查法、抽查法。

顺查法是按照从远到近的时间顺序查找文献信息的方法，一般用于重大课题调研，需要了解课题相关领域的研究历史与现状。

倒查法是一种逆时间顺序由近及远地回溯性查找文献的方法，目的是获取近期发表的最新文献，也是一般科研人员较为常用的检索方法。在确认某项成果是否创新时，适合用倒查法。

抽查法是针对某一学科的课题，重点对某一时间段的文献进行检索。时间段通常选择一些研究的高峰期，或有重大、特殊事件出现的时间。

由于网络数据库的发展，常用法主要表现为检索时间范围的选择。如果需要对课题进行完整检索，检索时选择的时间范围应比较宽泛，从相关课题研究的起始时间开始检索。如果仅仅要查找最新文献，则可以选择近 3～5 年的文献进行检索。抽查法则是对某些特殊年份的文献进行的检索，随着网络数据库的普及，实际应用相对较少。

2. 追溯法

追溯法是利用已掌握文献后面所附的参考文献追踪查找相关文献的方法，也叫追踪法或引文追溯法。现在的追溯法已不仅仅是对参考文献的追溯，检索系统提供了参考文献、引证文献、相关文献，以及与检索结果相关的作者、刊名、关键词等信息，帮助用户从多角度获取更多的检索结果。Web of Science 平台的引文网络、CNKI 的知识网络节点都是追溯法的典型代表。

追溯法在现实检索中应用较多，当检索结果较少，又不知道如何构建新的检索式时都可以使用该方法。对于一些比较新颖的研究课题或比较小众的研究领域，也可以利用追溯法，从找到的少量相关文献入手拓展思路，直到满足自己的检索需求。

3．分段法

分段法是将常用法与追溯法交替使用的方法，也称循环法或交替法，目前应用相对较少。

2.5.2 信息检索的步骤

信息检索是一种复杂的检索，往往需要与检索系统的多次交互才能达到最终的检索目的，其检索步骤通常包括检索的需求分析、检索系统的选择、检索表达式的构建与调整、检索结果的处理。

1．检索的需求分析

需求分析是信息检索的核心环节，它决定了信息检索的准确性和有效性。在需求分析中，需要明确检索目的、需求（或课题）的背景、真实的需求（主题内容）、时间范围的要求等。

1）检索目的

检索目的一般有三种：查新、查准、查全。

（1）查新。通常要求了解相关领域的最新进展。这种情况除注意时间范围的选择外，也可以从一些相关领域的权威学者入手进行查找，追踪这些学者的研究内容，或者直接阅读该领域的权威期刊发表的最新文献。

（2）查准。通常是了解某一理论、方法、时间的片段性的信息。例如，研究中需要用到德尔菲法，就需要明确什么是德尔菲法，如何实施，这时候关注的是确定的信息，而不是德尔菲法的最新研究进展（查新）或者都有哪些人做过相关研究（查全）。在检索中应注意尽量准确描述自己的信息需求，使用比较精确的检索策略。例如，可以用百度百科直接搜索“德尔菲法”，或者在检索系统中直接描述“德尔菲法的操作步骤”。

（3）查全。要对某一课题进行系统、详尽的了解，以掌握相关问题的研究历史、发展现状，即已经有哪些人做了相关领域的研究、用了什么方法、取得了哪些研究成果、还存在哪些问题。这也是信息检索中常见的检索目的。为保证查全，需要精心构建检索策略，往往需要与检索系统的多次交互才能形成较好的检索策略。

可见，检索目的不同，所采用的检索方法也有所不同。

2）文献类型分析

检索中对文献类型的需求主要指文献的出版类型。由于不同的文献类型，其内容特点不同，因此，在检索中可以满足用户不同的检索需求。例如，当研究人员需要快速获取某一领域的最新研究动态时，期刊论文中定期发布的最新研究成果和进展，包括实验数据、理论探讨、案例分析等，可以为研究人员提供理论支持和实践参考；当需要了解某一技术的最新进展和创新点时，研究人员可以查阅专利文献中记录的新的技术方案、实验方法、产品设计等，从而为研究或技术开发提供思路和方向；当需要了解相关研究领域的背景知识、理论框架或某种研究方法时，研究人员可以查阅图书；标准文献提供了各种技术标准、管理标准，为研究人员、企业管理人员产品上市提供指导和参考。

3）需求背景分析

对相关需求的背景分析，有利于了解真实的信息需求。背景信息包括相关领域的历史发展、当前研究热点、重要文献、权威学者及他们的观点等。通过课题背景调研，可以确定研究的起点和参照，为后续步骤提供基础。

4）主题内容分析

主题内容分析是检索需求分析的核心，是确定检索策略的关键步骤。主题内容分析的实质是提炼关键词，包括主概念（隐含概念）和相关概念。

主概念，顾名思义，反映课题的主要内容，包括研究对象、研究方法或研究视角、研究条件等。对简单的课题，可以通过对课题名称的分析获得；对复杂的课题，还需要分析隐含在课题名称下的内容，即隐含概念。相关概念指主概念的相关词，包括同义词、近义词、反义词、上位词、下位词、俗称、简称、缩写等。

从方法上，可以采用切分、删除、补充、替换、简化等方式提炼课题的关键词。

（1）切分。切分是一个将长句或短句拆解为多个独立词汇或词组的过程，目的在于筛选关键词。在切分时，应当力求将句子或短语分解为最小的词单元，然而，对于术语和专有名词，应保持其完整性，避免拆分。

以课题“人工智能在医学图像分析中的应用研究”为例，合适的切分方式是：“人工智能 | 在 | 医学 | 图像 | 分析 | 中 | 的 | 应用 | 研究”。这里，“人工智能”作为一个专业术语，应当保持完整。

（2）删除。删除主要是去除虚词、连词及那些与课题主题不相关或显得冗余的词汇，使关键词集更加精准。以之前的课题为例，“在”“中”“的”这类虚词，由于其功能性较强，通常不作为关键词。同样，“应用”“研究”这类通用词，因缺乏独特性，一般也不作为关键词。类似的通用词还有“展望”“趋势”“现状”“近况”“生产工艺”“利用”“作用”“方法”“影响”“制备”等。

（3）补充。补充是一个增强课题内容完整性的重要步骤，它涉及添加与主概念相关的其他概念或术语。以之前的课题为例，当检索“人工智能”时，可以考虑补充如“神经网络”“深度学习”“多视图学习”等相关词汇，以及该领域的常用缩写“AI”。对于“医学图像分析”，可以添加“医学影像”“CT 影像”等相关术语，以便更全面地反映课题内容。这些补充的词汇和词组有助于更准确、全面地检索到与课题紧密相关的信息资源。

（4）替换。替换是一个提升关键词专业性和准确性的关键步骤。在课题中，非专业或模糊的词汇需要被替换为更专业或更确切的术语。例如，课题“高校思想政治教育需要‘动心’”中的“动心”一词在学术表达中显得不够规范，可能导致检索结果不理想，将其替换为"体验式"或"沉浸式"，可以更好地表达检索意图。此外，对于通用词，如果它们隐含了研究的具体内容，就需要进行具体化替换。例如，"煤灰利用"中的"利用"是一个通用词，但在课题中它构成了研究的核心内容。在检索时，可以将其具体化为"路基"或"砖块"等具体应用领域，从而提高检索的准确性和相关性。

（5）简化。提取关键词还要注意关键词的简化，有些关键词之间蕴含的内容有交叉，如"肺癌患者的CT图像特点分析"，其中"肺癌""患者"在内涵上有重复，确定关键词时保留"肺癌"即可。

2．检索系统的选择

目前，检索系统种类繁多，收录范围不尽相同，检索功能也各具特色，在信息检索中应结合自身的信息需求及检索的内容选择不同的检索系统。

检索系统的选择通常应当考虑以下几个方面。

（1）检索系统的收录范围。这涵盖了系统所收录文献的学科范畴、文献类型、时间跨度及语种等多个维度。根据学科专业的划分，检索系统可分为专业型和综合型。例如知网、万方、工程索引等均为综合型检索系统，它们涵盖了两个以上的学科，有助于检索者全面了解某一主题在不同学科领域的研究现状。例如，在探讨"人工智能在医学领域的研究"时，该主题涉及计算机科学、机械自动化、电子科学及医学等多个领域。通过综合型检索系统，可以更全面地了解该主题下各相关领域的研究成果。

与此同时，专业型检索系统［如SciFinder和ACM Digital Library（Association for Computing Machinery Digital Library，美国计算机协会期刊全文数据库）等］则更加聚焦于特定领域的文献收录，对相关领域的探讨更加深入。这类系统有利于发现新的研究方向和主题。因此，在实际检索过程中，通常会先选择综合型检索系统，再结合专业型检索系统进行深入检索。

除了考虑检索系统的学科范围，文献类型也是一个重要因素。大型检索系统如知网、万方等通常会收录多种文献类型，包括学术论文、科技报告、专利文献等。然而，也有一些检索系统专门收录某一类型的文献，如专利文献数据库和标准文献数据库等。因此，在选择检索系统时也要注意它们收录的文献类型。

（2）访问方式。访问方式也是选择检索系统时的重要考量因素。许多专业的学术文献数据库需要购买使用权限或通过单位的虚拟专用网络（virtual private network，VPN）才能访问。因此，在选择检索系统时，需要考虑其访问的便捷性。对于初步的基础文献调研，可以先利用免费的检索系统进行检索，以便快速了解所需内容的背景信息。随着研究的深入，若需要更加专业和详尽的文献资源，则可以考虑购买使用权限或通过VPN访问专业的学术检索系统。

（3）在选择检索系统时，还需要关注其功能和资源质量。不同的检索系统在检索功能、资源质量等方面可能存在较大差异。因此，在检索前，需要了解常用检索系统的主要特点，如检索界面的易用性、检索结果的准确性和可靠性、检索结果展示的拓展功能是否完善，以及是否可以直接获取全文等。这些因素将直接影响检索效率和检索质量。

综上所述，选择合适的检索系统是学术研究中的重要一环。只有综合考虑检索系统的功能与特点，才能更加高效地进行文献检索，为研究工作提供有力的支持。

3．检索表达式的构建与调整

1）构建有效的检索表达式

检索表达式是利用运算符将检索词组合成一种命令形式，这种命令形式能被检索系统识别和执行。考虑到不同检索系统之间存在的检索规则差异，一旦确定了所使用的检索系统，应深入了解该系统提供的“指南”或“帮助”信息，以确保遵循其特定的检索规则。

在构建检索表达式时，布尔算符是最为基础的算符。通常，主概念之间采用逻辑与的关系进行连接，而相关概念之间则通过逻辑或的关系进行关联。每个关键词可以根据实际需求选择使用截词符、位置算符或短语检索等。此外，还应根据检索系统的功能特点来确定相应的检索字段，以确保检索的精准性和全面性。

2）检索表达式的调整

检索后应根据检索结果的数量及相关性及时调整检索策略，以扩大或缩小检索范围，最终达到提高查全率或查准率的目的。

检索策略的调整可以从检索词、检索字段、检索算符、其他条件等几个角度考虑，见表 2-5-1。

（1）检索词。同义词、上位词、下位词、规范术语、短语等。

（2）检索字段。篇名、主题、摘要、全文等。

（3）检索算符。逻辑算符、截词符、位置算符等。

（4）其他条件。时间范围、是否核心期刊、文献类型等。

表 2-5-1　检索策略调整的方法

调整策略	增加检索结果（查全率）	精准检索结果（查准率）
检索词	增加同义词、相关词，加入 OR 算符	增加概念，加入 AND 算符
	利用上位词检索	用下位词，或提高检索词的专指度
检索字段	用较宽泛的检索字段，如文摘、全文等	用较精准的检索字段，如篇名、关键词等
检索算符	使用截词符、模糊匹配方式检索	使用短语检索、精确匹配方式检索
其他条件	对时间范围、期刊类型等的限制进行调整	

4．检索结果的处理

检索结果的处理涉及两个核心方面：筛选与输出。

1）筛选

多数检索系统提供分组和排序功能，助力用户精确筛选更有价值的结果。用户可根据学科类目、主题内容、核心著者、核心机构或资助基金对结果进行分组筛选。同时，系统还提供多种排序方式，如相关度、发表时间、访问量、被引量等，确保结果满足在相关性、新颖性、权威性、关注度和全面性等方面的需求。

2）输出

系统为用户提供了文献线索导出和文献全文下载功能。在文献线索导出方面，系统支持简单题录信息输出，也支持完整字段数据输出，同时提供多种文献管理软件兼容的格式。对于文献全文下载，文摘型检索系统提供原文链接，而全文型检索系统则提供PDF（portable document format，可携带文件格式）等多种格式的原文下载。这些功能均须在用户拥有相应权限的前提下使用。

第3章　网络信息资源

学习目标

知识：了解搜索引擎，了解人工智能（AI）技术对信息检索的影响；了解开放存取（open access，OA）资源、学科信息门户和学术社交网络等网络信息资源的概念、分类和使用方法。

技能：掌握搜索引擎初级检索和高级检索方法；掌握使用主流大语言模型（large language model，LLM）进行信息检索的方法；会编写文心一言（ERNIE Bot）的交互指令，会安装和使用文心一言插件，会使用语音和视频检索；会从OA资源、学科信息门户和学术社交网络等平台获取网络资源，跟踪学术动态。

3.1　搜 索 引 擎

3.1.1　搜索引擎的原理

搜索引擎是指根据一定的策略、运用特定的计算机程序从互联网上采集信息，在对信息进行组织和处理后，为用户提供检索服务，将检索的相关信息展示给用户的系统。

搜索引擎依据用户的需求，按照特定的排序算法从互联网检索出相关信息，反馈给用户，它的出现大大提高了人们获取、收集信息的速度和效率。搜索引擎一般包含网络爬虫、索引系统、排序系统、链接分析、大数据处理、自然语言处理（NLP）及用户分析等技术，也可添加网页去重技术和网页反作弊等辅助功能，为用户提供高效、高相关性的服务。

搜索引擎的工作流程一般分为爬取网页、建立索引和提供搜索结果三个步骤。

1．爬取网页

搜索引擎的基础工作就是利用爬虫（spider）程序爬取（crawling）网页。搜索引擎的爬虫会定期访问互联网中的网页和资源。爬虫从网站的主页开始，根据网站的链接，遍历该网站的所有网页。当爬虫访问一个网页时，它会访问、分析和保存该页面的所有内容，将其爬取并保存到搜索引擎的服务器上。

2．建立索引

搜索引擎能够提供精准搜索服务的关键在于建立了一套强大的索引系统。所谓索引，就是对收集到的数据进行分析和标引的过程，即搜索引擎通过分析收集到的网页中的文本和元数据等信息，并加以分类，构建搜索规则的过程。搜索引擎保存着海量的Web页面数据，建立索引就是建立内容与关键词映射关系的过程，以便用户在搜索时快速找到网页内容。例如，搜索引擎事先对“新质生产力”这个词建立索引，当用户搜索这个关键词时，它就可以调取相关资料。

3. 提供搜索结果

搜索引擎确定了关键词与内容的对应关系后，再利用相关算法（如 Google 的 PageRank 算法）对网页的内容进行价值评估，将评估价值较高的网页排在前面，评估价值较低的网页排在后面。如用户搜索“新质生产力”时，搜索引擎迅速调用索引数据库中的信息，按顺序展示给用户。

3.1.2 搜索引擎的类型

1. 搜索引擎的发展历程

搜索引擎是随着互联网的产生而不断发展的，已经成为人们生活、工作和学习中不可或缺的工具，几乎人人都会使用搜索引擎。从技术视角看，搜索引擎的发展可以分为以下四代。

1）第一代：目录导航

1994 年，第一代互联网搜索引擎 Lycos 诞生，标志着搜索引擎进入“导航时代”，代表是 Yahoo 和国内 hao123 网址导航。它的主要特点是人工分类目录，即通过人工收集各类别的高质量网站和常用网站，然后通过分级目录的方式展示给用户。这种纯人工方式以收集高质量网站为主，收录网站数量少，扩展性不强。

2）第二代：文本检索

随着网络技术的不断发展，用户利用关键词查询相关的网页内容成为可能，于是出现了第二代搜索引擎。早期的搜索引擎（如 AltaVista、Excite 等）多采用信息检索模型（如布尔模型、向量空间模型和概率模型等）来计算关键词与网页内容的关联度。后来谷歌基于网页链接分析技术结合关键字对网页进行采集并分析网页的重要性，然后将重要结果呈现给用户。

相对于分类目录导航，文本检索方式可以收录互联网中大部分网页，并按照重要性进行排序。但是由于未能较好地利用网页之间的链接关系，检索效果不是很好。

3）第三代：链接分析

随着网络信息的迅速膨胀，用户希望快速且准确地查找到自己所要的信息，于是出现了第三代搜索引擎。相比前两代搜索引擎，第三代搜索引擎更加注重个性化、专业化和智能化，使用自动聚类、分类等人工智能技术，采用区域智能识别及内容分析技术，利用人工介入，实现技术和人工的完美结合，增强了搜索引擎的查询能力。第三代搜索引擎的代表是 Google，它以极高的信息覆盖率和优秀的搜索性能为发展搜索引擎技术开创了崭新的局面。Google 研发了 PageRank 链接分析技术，通过链接技术对海量的网页内容进行分析并找出重要的网页。

目前几乎所有的搜索引擎都采用链接分析技术，但是这种技术只能提供千人一面的服务，不同用户输入相同的关键词会得到一样的结果，未能满足用户的个性化需求。

4）第四代：以用户为中心

随着信息环境的不断变化，用户的个性化服务需求不断增强。但是在现有的设备条件下，通用搜索引擎无法和用户进行深度交互，也就无法为用户提供个性化服务。因此，数据全面、分类细致、更新及时的搜索引擎应运而生，这种搜索引擎以用户服务需求为核心，采用特征提取和文本智能化等策略，为用户带来个性化的搜索体验，被称为第四代搜索引擎。

目前，随着AI技术的不断发展，各搜索引擎厂商都推出了融合AI功能的搜索引擎，如天工AI（https://www.tiangong.cn）、桌壹AI（https://droidx.cn）、秘塔AI搜索（https://metaso.cn）等。

2. 搜索引擎的分类

依据搜索引擎的功能和技术原理，可以将搜索引擎分为目录搜索引擎（search Index）、全文检索搜索引擎（full text search engine）和元搜索引擎（meta search engine）三种。

1）目录搜索引擎

目录搜索引擎不依赖爬虫程序自动收集网页信息，主要采用网站提交和人工整理的方式收集网页信息。目录搜索引擎一般采用分级架构，用户从基本大类开始一级一级往下找，直至找到所需内容，有些目录搜索引擎也提供简单的关键词检索。严格意义上讲，目录搜索引擎只是按照目录分类进行网址导航，不属于真正的搜索引擎。目录搜索引擎的主要代表是Yahoo、hao123等。

2）全文检索搜索引擎

全文检索搜索引擎通过自动程序（蜘蛛人、ROBOT）从互联网上提取信息、建立索引而形成庞大的数据库。然后根据用户的检索请求与查询条件匹配的内容，将检索结果按照指定顺序返回给用户。这类搜索引擎的代表有Google、百度等。

3）元搜索引擎

这类搜索引擎没有自己的索引数据库，在接收到用户的检索请求后，它会在多个搜索引擎上进行检索，对检索结果进行整合后返回给用户。当用户向元搜索引擎发送查询请求时，它会将查询请求转换为各搜索引擎的查询命令，然后向目标搜索引擎提交查询请求，最后对查询结果进行汇总并返回给用户。这类搜索引擎的代表是InfoSpace、Vivisimo和搜星搜索引擎。

3.1.3 搜索引擎的使用技巧

搜索引擎一般会提供简单检索和高级检索两种检索方式。所谓简单检索，是指搜索引擎根据用户输入的关键词进行不加限制的查询，然后将查询结果返回给用户。这种查询方式检索结果较多，但相关性较差。高级检索是指搜索引擎根据查询条件进行检索，并将检索结果返回给用户，因其检索功能更完整，检索结果也相对准确。

1. 全文搜索使用技巧

搜索引擎一般会提供以下检索方式。

1）单个关键词搜索

搜索引擎对用户输入的关键词进行分词，然后进行不加限制的检索，并将检索结果返回给用户。关键词的选择会影响检索结果，所以要尽量选择具体的、准确的关键词，避免选择宽泛而模糊的关键词。例如，在百度（http://www.baidu.com）中用关键词“新能源汽车”，可以准确搜索到新能源汽车相关的信息。

2）多个关键词组合搜索

①“与”运算：运算符为“空格”或“+”，用于扩展搜索范围。

②“非”运算：运算符为“-”，用于去除无关资料，缩小检索范围，语法是"A-B"（减号前必须留一个空格，后面不留空格）。

用单个关键词进行检索可能会出现检索信息过多或过少的情况，这时候可以使用布尔算符等组合多个关键词来扩展或缩小检索范围。例如，可以在百度中使用“新能源汽车 中国”或“新能源汽车+中国”关键词来检索中国的新能源汽车相关信息；也可以使用“新能源汽车-关键技术”关键词来检索关于“新能源汽车”但不包含“关键技术”的信息。

3）引号搜索

使用搜索引擎时，如果直接输入关键词进行搜索，得到的结果是零散的。因为搜索引擎会对关键词进行分词，再检索，如输入关键词“2023年新能源汽车产业发展报告”，搜索引擎可能会将关键词拆分为“2023”“新能源汽车”“产业发展报告”等关键词。如果要精准检索关键词，可以在关键词两边加上英文双引号，这样检索结果中会一字不落地包含整个关键词。

4）指定网站搜索

使用“site:”指令可以将搜索结果限定在指定网站。例如，在百度中输入关键词“site:sina.com.cn 新能源汽车”进行检索，可以得到来自网站 sina.com.cn 的关于新能源汽车的信息。

5）文件类型搜索

通过“filetype:”指令可以检索指定主题相关的特定类型文件，如 DOC、DOCX、PDF、PPT 等。例如，在百度中输入关键词“filetype:PDF 新能源汽车技术标准”进行检索，可以得到新能源汽车技术标准的 PDF 文档信息。

6）百度高级搜索

在页面右上角找到“设置”，单击后可找到“高级搜索”链接。百度高级搜索页面整合了上述检索方式，可进行更为直观的语法搜索。

【案例 3-1-1】请利用百度高级搜索查找“2023 年新能源汽车产业发展报告和新能源汽车技术标准”相关文档。

① 如上所述，进入“高级搜索”页面。

② 在逻辑区输入检索词。

③ 选择文档格式为 PDF（报告或标准的相关文档多为 PDF 格式）。

④ 为提高检索结果的相关性，选择检索词位置为网页标题。

⑤ 单击“高级搜索”按钮。

按照以上步骤搜索后，搜索结果均为 PDF 文档。

由此例可见，借助百度的搜索语法（或高级搜索页面）可以更全面、准确地描述用户的检索需求，从而获得更相关的检索结果。

2. 垂直搜索技巧

搜索引擎除提供网页内容搜索外，一般还会提供多种垂直搜索功能，如百度提供资讯、图片、视频、知道、贴吧、地图和学术等搜索功能。其中，百度学术（https://xueshu.baidu.com/）是百度公司旗下的学术资源搜索平台，汇集了全球范围内的学术文献资源，为用户提供学术文献检索服务。

【案例 3-1-2】利用百度学术搜索 2020—2023 年间发表的智慧图书馆相关论文。

选择百度学术作为检索工具，单击“高级检索”按钮，在弹出的高级检索界面中输入对应的关键词，在“包含全部检索词”文本框中输入“智慧图书馆”，在“发表时间”文本框中输入“2020” - “2023”，单击“检索”按钮即可得到检索结果。

小技巧：

① 可以在检索结果页面右上角处选择“按相关性”“按被引量”“按时间降序”修改检索结果排序方式。

② 可以在检索结果页面左列对“时间”“领域”“核心”“获取方式”等进行二次检索。

③ 可以通过单击每篇文献下方的“批量引用”按钮收藏该文献（页面右下角的加号处会显示当前收藏文献的数量），单击右下角加号跳转至导出页面，选择导出格式和目标文献，然后单击“导出”按钮进行导出。

3.2 AI 带来的检索变革

3.2.1 AI 对信息检索的影响

近些年来，随着 AI 技术的飞速发展，其在各个领域的应用不断扩展。在信息检索领域，AI 的引入更是带来了革命性的变革，使信息检索从传统的基于关键词的匹配，向更为智能、高效、个性化的方向发展。2022 年 11 月，美国一家名为 OpenAI 的企业推出了人工智能大语言模型（LLM）产品 ChatGPT，该模型能够根据输入生成类似人类的回答文本，具备强大的自然交互能力和专业的问题解答能力。ChatGPT 的问世标志着人工智能发展的又一重要里程碑，以其为代表的 LLM 对信息搜索领域产生了深远且显著的影响。

1. 提高检索效率和精度

传统的信息检索方式往往依赖于关键词匹配，但这种方法容易产生众多与需求不相关或重复的结果，迫使检索者耗费大量时间和精力进行逐一甄别和筛选，导致检索效率低下。AI 通过运用 NLP、机器学习、知识表示和推理等技术，借助服务器强大的算力，不仅能快速理解检索者当下的查询意图，还具备根据上下文深入洞悉检索者真实需求的能力。此外，AI 从庞大的资源库中搜索相关信息，不是将搜索结果直接提供给检索者，而是提供经过整合的结果，这个过程无任何人工干预。AI 的上述能力，有效减少了用户浏览的页面数量，显著提升了检索效率和精度。

2. 个性化检索

传统的信息检索方式主要依赖于全局搜索算法，当搜索条件一致时，往往会生成相同的搜索结果。然而，AI 技术能够结合与检索者的交互上下文，深入剖析其真实意图，从而提供个性化的搜索结果，并实时推荐检索者偏好的最新内容，极大地提升了检索的精准度和用户体验。

3. 多途径检索

文本是传统信息检索的输入方式，而 AI 技术使输入方式多样化，检索者可以通过拍照、语音输入等方式进行搜索，这样的多途径检索丰富了用户的搜索体验，并提供了更多的选择。随着 AI 技术的进一步发展，未来还有可能出现使用视频输入的搜索技术。

3.2.2 AI 在信息检索中的应用

1. AI 在信息检索中的应用现状

在国内外，AI 在信息检索领域的应用已经取得了显著发展，主要体现在以下几个方面。

1）智能化检索

NLP 技术在信息检索中扮演着重要的角色。通过 NLP，可以对用户的查询进行语义理解、关键词提取和语法分析，以更好地理解用户的意图和查询意义，从而提高搜索结果的准确性。例如，谷歌的 BERT（Bidirectional Encoder Representations from Transformers，基于 Transformer 的双向编码器表示）模型通过预训练和微调的方式，能够理解词语和句子的语境，并提取出更准确的语义信息。该模型广泛应用于搜索引擎中的查询理解、相关性排序和问题回答等场景中，取得了较大的成功。

2）对话检索

交互在信息检索中具有重要意义，通过交互，AI 能够理解用户的真实意图，并从庞大的资源库中提取信息，给出准确的答案，当前利用 LLM 的生成式对话产品就是实现这一目标的有效工具。LLM 不仅能够准确回答用户的提问，还能从与用户交互的过程中学习。在国外，这类产品有 OpenAI 公司开发和持续迭代的 ChatGPT，Google 公司近期发布的其最新、最先进的LLM Gemini（由Bard改名而来），Anthropic公司推出的不断迭代升级的Claude等。国内，亦有百度的文心一言，科大讯飞的讯飞星火、阿里巴巴的通义千问等。

3）个性化检索

为提高用户的搜索体验和满足个性化需求，国内外的公司和研究机构致力于开发智能推荐系统。该系统能够根据用户的历史搜索数据，通过机器学习算法，推算出用户的兴趣爱好，为其提供个性化的推荐内容。例如，百度搜索引擎能够根据用户的搜索记录，给用户推荐相关的内容链接。

4）语音及图像检索

随着移动设备的普及，多媒体内容迅速增长。为紧跟时代的步伐，国内外企业提供了基于图像识别技术的搜索方式，以便用户能够上传图像进行搜索，并获得与之相关的信息。例如，百度图片搜索，只要在搜索界面单击相机按键，拍一张照片，或者从相册中选择一张照片，搜索引擎就能检索出与该照片相关的信息。

除了图片，语音识别技术也被应用到信息检索中，如某些LLM不需要用户输入任何文字信息，只需要通过语音即可实现与智能体的对话，从而获取所需的信息。

2. LLM在信息检索中的应用——以文心一言为例

目前，国内LLM类人工智能产品呈百花齐放之势，文心一言是其中各方面都表现优越的一个产品。文心一言是百度全新一代知识增强LLM，于2023年3月正式启动邀测。2023年8月，向社会全面开放。文心一言能够与人对话互动、回答问题、协助创作，高效便捷地帮助人们获取信息、知识和灵感。下面是通过文心一言网页版实现信息检索的方法。

1）注册新用户

登录https://yiyan.baidu.com/网址，会弹出登录页面。使用文心一言之前需要注册一个账号，单击登录页面右下角的“立即注册”按钮，按照提示即可完成注册。如果已有注册账号，则输入用户名和密码，通过验证后将进入和文心一言的交互界面。

2）使用指令交互获取信息

用户可使用指令与文心一言进行交互，所谓指令，就是一条需要文心一言实现的要求，用户可以向文心一言输入任何让它来达到自己的目的的指令。当然，为了让文心一言尽可能地理解用户的需求，一条指令最好包括参考信息、动作、目标和要求四部分内容。其中，参考信息是文心一言完成任务时所需的数据资料，如知识、数据库、对话上下文等。动作是指用户需要文心一言协助完成任务时所采取的某个行动，往往用一个动词来表示，如回答、生成、撰写等。目标是需要文心一言完成的某项具体内容，如方案、图片、论文等。要求是输出内容时需要文心一言遵循的具体格式或风格。一条优秀的指令应清晰、明确且具有针对性，能够准确引导模型理解并回应用户提出的问题，如“请以信息检索专家的身份，根据从互联网查询到的AI与信息检索相关的论文或报告，写一篇AI在信息检索中应用现状的分析论文，并满足《计算机研究与发展》投稿格式要求”。

3）使用插件检索

文心一言的插件是一种扩展工具，能够丰富其功能和应用场景。打个比方，把文心一言比作一个智能中枢大脑，插件就是耳、目、手。插件将文心一言 AI 能力与外部应用相结合，既能丰富大模型的功能和应用场景，又能利用大模型的生成能力完成此前无法实现的任务。

文心一言默认开启了百度搜索插件，以保证信息的实时性。如果还想要某些特定功能的插件，可以进入插件商场选择对应的插件进行安装。在文心一言的交互界面，将鼠标放到左下角的“选择插件”按钮上方，单击，即可弹出已安装插件列表框。如果所需的插件不在列表框里，则可以单击列表框右上角的“插件商场”标签，去插件商城寻找所需的插件。插件安装完成后，在插件列表框中选择该插件，即可使用该插件进行信息搜索。

除了网页版本，百度也开发了文心一言的 APP 版本，只要一部智能手机，即可实现随时随地的信息检索，为用户提供了更为便捷的检索体验。在 APP 中，用户不仅可以实现图片信息的快速检索，还能通过语音输入进行搜索，更可以与智能体进行对话检索，极大地丰富了检索方式，提升了检索效率。在文心一言 Android 版本 APP 的用户交互界面单击左下角的麦克风小图标，可实现语音输入检索。单击右下方的图片符号，可实现图片信息检索。单击右下角的电话图标，可实现与智能体的对话交互。

【案例 3-2-1】使用文心一言网页版检索“AI 发展趋势”相关的论文或学术报告。

登录文心一言。在浏览器搜索栏输入 https://yiyan.baidu.com/网址，根据提示输入用户登录信息后进入文心一言交互界面。

安装及应用所需插件。默认情况下，文心一言只使用百度搜索，不使用其他任何插件。但要搜索学术论文，需借助“百度学术检索助手”插件。根据提示，进入插件商城安装此插件。安装完成后，在文心一言交互界面选中“百度学术检索助手”插件，使其处于被选状态。

使用指令搜索。按照指令格式编辑检索“AI 发展趋势”相关论文和学术报告的指令，并进行搜索即可得到检索结果。

3.2.3 AI 在信息检索中的发展趋势

继率先推出 LLM 产品 ChatGPT 之后，2024 年 2 月 15 日，Open AI 公司又率先正式对外发布了一款 AI 产品 Sora。Sora 是以文本到图像生成模型为基础开发而成的，可以根据用户的文本提示创建最长 60 秒的逼真视频。该模型了解这些物体在物理世界中的存在方式，可以深度模拟真实物理世界，能生成具有多个角色、包含特定运动的复杂场景。

在国内，目前类似 Sora 文生视频相关的产品正在研发，但在图生视频方面已经取得重要进展。阿里巴巴推出了一种富有表现力的音频驱动型肖像视频生成框架 EMO，用户只需要提供一张照片和一段任意音频文件，EMO 即可生成具有丰富面部表情和多种头部姿态的语音头像视频。此外，EMO 还可以根据输入音频的长度生成任意长度的视频。

未来，上述 AI 技术会如何运用到信息检索过程中，目前还不得而知。但可以肯定的是，随着 AI 技术的快速发展和逐步成熟，它将给信息检索带来越来越多的改变。融入 AI 技术的检索工具将更加智能化、更加高效，以达到甚至超过人的智力的能力与人交互；它能充分理解检索者的意图，针对不同的用户提供不同的服务，进一步提高检索效率和检索精度。同时，借助 AI 技术也能屏蔽语言差异、平台差异，支持以视频为输入的检索方式，丰富用户体验。

3.3　OA 资源

3.3.1　OA 的概念

开放存取（OA）也称为开放获取，起源于 20 世纪 90 年代末，是国际学术界、出版界、图书情报界为了推动科研成果利用互联网自由传播而采取的行动。它是基于“自由、开放、共建、共享”理念的全新出版模式，其目的是促进人文与学科信息的快速传播、广泛交流，提升科学研究的利用程度。该模式允许作者直接通过互联网发布学术成果，提供免费下载、阅读与传播服务。与传统的出版方式相比，OA 模式具有审稿周期短、传播速度快的优点，是实现学术共享的重要举措。由这种模式出版的学术文献组成的资源就叫 OA 资源。OA 资源主要有开放获取期刊（OA Journals）、开放获取仓储（OA Repository）、电子预印本（E-print）、开放获取搜索引擎（OA Search Engine）等四种类型。使用者可以不受限制地下载、阅读、打印与传播 OA 资源的全文，但要保证作品的完整性并注明引用信息。

3.3.2　主要 OA 资源

1. 国外主要 OA 资源

1）DOAJ（开放存取期刊目录）

DOAJ（https://doaj.org/）创建于 2003 年 5 月，是由瑞典的隆德大学图书馆（Lund University Libraries）主办，OSI 和 SPARC 协办整理的一份开放获取期刊目录检索系统。DOAJ 在创立之初只收录了大约 300 本期刊，当下 DOAJ 已经成为世界上最大的开放获取期刊数据库，收录了来自 130 个国家/地区的文献，覆盖 80 种语言，截至 2024 年 5 月，DOAJ 已经收录 20453 种期刊，其中 13563 种是不收费期刊，超过 1000 万篇论文，涵盖了科学、技术、社会科学、人文科学及医学等学科。

2）OpenDOAR

OpenDOAR（https://v2.sherpa.ac.uk/opendoar/）创建于 2005 年，由英国的诺丁汉大学和瑞典的隆德大学图书馆共同创建。它与 DOAJ 协同分工，DOAJ 收集 OA 期刊，OpenDOAR 则以 OAR 资源为对象，对全球范围内的 OAR 资源进行搜集、描述、组织和传递。两者可覆盖全部 OA 资源，形成完整的目录体系。

3）HighWire Press

HighWire Press（https://www.highwirepress.com/）由美国斯坦福大学图书馆在 1995 年创立，是全球较大的学术文献出版商之一，收录期刊覆盖医学、物理学、生命科学和社会学等。最初，HighWire Press 仅出版著名的周刊 *Journal of Biological Chemistry*，如今，它已经收录了多种电子期刊和文章。

HighWire Press目前可供阅览的包括该出版社协助出版的期刊1189种，以及PubMed的4500种期刊。HighWire Press收录的电子期刊数量和文章总数非常庞大，其中超过77万篇文章可免费获得全文，这些数据仍在不断增加。

此外，HighWire Press提供的界面还可以检索MEDLINE收录的期刊中的1200多万篇文章，用户可以查看文摘题录。HighWire Press旨在促进学术信息的开放获取，为研究人员、学者和公众提供便捷的学术资源访问服务。

2. 国内主要OA资源

1）国家科技期刊开放平台

国家科技期刊开放平台（https://opaj.napstic.cn/）以“公益普惠、开放共享、权威精品”为定位，以开放整合国内科技期刊为途径，汇聚国内千余种学术期刊（核心期刊占比超70%），收录论文超500万篇，覆盖工程与技术科学、农业科学、社科与管理、医药科学和医药科学等领域。

2）中国科技论文在线

中国科技论文在线（China Science and Technology Paper Online，CSTPO）是一个由中华人民共和国教育部主管，教育部科技发展中心主办的国家级科技论文发布平台。该平台自2003年正式运行以来，一直致力于为科研人员提供科技论文的快速发布、交流和共享服务。

CSTPO采用“先发布、后评审”的模式，允许科研人员在经过初步审核后，迅速将研究成果公之于众，加速学术成果的传播。该平台通过专家评审系统，对发布的论文进行质量评价，确保论文的学术水平和研究质量。

CSTPO上的论文涵盖了自然科学各个领域，包括数学、物理、化学、生物学、工程技术等。对于大多数论文，CSTPO提供了全文下载服务，用户可以免费获取论文的全部内容，促进知识的共享。

此外，CSTPO提供了一个开放的学术交流环境，科研人员可以在此进行学术讨论和思想碰撞，促进学术思想的交流与创新。

作为国内重要的科技论文发布平台，CSTPO在促进国内科研成果的快速传播、提升科研工作的透明度和开放性方面发挥了重要作用。它不仅加强了学术界内部的交流与合作，还为公众提供了了解和学习最新科研成果的窗口，对于推动科学技术进步和普及科学知识具有积极意义。

3）全球开放资源服务平台

全球开放资源服务平台（OpenSign，网址为https://opensign.lib.tsinghua.edu.cn/），是由清华大学图书馆“开放科学支持计划”推进工作组精心规划和建设的创新性平台。该平台以推动“开放科学”（Open Science）为核心价值观，致力于创建一个开放、共享、协作的学术环境。

OpenSign平台的建设是开放科学理念在中国乃至全球范围内的一次重要实践。它通过整合和共享学术资源，促进了知识的自由流通和科学的进步，提高了科研工作的透明度和可重复性。

平台汇集了来自国内众多科研机构、高校和图书馆的开放获取论文数据。这些数据不仅包括最新的研究成果，还涵盖了各个学科领域的经典文献，为用户提供了一个全面的、多元的学术资源库。

OpenSign 面向全社会开放，无论是研究人员、学者、学生还是公众，都可以免费访问和利用这些资源。用户可以在该平台上进行快速检索，轻松找到所需的论文和资料。同时，该平台还提供了全文阅览功能，用户可以在线阅读论文的详细内容。

除了基本的检索和阅览服务，OpenSign 还提供在线交流的渠道。用户可以在平台上就感兴趣的研究话题进行讨论，分享观点，甚至寻找合作伙伴。

4）PubScholar 公益学术平台

PubScholar 公益学术平台（https://pubscholar.cn）是中国科学院作为主力军建设的公益性学术资源的检索、发现、获取和交流共享平台。该平台整合了中国科学院的科技成果资源、科技出版资源和学术交流资源、允许集成的 OA 学术资源、通过协议授权的学术资源及合作共建获得授权许可的学术资源。

PubScholar 公益学术平台（https://pubscholar.cn）是综合性学术资源服务平台，旨在为广大科研工作者和学术爱好者提供公益性、开放性的学术资源检索、发现、获取和交流共享的一站式服务。该平台的建设体现了中国科学院在推动学术交流、知识共享和科学普及方面的使命和责任。

PubScholar 平台特别强调开放获取学术资源的集成。PubScholar 平台通过整合 OA 资源，为用户提供了一个获取最新研究成果的重要渠道。

PubScholar 平台的建设和运营，对于推动学术界的知识共享、促进学术交流、提高研究透明度、推动科学普及等方面具有重要的社会意义。

3.4 其他网络信息资源

3.4.1 学科信息门户

学科信息门户（subject information gateway，SIG），又称学科门户或主题网关，始于 20 世纪 90 年代，它一般以学科为单位，按照一定的选择标准、评价标准、资源描述和组织体系，对于具有一定学术价值的信息资源、工具和服务进行收集、组织和描述，形成一个学科信息导航系统，为用户提供便捷的服务入口。

早期的学科信息门户资源绝大部分来源于网络免费资源，主要目的是共享资源，满足学科信息需求。后来出现了很多较有影响力的学科信息门户，如国外的 Sosig、Intute、Infomine、LII，国内的中国高等教育文献保障系统（China Academic Library & Information System，CALIS）重点学科网络资源导航库等。

随着信息资源的不断丰富、信息技术的不断发展，用户对信息服务的需求不断深入、服务精度要求不断提高，这种千人一面的学科信息导航服务逐渐停更，取而代之的是学科服务平台。

学科服务平台就是将特定学科领域的资源服务、信息服务和知识服务整合到一起推送给师生的一种新的服务模式。国外高校图书馆大多采用 LibGuides 作为学科服务平台，国内学科服务平台有 LibGuides、LDSP、纬度、Subject +和自建平台等。从使用效果上看，LibGuides 在国外应用效果较好，国内的学科服务平台应用效果则较为一般。

福建省高校数字图书馆（FULink）在这方面进行了大胆的探索，以 FULink 学科服务平台为抓手，以科研生命周期为轴线，梳理科研过程服务需求框架，构建了学科空间和馆员空间服务体系，主要内容就是特定学科的核心期刊、核心作者、核心机构、核心文献和学科资讯等服务，为用户提供特定学科的核心知识和重要资讯导航服务。以 FULink 学科服务平台“茶学”学科空间为例，其运行界面如图 3-4-1～图 3-4-3 所示。

图 3-4-1　FULink 学科服务平台“茶学”学科空间运行界面（一）

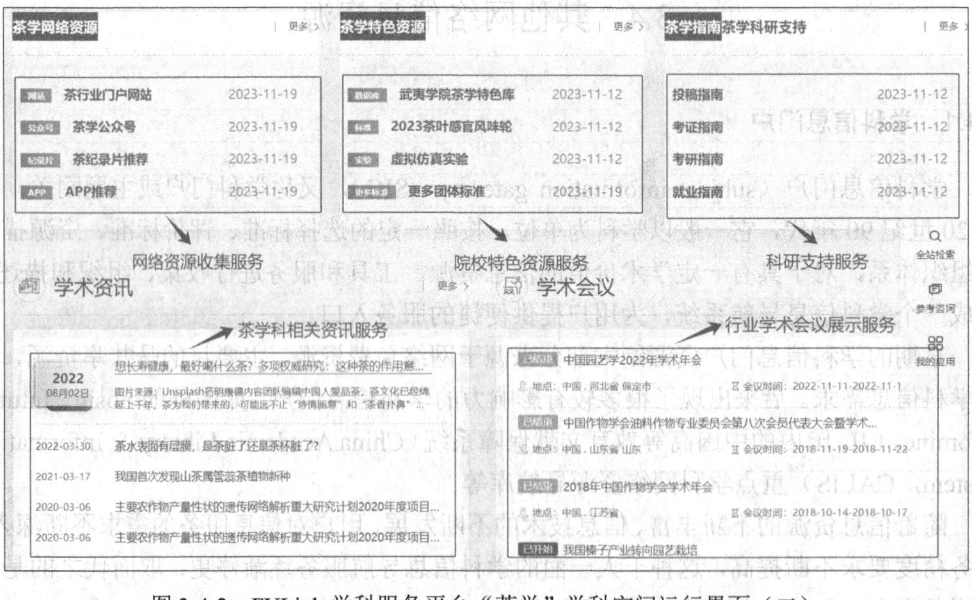

图 3-4-2　FULink 学科服务平台“茶学”学科空间运行界面（二）

图 3-4-3　FULink 学科服务平台“茶学”学科空间运行界面（三）

3.4.2　学术社交网络

学术社交网络（academic social network，ASN）是指面向教师、学生和科研工作者的专业化需求，以提高学术交流与学术合作为目标的互联网平台。它支持用户展示、分享自己的学术成果，为用户提供了一个资源分享、知识传递和经验交流的在线平台，改变了传统的学术交流范式。

学术社交网络一般分为两大类：一类是以文献和信息管理为主的平台，侧重于信息分享，主要有科学网（http://www.sciencenet.cn）、小木虫（https://muchong.com）、Mendeley（https://www.mendeley.com）和 Zotero（https://www.zotero.org）等；另一类则是以学术交流为主的平台，主要有科研之友（http://m.scholarmate.com/oauth）、学者网（https://www.scholat.com）、丁香园（https://www.dxy.cn）、Academia.edu（https://www.academia.edu）和 ResearchGate（https://www.researchgate.net）等。

1. 小木虫

小木虫创建于 2001 年，是一个中国知名的学术科研社区网站，它为科研人员和学生提供了一个交流学术问题、分享科研经验、发布科研招聘信息、讨论学术动态的平台。小木虫网站由中国科学院的几位研究生创建，旨在帮助科研人员解决在科研过程中遇到的问题，用户主要是国内各大院校、科研院所的博/硕士研究生、企业研发人员。小木虫提供网站和手机端两种访问方式。

该平台汇集了丰富的科研资料，包括学术论文、实验方法、软件教程等，供用户免费下载。小木虫还是一个开放的学术交流平台，用户可以发布研究问题，寻求同行的协助与建议，实现知识的交流与思想的碰撞。该平台设有多个论坛板块，涵盖不同学科领域，用户可以根据自己的兴趣参与讨论。

用户可以在小木虫创建个人空间，展示自己的研究成果、学术经历及职业发展，构建个人学术品牌。小木虫也会定期组织线上和线下的学术活动，包括研讨会、讲座、学术会议等，以促进科研人员的交流与合作。

2. 丁香园

丁香园是中国领先的医学专业网站，它以服务医学专业人士和医疗健康领域的工作者为宗旨。该平台致力于提供集专业性、权威性和便捷性于一体的医学服务，旨在帮助医疗专业人士提升专业技能，也为广大公众提供准确可靠的医疗健康信息。丁香园的服务内容广泛，涵盖了医学资讯、在线教育、医疗社区交流、医疗行业招聘、医疗数据服务、医疗健康产品销售、医学文献检索、临床试验信息及医疗咨询服务等多个方面。

在医学资讯方面，丁香园提供最新的医学研究成果、临床指南和医疗政策等，帮助医疗专业人士及时了解行业动态。在线教育服务包括医学继续教育课程，如视频讲座和在线研讨会，以促进医疗专业人士的终身学习和专业成长。医疗社区为医生和医疗工作者提供了一个专业交流和讨论的平台，以方便他们分享经验、讨论病例和交流学术观点。

医学文献检索服务帮助用户快速定位所需的医学资料，而临床试验信息则涵盖了试验设计和患者招募等关键信息。丁香园还提供医疗咨询服务，解答患者关于医疗健康的各种问题。为了适应移动互联网时代的需求，丁香园开发了系列移动应用，使用户能够随时随地获取所需的医学信息和服务。

3. ResearchGate

ResearchGate 建立于 2008 年 5 月，是一个面向科学家和研究人员的社交网络平台，它提供了一个在线社区，旨在促进全球范围内的学术合作。用户注册成功后可以分享研究成果，参加各种学术交流。

研究人员可以在 ResearchGate 上发表自己的研究论文、项目和研究成果，与同行进行交流和讨论。研究人员也可以创建个人资料，展示自己的研究领域、发表的论文、参与的项目及教育背景等信息。该平台鼓励研究人员之间的合作，用户可以通过搜索功能找到特定领域的专家，并与他们建立联系。通过问答社区，研究人员可以提出科研相关问题，其他用户可以提供答案和建议。研究人员可以在 ResearchGate 上共享数据集，促进数据的开放获取和再利用。ResearchGate 支持多种语言，因此全球不同国家的研究人员都能方便地使用。

第 4 章　中文学术信息资源

学习目标

知识：了解馆藏目录、联合目录的概念；掌握福建省高校数字图书（FULink）检索平台的主要特点与特色功能；了解超星与读秀学术数据库检索平台，掌握其基于图书章节内容检索、文献传递等特色功能；熟悉中国知网（CNKI）、万方平台收录的资源类型，熟练掌握多样化检索方法、检索技巧及检索结果分析与处理；了解其他中文学术检索平台的基本特点。

技能：能根据不同文献类型，利用 FULink 平台获取原文；能使用超星、读秀数据库的知识、书名、目录等不同检索字段有效获取图书资源；熟练掌握中国知网各检索方式的使用技巧，以及检索结果分析功能；了解其他常用的中文检索工具的检索技巧。

4.1　图书馆资源概述

4.1.1　图书馆馆藏资源

随着互联网的飞速发展和信息资源的日益丰富，人们获取信息的渠道变得更为便捷多样。尽管如此，很多在校学生却对图书馆感到陌生，甚至将其简单地视为“自修室”。然而，应当认识到，大部分通过网络获取的学术信息资源实际上都源自图书馆。图书馆所拥有的丰富信息资源对于大学生的日常学习生活有着非常重要的意义。因此，学会有效利用图书馆资源对于大学生的个人成长至关重要。

总体而言，图书馆的馆藏资源主要分为实体资源和数字资源两大类。实体资源涵盖了各类印刷品（如图书、期刊、报纸等）、随书光盘及声像资料等。数字资源则通常指图书馆通过购买使用权获得的电子资源，这些资源通常有一定的访问权限，如 IP 地址限制等。

除丰富的馆藏资源外，图书馆还提供了与这些资源相配套的一系列服务，旨在更好地满足读者的需求。首先，流通服务为读者提供了便捷的外借、阅览和馆际互借等服务；其次，信息咨询服务则通过图书馆主页上的电话、网上咨询台、微信公众号等咨询方式，为读者解答在使用图书馆过程中遇到的各种问题；最后，图书馆还会组织多样化的读者活动，如讲座、展览和培训等，旨在增进读者对图书馆的认知和利用。这些服务不仅提升了图书馆的使用效率，也丰富了读者的学习体验。

4.1.2 馆藏目录（中国国家图书馆）

1. 馆藏目录简介

馆藏目录是图书馆文献收藏的重要检索工具，通过它，读者可以轻松地了解图书馆所收藏的文献种类和数量。如果想要确认某特定文献是否在图书馆内收藏，馆藏目录是不可或缺的工具。现代的馆藏目录通常被称为联机公共检索目录（online public access catalog，OPAC），它不仅能够帮助读者查找馆藏资源，还能够提供借阅信息的查询功能。以国家图书馆为例，OPAC系统为读者提供了丰富的文献检索和借阅信息查询服务，使读者能够更加便捷地利用图书馆的馆藏资源。

2. 中国国家图书馆

中国国家图书馆（http://www.nlc.cn）是国家书目中心、国家数字资源中心，还是国家典籍博物馆。国家图书馆为社会各界提供文献服务，读者免费注册后可通过线上访问国家图书馆的资源。

1）注册方式

登录中国国家图书馆主页，找到“读者云门户”后单击“登录”链接，进入注册页面。

2）访问馆藏目录

登录中国国家图书馆主页，找到“资源服务”→“数字资源”→“馆藏目录”；进入检索页面后，系统提供了单条件检索和高级检索，高级检索又包括多字段检索、多库检索、组合检索、通过用命令语言检索、浏览、分类浏览等检索方式。下面以高级检索下的“多字段检索”为例介绍使用方法。

【案例4-1-1】查找近两年出版的书名中包含“信息检索”的图书。

检索步骤如下：

① 进入主界面，单击“高级检索”，选择“多字段检索”。

② 选择“题名”字段，输入检索词“信息检索”，选择“资料类型”为“图书”，输入出版年限，单击“确定”按钮。

③ 进入检索结果页面，查看相关信息。检索结果页面提供了排序功能，可按出版时间、著者、题名排序。还可以根据年份、语种、分类、作者等信息进一步筛选所需要的结果。单击书名链接，可查看详细信息。

④ 文献的获取。如果需要这本书的纸质图书，可单击“查看所有馆藏单册信息”，页面将显示具体的馆藏情况，如借阅状态、索取号、具体藏书位置等信息。

4.1.3 联合目录（全国图书馆参考咨询联盟）

如果说馆藏目录只反映一个图书馆的馆藏情况，联合目录则可以反映某个地区、某个国家，甚至更大范围的多个图书馆的馆藏情况。通过联合目录不仅可以了解周边地区图书馆的馆藏情况，甚至可以了解世界范围一些著名图书馆的馆藏情况。WorldCat就是全世界最具综合性的图书馆馆藏信息数据库。

随着技术发展及资源共享服务的延展，很多联合目录已经发展成地区性的图书馆联盟，依托特定的检索平台，提供更全面的资源服务。全国图书馆参考咨询联盟就是其中的典型代表（http://www.ucdrs.net/admin/union/service.jsp）。

全国图书馆参考咨询联盟是由广东省立中山图书馆主导，联合 360 家涵盖公共、教育、研究领域的成员馆及 1200 多位咨询员共同构建的服务平台。该平台向社会全面开放，提供免费、高效、快捷的文献资源服务，支持网络表单、文献、实时在线及电话等多种咨询方式。全国图书馆参考咨询联盟拥有我国目前规模最大的中文数字化资源库群，涵盖图书、期刊、报纸、学位论文、会议论文、开放学术资源、标准规范及专利说明书等多元内容，总量达 7.6 亿篇（册）。全国图书馆参考咨询联盟实行免费服务政策，通过平台可享受全国图书馆的网上参考咨询及文献远程传递服务。

下面以 FULink 为例，介绍全国图书馆参考咨询联盟的功能与使用方法。

1. FULink 概述[①]

FULink 是“福建省高校数字图书馆文献提供系统”的英文简称，其以文献信息的联合保障体系建设和资源共享为主要任务，整合福建省各高校图书馆资源、发挥联合优势，为广大高校师生提供校际文献检索、文献传递等高水平便捷的信息资源“一站式”服务。目前，FULink 整合了 92 所成员馆的纸质图书 6600 多万册，记录了全国 700 多家图书馆的纸质图书，能提供 7.6 亿篇电子文献。

FULink 的登录方式主要分为以下两种。

校内登录：①在各成员馆高校的图书馆主页中的数字资源板块，选择 FULink 数据库；②在校园网所覆盖的范围内，直接在浏览器中搜索福建省高校数字图书馆，无须注册即可使用（网址：http://bl.fulink.edu.cn）。

校外登录：用户校外登录 FULink 需要使用 VPN。

2. FULink 检索方法

1）快速检索

FULink 首页默认为快速检索，如图 4-1-1 所示。用户可以在检索框中直接输入关键词进行文献检索，检索框上部可以限定所要检索的文献类型，在选择检索框上方不同文献类型后，在检索框下方可继续选择不同检索字段。在检索框中输入要检索的关键词，如果要精确检索一个短语，可用大括号或双引号将此短语包括在内，如{学科服务平台}或"学科服务平台"（注意：这里的双引号为英文状态下的双引号）。

2）高级检索

快速检索若无法满足用户对查全率和查准率的要求，FULink 平台提供了二次检索和高级检索功能。进入高级检索的方式有两种：①在快速检索结果页面会有高级检索和二次检索的选项，可对检索式和检索结果进行进一步筛选和优化；②通过首页的资源导

① 以下截图来自福建省高校数字图书馆（网址：http://bl.fulink.edu.cn）。

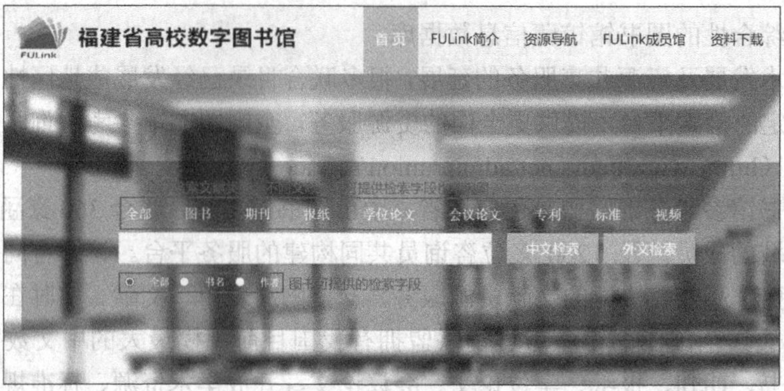

图 4-1-1 FULink 首页

航中的期刊导航链接进入 FULink 文献提供系统，该界面会有高级检索选项。高级检索界面提供语种、文献类型、摘要、关键词、作者、ISBN/ISSN、年份等检索字段。

【案例 4-1-2】检索 2000—2024 年，关键词包含“学科服务”和“图书馆”方面的文献。

首先，确定查询条件，如“检索日期：2010—2024”“学科服务”“图书馆”。

检索步骤如下：

① 选择“全部”语种。

② 选择“全部”文献类型。

③ 选择关键词字段，输入检索词“学科服务”“图书馆”，选择“精确”匹配检索。

④ 选择年份为 2000 年至 2024 年。高级检索界面如图 4-1-2 所示。

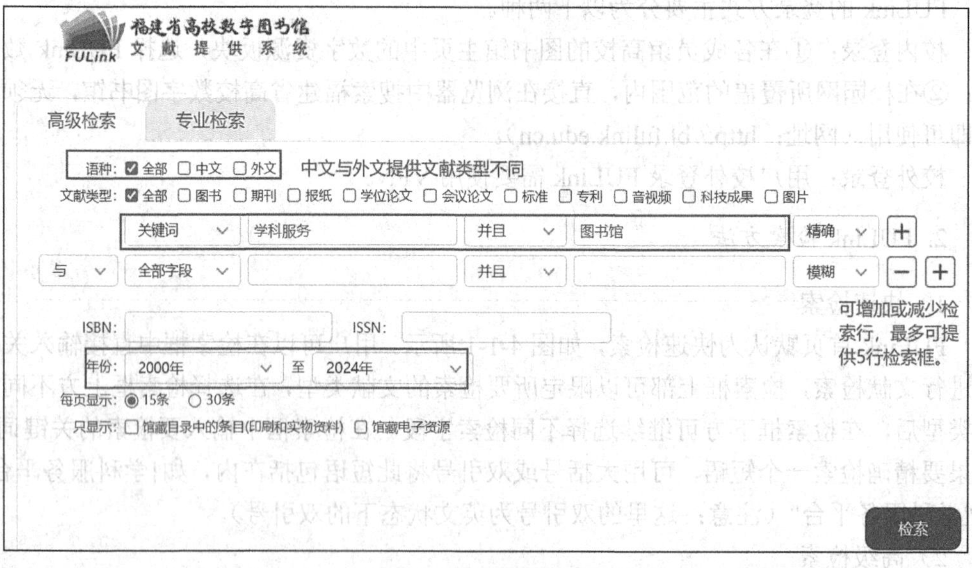

图 4-1-2 高级检索界面

小技巧：

① 高级检索有多个条件时是按照顺序运算的，如 A OR B AND C，即（A OR B）AND C。

② 检索框右侧的精确、模糊选项可以对检索词进行限定，系统默认将整个检索词作为检索对象，而模糊匹配则会对检索词进行拆分。

3）专业检索

专业检索是指使用运算符和检索词构造检索式进行检索，与其他检索方式的区别在于，用户可以根据需求自定义检索式，进行更加精确的检索。

检索规则如下：

（1）所有符号和英文字母，都必须使用英文半角字符。

（2）""代表精确匹配，''代表模糊匹配。

（3）同一字段运算规则：* 代表并且，| 代表或者， - 代表不包含。

（4）不同字段间逻辑检索规则：AND、OR、NOT。关系符号之间空一个空格，并且只能使用大写字母。

（5）逻辑运算优先级：不同字段间，NOT > AND > OR；同一字段间，- > * > |，若要改变组合的顺序，应使用英文半角括号“()”括起。

（6）检索词包含空格或逻辑符号，需要加模糊匹配符号''或者精确匹配符号""，如K="cryptography"|'cipher code'|"Multimedia security"。

3. 检索结果的分析与处理

1）知识挖掘

利用数据仓储、资源整合、知识挖掘、数据分析、文献计量学模型等相关技术，较好地解决了复杂异构数据库群的学术资源搜索问题，提供可视化、知识图谱、多主题对比、新方向、翻译、学术产出分析等知识挖掘功能。

2）检索结果筛选

（1）分组。在 FULink 筛选出检索结果后，如图 4-1-3 所示，可以单击左侧栏目选择分组，包括语言、内容类型、年份、重要收录、学科分类、关键词、作者机构、作者、

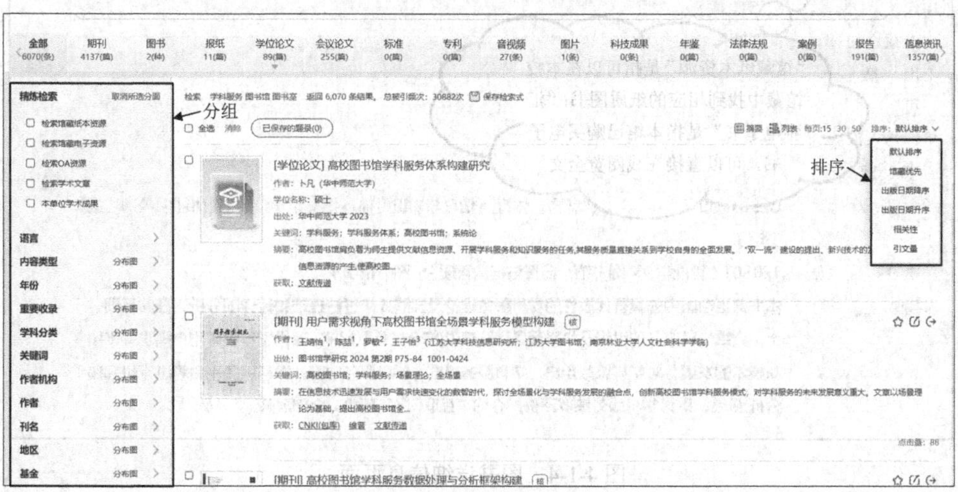

图 4-1-3　检索结果页面

刊名、地区、基金。以重要收录和学科分类为例，通过展开重要收录，可获取不同类别期刊数据，单击后跳转至所选分组；学科分类包括教育部分类和中图分类，同样可对学科进行筛选。

（2）排序。检索结果的右上方，如图 4-1-3 所示，可以选择按照馆藏优先、出版日期、相关性、引文量等指标对结果进行排序。

4. FULink 文献获取

用户获取 FULink 提供的文献有多种方式，具体选择哪种方式，取决于所获取文献的类型及文献详细信息页面中提供的获取途径，以下对图书和期刊两种文献类型分别进行介绍。

1）图书

对于本校图书馆已有的资源，可以通过本馆馆藏、电子全文、在线试读三种方式获取文献。对于本校图书馆没有的资源，通过图书馆文献传递、查看其他馆藏的方式获得。

（1）直接获取。在图书文献详细信息页面会显示图书的获取途径，仍以标题涵盖“学科服务”的图书为例，如图 4-1-4 所示。整合成员馆的馆藏纸本资源与电子资源，每本书可获取途径都是不相同的。一般来说，每本书的可获取途径有：“馆藏纸本资源”指可以在本校馆藏中找到相应的纸质图书；“汇雅电子书”代表本校馆已经购买了此本电子书，单击就可以直接在线阅览全文；“文献传递”通过有效邮箱可以获取此书的部分内容（注意文献传递具体使用条件），获取具体章节内容可以通过“目录试读”中的图书目录了解具体内容所在页码范围。若此书已有电子全文，则可以直接在线阅览全文，无须进行文献传递。

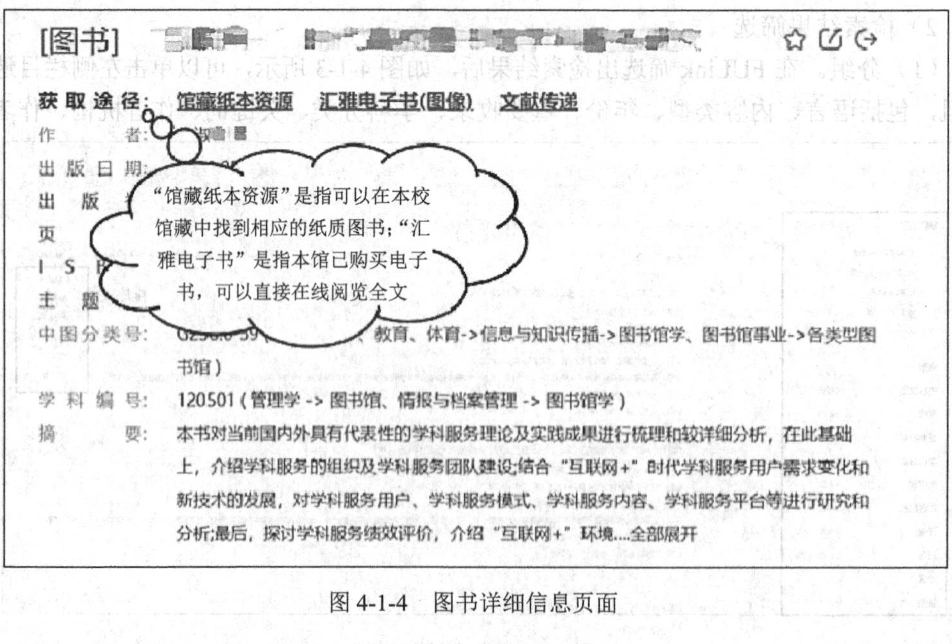

图 4-1-4 图书详细信息页面

在文献详情的下方（图 4-1-5）会显示该图书在哪些 FULink 成员高校的图书馆有实体书馆藏，以及国内哪些非成员馆高校有实体书馆藏，如果是高校教师或学生用户，可以根据馆藏信息直接获取纸质图书。

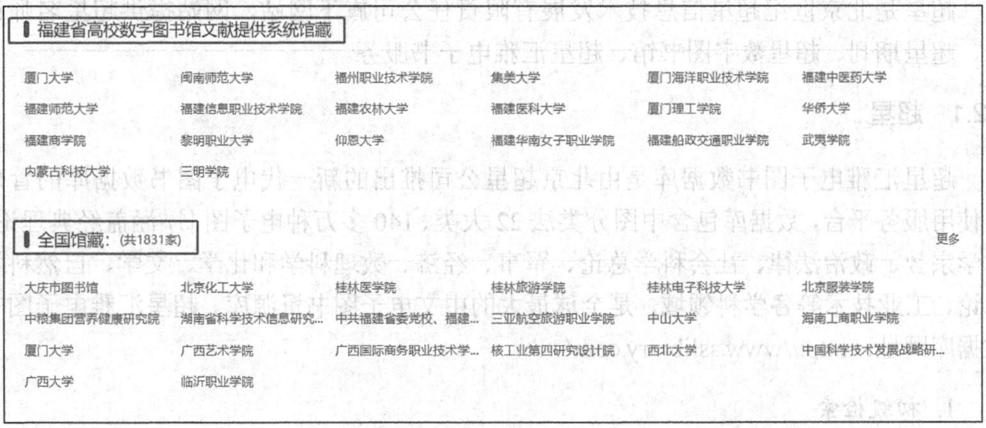

图 4-1-5　馆藏信息

（2）文献传递。对于本校图书馆没有的图书资源，需要通过文献传递方式来获取原文。所有能够在线试读的电子图书，都能通过 FULink 平台传递其中部分章节。文献传递就是平台将文献内容以邮件的形式发送给用户，用户单击“图书文献传递”链接，在弹出文献传递页面填写自己的电子邮箱、输入验证码，单击“确认提交”按钮即可获取图书原文。

传递图书的页码有限制：①单次传递不超过该书全部页数的 20%，且每次传递不超过 50 页；②每周传递不超过该书全部页数的 20%，同时图书文献传递的有效期为 20 天。

平台一般会在 24 小时内予以回复；36 小时还未传递到，会发邮件告知用户还在查找中；72 小时无论是否找到一定会给答复。在上述时间内如果没有收到答复，请检查邮件是否被过滤。

2）期刊论文

通过 FULink 获取期刊论文需根据各高校图书馆所购买的数据库情况而定。如有“包库全文”选项，可单击链接进入图书馆已购买数据库的详细页面，直接阅读或下载全文；如没有，则需要进行文献传递。

（1）直接获取。期刊论文的获取方式在期刊论文详细信息页面显示，如有显示“CNKI（包库）”“万方（包库）”“维普（包库）”“超星期刊”等获取途径，单击相应链接，可以直接跳转到相应数据库进行下载。

（2）文献传递。若本校图书馆没有购买收录期刊论文的数据库，则需要通过文献传递获取期刊论文，获取方式与获取图书类似。

FULink 平台传递期刊文献的数量有限制，期刊文献传递每人每日以 100 篇为上限，每个月以 500 篇为上限。期刊论文在传递时效性方面与图书相同。

4.2 超星与读秀

超星是北京世纪超星信息技术发展有限责任公司旗下网站，网站提供超星名师讲坛、超星期刊、超星数字图书馆、超星汇雅电子书服务。

4.2.1 超星

超星汇雅电子图书数据库是由北京超星公司推出的新一代电子图书数据库的管理和使用服务平台，数据库包含中图分类法22大类、140多万种电子图书，涵盖经典理论、哲学宗教、政治法律、社会科学总论、军事、经济、数理科学和化学、文学、自然科学总论、工业技术等各学科领域，是全球最大的中文电子图书资源库。超星汇雅电子图书数据库网址：http://www.sslibrary.com/。

1. *初级检索*

进入超星汇雅电子图书数据库首页，在页面上方的检索框直接输入检索词，并设置检索字段，即可进行检索，检索字段有书名、作者、目录、全文检索可供选择。如果对当前的检索结果不满意，可以选择“二次检索”再次精练检索结果。

2. *高级检索*

单击“高级检索”按钮即可进入高级检索页面，通过输入书名、分类、作者、中国图书分类号、主题词、年代，以及选择分类进行组合检索，获得更加精确的检索结果。

3. *检索结果分析与处理*

超星汇雅电子图书数据库提供三种在线阅读方式，分别为EPUB阅读、PDF阅读和图像阅读。也可以下载到本地，但需要安装超星阅读器专用软件SSReader方可阅读全文。

4.2.2 读秀

读秀是由海量数据及资料基本信息组成的超大型数据库，为用户提供深入图书章节和内容的知识点服务，部分文献的少量原文试读服务，以及高效查找、获取各种类型学术文献资料的一站式检索服务，是一个真正意义上的学术搜索引擎及文献资料服务平台。读秀数据库网址：https://www.duxiu.com/。

读秀主要提供知识、图书、期刊、报纸、学位论文、会议论文、音视频和文档等文献信息资源的检索服务，其中知识检索和图书检索是读秀提供的最核心服务。

1. *知识检索*

知识检索是读秀的创新检索模式，读秀不是以检索单体文献为根本目标，而是以检索文献所包含的知识为根本目标，将各类文献中所包含的同一内容知识检索出来。

2. 图书检索

图书检索是读秀的核心功能，检索字段主要有“全部字段”“书名”“作者”“主题词”“丛书名”“目次”等。其中，基于图书目录的全文查询是读秀服务的主要内容，读秀还提供外文检索和高级检索服务。

【案例 4-2-1】查找图书章节中包含“元数据”的图书。

检索步骤如下：

① 进入读秀主界面，单击“图书检索”按钮。

② 输入检索词“元数据”，选择“目次”字段，选择匹配方式为“精确匹配”，单击“检索”按钮。

③ 进入检索结果页面，可以查看包含“元数据”章节具体分布信息的图书。

3. 检索结果分析与原文获取

1）检索结果分析

在检索结果的左侧图书导航栏中可以根据获取类型、发表年代、学科和作者进行筛选分类。在搜索结果中，还可以对时间、访问量、个人收藏量、单位收藏量、电子馆藏和本馆馆藏进行排序。

2）原文获取

读秀提供三种获取原文的方式，分别为馆藏纸本、汇雅电子书及文献传递。

（1）馆藏纸本。单击“馆藏纸本”后，会跳转到福州大学图书馆公共检索系统，可根据索书号、馆藏地点、流通状态等相关信息到福州大学图书馆借阅纸本图书。

（2）汇雅电子书。单击“汇雅电子书”，可以在线访问电子书资源。

（3）文献传递。通过提供的电子咨询申请表，咨询馆员将及时把咨询结果免费发送到读者的电子邮箱。

4.3　中国知网（CNKI）①

4.3.1　概述

CNKI 即中国知识基础设施工程。CNKI 是教育部主管、清华大学主办，创立于 1995 年，由中国学术期刊电子杂志社、同方知网技术有限公司研发的全文型数字图书馆，科学技术部等五部委确定为“国家级重点新产品重中之重”项目。

CNKI 收录了 90%以上的中国知识资源，包含国内期刊、报纸、硕士学位论文、博士学位论文、出版物、技术译著、会议录等知识文献，涵盖社会科学、自然科学、农业科学、工程技术、医学及卫生、教育、文化、语言与文学、经济与管理等诸多领域。文献类型有专利、标准、学术会议、政府官网信息、行业报告等。CNKI 主要有

① 本节的截图来自中国知网（网址 http://www.cnki.net）。

以下数据库。

1）学术期刊库

学术期刊库收录中文学术期刊8500余种，其中，北大核心期刊1970余种，网络首发期刊2430余种，最早可回溯至1915年，共计6110余万篇全文文献。全部期刊分为十大专辑：基础科学、工程科技Ⅰ、工程科技Ⅱ、农业科技、医药卫生科技、哲学与人文科学、社会科学Ⅰ、社会科学Ⅱ、信息科技、经济与管理科学。十大专辑下再分为168个专题。

学术期刊库收录的外文学术期刊包括来自80个国家及地区900余家出版社的7.5万余种期刊，最早回溯至19世纪，共计1.2亿余篇外文题录，可链接全文。外文学术期刊资源分为自然科学、工程技术、医学、农业科学、社会科学、人文学科、哲学等七大专辑。在学术期刊库中可查阅每本期刊的概况，包括刊名、刊号、出版周期、创刊年/收录年限、出版社/合作商、学科主题、出版地、语种等。

2）中国优秀硕士学位论文全文数据库

中国优秀硕士学位论文全文数据库（China Master's Theses Full-text Database，CMFD），覆盖基础科学、工程技术、农业、哲学、医学、哲学、人文、社会科学等各领域；目前，收录来自790余家培养单位1984年至今的优秀硕士学位论文540余万篇；重点收录985/211高校、中国科学院、社会科学院等重点院校的优秀硕士学位论文，以及重要特色学科的优秀硕士学位论文，如通信、军事学、中医药等专业。

3）中国博士学位论文全文数据库

中国博士学位论文全文数据库（Chinese Doctoral Dissertations Full-text Database，CDFD），覆盖基础科学、工程技术、农业、医学、哲学、人文、社会科学等各领域；目前，收录全国985/211高校、中国科学院、社会科学院等520余家培养单位1984年至今的博士学位论文50余万篇。

4）中国重要会议论文全文数据库

中国重要会议论文全文数据库收录了国内重要会议主办单位或论文汇编单位书面授权，投稿到CNKI进行数字出版的会议论文，重点收录1999年以来，中国科学技术协会、社会科学界联合会及省级以上的学会、协会，以及高校、科研机构、政府机关等举办的重要会议上发表的文献。其中，全国性会议文献超过总量的80%，部分连续召开的重要会议论文回溯至1953年。

5）国际会议论文全文数据库

国际会议论文全文数据库收录了国内外重要会议主办单位或论文汇编单位书面授权并推荐到CNKI进行数字出版的重要国际会议论文，重点收录1999年以来，中国科学技术协会及其他重要会议主办单位举办的在国内或国外召开的国际会议上发表的文献，部分重点会议文献回溯至1981年。

4.3.2 检索方法与检索技巧

下面以中国知网为例介绍检索方法与检索技巧。

1）初级检索

进入中国知网首页，初级检索界面如图 4-3-1 所示，在页面上方选择检索字段，在检索框输入检索词，即可进行检索。检索字段包括主题、篇关摘、篇名等 16 个。用户还可依据需要进行知识元检索或引文检索。

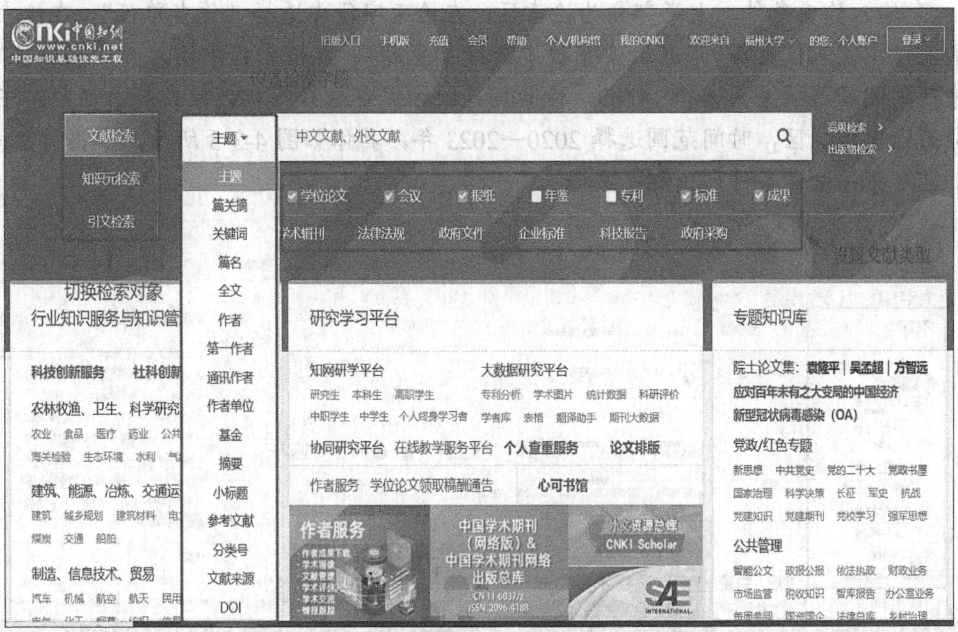

图 4-3-1　中国知网初级检索界面

小技巧：

① 若需要同时在多个数据库中进行检索，可直接在检索框下方勾选所需的数据库类型。

② 同一检索项内支持用运算符*、+、-、''、""、()进行多个检索词的组合运算，但检索框内输入的内容不得超过 120 个字符。输入运算符*、+、-时，前后要空一个空格，优先级需要用英文半角括号确定。

2）高级检索

在中国知网首页单击“高级检索”链接进入高级检索页面。在高级检索界面中可切换高级检索、专业检索、作者发文检索、句子检索，如图 4-3-2 所示。

图 4-3-2　高级检索页面

【案例 4-3-1】检索 2020—2023 年，单位是中国人民大学的有关“学科服务”方面的文献。

① 检索范围。默认选择所有的数据库。可在高级检索区下方进行数据库切换，进入对应的数据库进行检索。

② 明确文献分类。高级检索页面左侧为文献分类导航，文献分类导航保持传统的168专题分类，默认为收起状态。

③ 输入检索条件。上半部分为检索区，在检索字段中选择“作者单位”，在检索框中输入“中国人民大学”，在检索字段中选择“主题”，在检索框中输入“学科服务”，检索项之间的逻辑关系选择 AND，检索词匹配方式可选择模糊匹配或精准匹配；下半部分为检索控制区，时间范围选择2020—2023年，具体如图4-3-3所示，单击“检索”按钮即可根据检索条件列出相关文献。

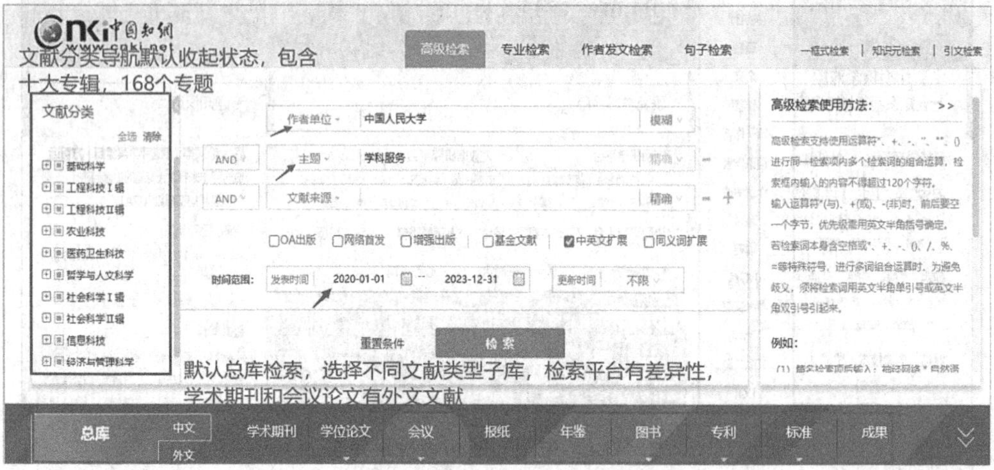

图 4-3-3 高级检索实例

3）专业检索

在高级检索页面切换“专业检索”标签，可进行专业检索。专业检索使用运算符和检索词构造检索式，其检索精确度高于高级检索。专业检索的一般流程：确定检索字段，构造一般检索式，借助字段之间关系运算符和检索值限定运算符可以构造复杂的检索式。

例如，精确检索关键词包含“学科服务”的文献，可在检索框中输入：KY=学科服务。专业检索中的检索规则较为复杂，具体参见中国知网的使用手册。

4）作者发文检索

在高级检索页面切换“作者发文检索”标签，可进行作者发文检索。作者发文检索通过输入作者姓名及其单位信息，可检索某作者发表的文献，功能及操作与高级检索基本相同。

5）句子检索

在高级检索页面切换“句子检索”标签，可进行句子检索。句子检索是通过输入的两个检索词，在全文范围同一句或同一段话中查找同时包含这两个词的句子。

6）出版物检索

在中国知网首页单击“出版物检索”链接，进入出版物检索页面，如图4-3-4所示。

在这里可直接输入检索词并选择所需检索字段进行出版物检索，或者直接利用出版来源导航查找。出版来源导航主要包括期刊、学术辑刊、学位授予单位、会议、报纸、年鉴和工具书等导航，可在下拉列表中选择某产品导航，切换到该产品的导航首页。

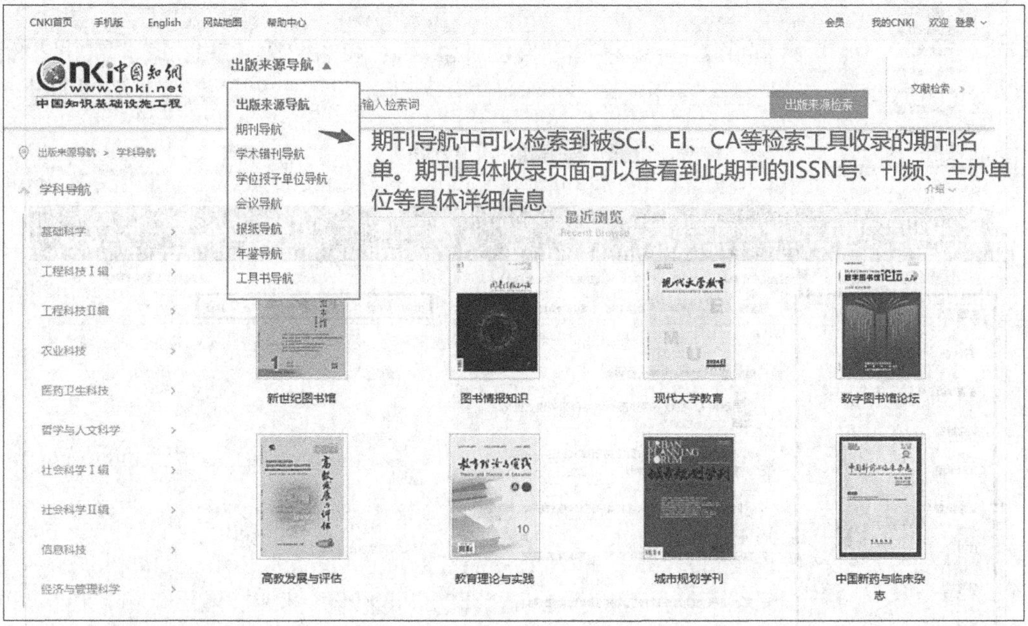

图 4-3-4　出版物检索界面

4.3.3　检索结果分析与处理

1. 检索结果分析

1）资源类型

在检索结果页面，如图 4-3-5 所示，检索结果资源类型有学术期刊、学位论文、会议等，对应的数字表示检索结果中包含该资源类型的数量。

2）内容分布

在检索结果页面左侧，如图 4-3-5 所示，可从主题、学科、发表年度、研究层次、文献类型、文献来源、作者、机构、基金等多个维度揭示检索结果的内容分布。例如，检索机构分布，从数据或可视化图可知，上海交通大学发文量最多，接下来是武汉大学、北京大学等机构，如图 4-3-6 所示。

3）排序

中国知网共提供五种排序方式：相关度、发表时间、被引、下载和综合。相关度排序是中国知网的默认排序，是按最相关的文献降序排列的。发表时间排序中，最新发表的文献排在最前面。被引排序是按被引量降序排列的，被引量高的文献相对学术价值高，扩散程度广。下载排序是按下载量降序排列的，下载量大的文献一般受到的学术关注度较高。综合排序主要是根据相关度、重要性系数、时间系数等计算后得到的一个综合值进行排序。

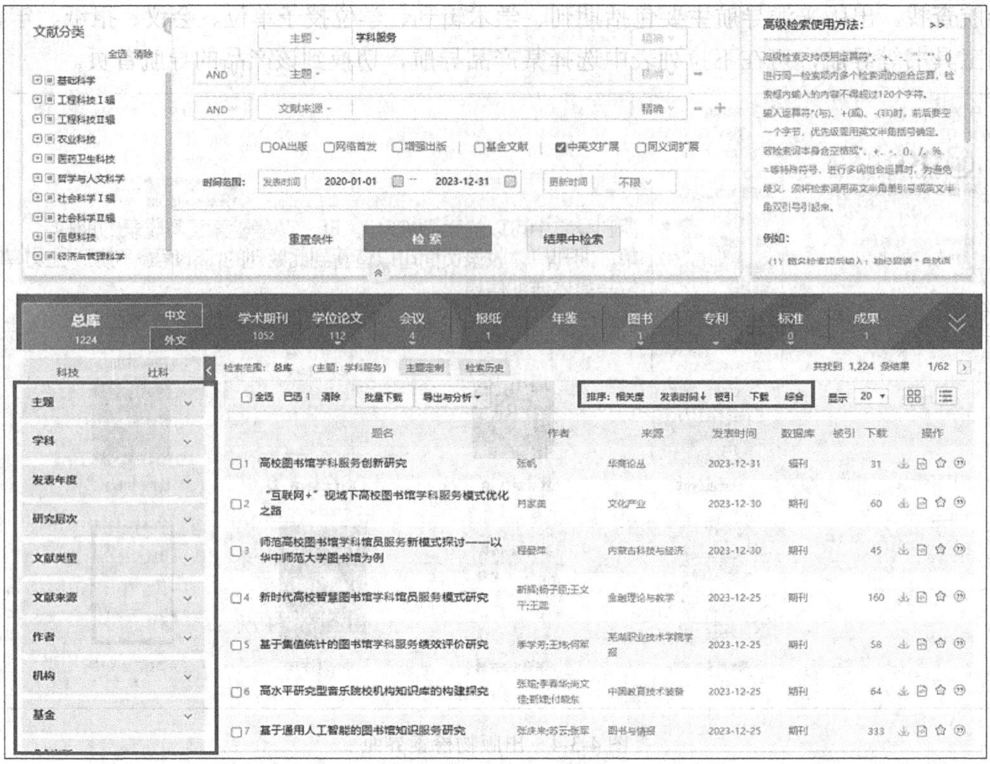

图 4-3-5 检索结果页面

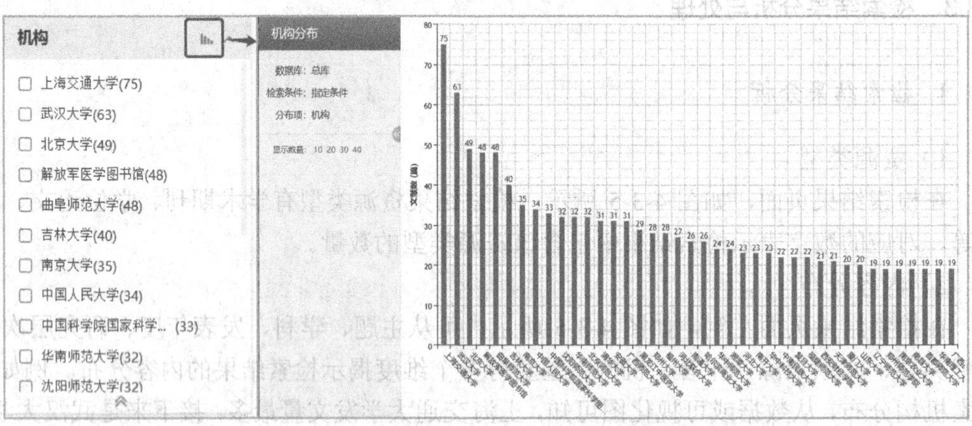

图 4-3-6 检索结果机构数据及可视化图

4）可视化分析

中国知网提供检索结果可视化分析功能，如图 4-3-7 所示，在检索结果页面单击“导出与分析”→“可视化分析”，可选择“已选结果分析”和“全部检索结果分析”。可视化功能是指基于文献的元数据及参考引证关系，用图表的形式直观展示文献的数量与关系特征。

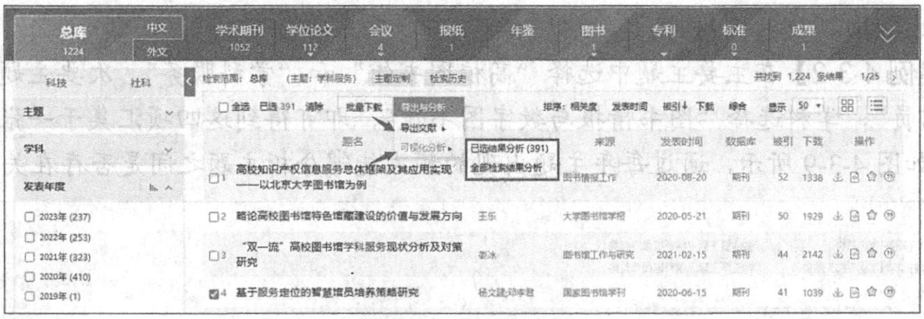

图 4-3-7　可视化分析

（1）已选结果分析。如图 4-3-8 所示，提供指标、总体趋势、关系网络、分布等分析。其中，分布分析主要从资源类型、学科、来源、基金等不同角度展示文献的主要分布情况。关系网络包括文献互引网络、关键词共现网络、作者合作网络。文献互引网络分析基于中国知网的引文数据。

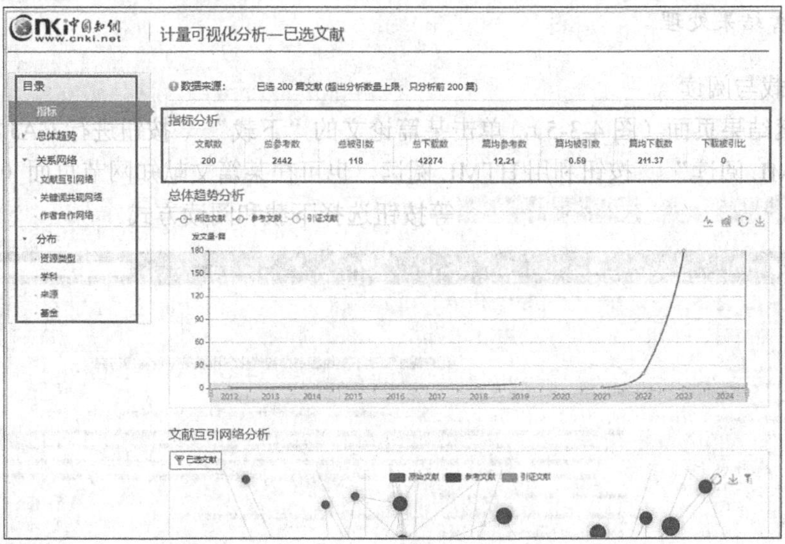

图 4-3-8　已选结果分析

除已选文献外，还会将已选文献的参考文献及引证文献纳入分析范围。将鼠标停放在原始文献节点上，文献节点旁会显示该文献的题名及被引频次，参考文献及引证文献节点仅显示被引频次；在信息提示框中会显示该文献节点的文献信息，包括题名、作者、被引频次、文献来源、出版时间等。双击该节点，在新的窗口中打开该文献的文献知网节。关键词共现网络分析所采用的关键词为中国知网机器标引的关键词。作者合作网络分析的基础是中国知网对文献作者的标引与规范加工的作者数据。

（2）全部检索结果分析。

总体趋势分析：显示逐年的发文量及当前年份的预测值。

分布：主要主题、次要主题、学科、研究层次、文献类型、文献来源等，与检索结果界面左侧内容分布分析基本相同。

比较分析：可单击任意分布中柱状图中的柱形或饼状图中的扇区，添加该项分组数据作为比较项。

【案例 4-3-2】在主要主题中选择“高校图书馆”和“学科服务”，次要主题中选择“学科馆员”，学科选择“图书情报与数字图书馆”，即可得到这四项汇集于一张图表的趋势，如图 4-3-9 所示，通过每年主题出现的频次能够分析主题之间是否存在关联等。

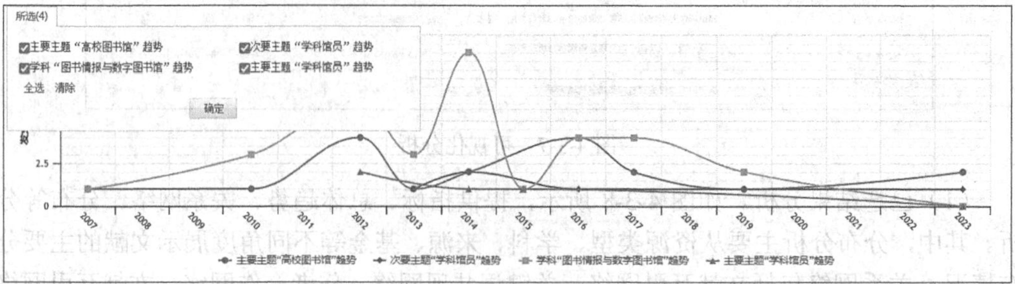

图 4-3-9 比较分析示例

2. 检索结果处理

1）下载与阅读

在检索结果页面（图 4-3-5），单击某篇论文的“下载”按钮进行 CAJ 格式下载，单击“HTML 阅读”按钮利用 HTML 阅读。也可在某篇文献知网节页面（图 4-3-10）单击 手机阅读 HTML阅读 CAJ下载 PDF下载 等按钮选择下载和阅读方式。

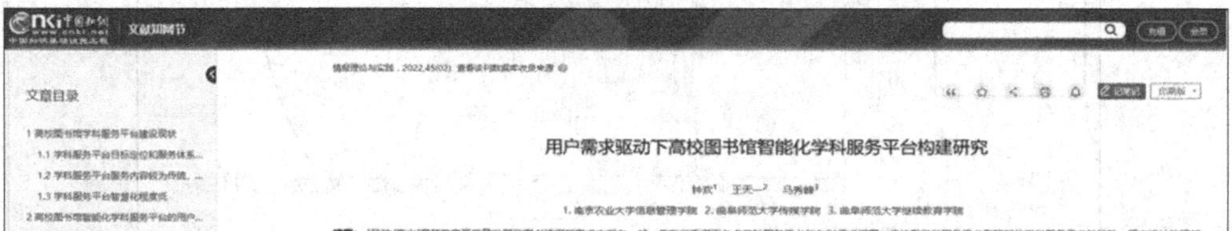

图 4-3-10 文献知网节页面

CAJ 下载：下载 CAJ 格式的原文文件，需使用 CAJViewer 阅读器查看文献。CAJViewer 又称为 CAJ 浏览器或 CAJ 阅读器，是中国期刊网的专用全文格式浏览器，支持中国期刊网的 CAJ、NH、KDH 和 PDF 格式文件。可以在线阅读中国期刊网的原文，也可以阅读下载到本地硬盘的中国期刊网全文。它的打印效果可以达到与原版显示一致的程度。

PDF 下载：下载 PDF 格式的原文文件。用户登录后，可以将 PDF 格式的文献下载到本地。

HTML 阅读：登录后可以在线阅读 HTML 全文，适用于期刊、报纸、会议、辑刊。

手机阅读：用户可以下载全球学术快报 APP 并扫描文献的二维码，可以在移动端打开文献，对文献进行下载、引用和阅读。

2）导出文献

在检索结果页面（图 4-3-5），展开"导出与分析"→"导出文献"菜单，按需求选择文献格式导出、下载或打印文献，如图 4-3-11 所示。

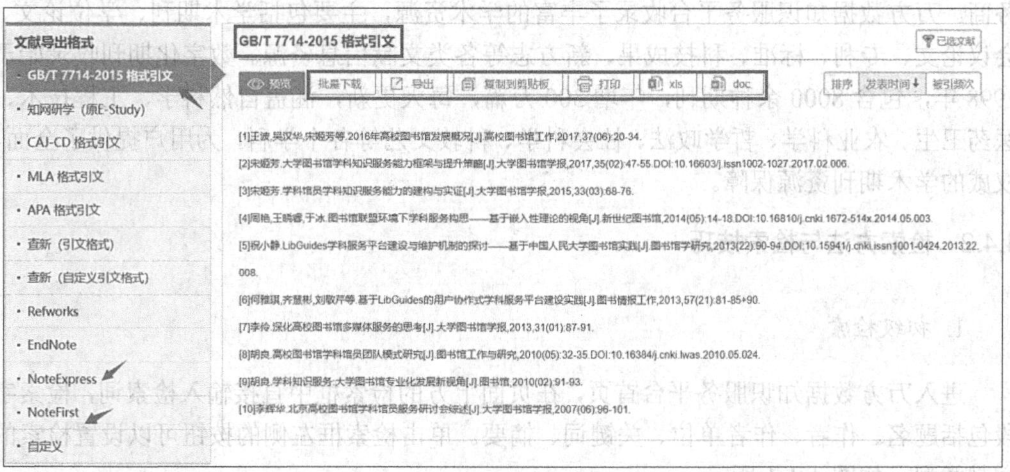

图 4-3-11　导出文献

3）主题网络

在某篇文献知网节页面，通过主题网络提供核心文献推荐，如图 4-3-10 所示。文献主题脉络图以节点文献为中心，图示化节点文献相关主题内容的研究起点、研究来源、研究分支和研究去脉。文献主题脉络图显示节点文献的主题词，最多可以显示 9 个主题词。研究起点是二级参考文献的主题词，研究来源是参考文献的主题词，研究分支是引证文献的主题词，研究去脉是二级引证文献的主题词，均按主题词出现频次由多到少遴选，最多显示 10 条。将鼠标指针移入主题词，可以显示出该主题词来源文献的篇名，单击篇名，跳转到该篇文献的知网节页面。

4）引文网络

在某篇文献知网节页面下方，是该篇文献的引文网络，如图 4-3-10 所示。引文网络部分包括二级参考文献、参考文献、共引文献、同被引文献、引证文献、二级引证文献。各类文献的含义如下。

二级参考文献：是本文参考文献的参考文献，进一步反映本文研究工作的背景和依据。

参考文献：反映本文研究工作的背景和依据。

共引文献：是与本文有相同参考文献的文献，与本文有共同研究背景或依据。

同被引文献：是与本文同时被作为参考文献引用的文献。

引证文献：引用本文的文献，反映本文研究工作的后续、应用、发展或评价。

二级引证文献：是本文引证文献的引证文献，进一步反映本文研究的后续、发展或评价。

4.4 万方数据知识服务平台①

4.4.1 概述

北京万方数据股份有限公司是国内较早以信息服务为核心的股份制高新技术企业，是在互联网领域，集信息资源产品、信息增值服务和信息处理方案于一体的综合信息服务商。万方数据知识服务平台收录了丰富的学术资源，主要包括学术期刊、学位论文、会议论文、专利、标准、科技成果、新方志等各类文献信息资源。数字化期刊收录始于1998 年，包含 8000 余种期刊，年增 300 万篇，每天更新，涵盖自然科学、工程技术、医药卫生、农业科学、哲学政法、社会科学、科教文艺等各个学科，为用户提供了全面、权威的学术期刊资源保障。

4.4.2 检索方法与检索技巧

1. 初级检索

进入万方数据知识服务平台首页，在页面上方的检索框中直接输入检索词，检索字段包括题名、作者、作者单位、关键词、摘要。单击检索框左侧的按钮可以设置检索的文献类型，如图 4-4-1 所示。

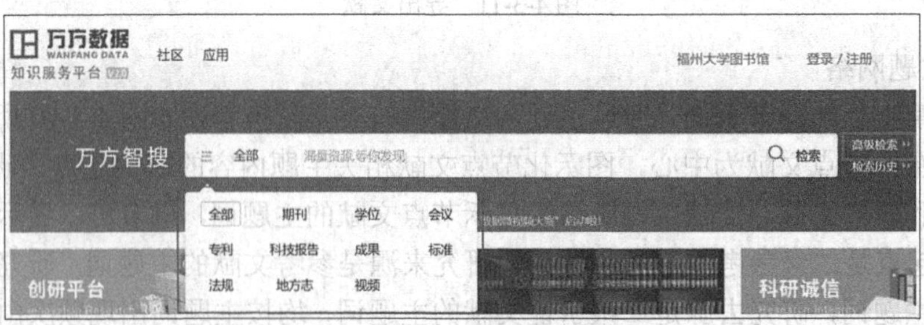

图 4-4-1 万方初级检索界面

2. 高级检索

在万方数据知识服务平台的首页上单击“高级检索”，进入高级检索界面。在高级

① 本节的截图来自万方数据知识服务平台（网址：http://www.wanfangdata.com.cn）。

检索中支持多字段逻辑组合，并可通过选择精确或模糊的匹配方式、检索控制等方法完成较复杂的检索，得到符合需求的检索结果。检索区主要分为两部分，上半部分为检索条件输入区，下半部分为检索控制区，如图 4-4-2 所示。检索区多字段组合检索，按从上到下的顺序依次进行。

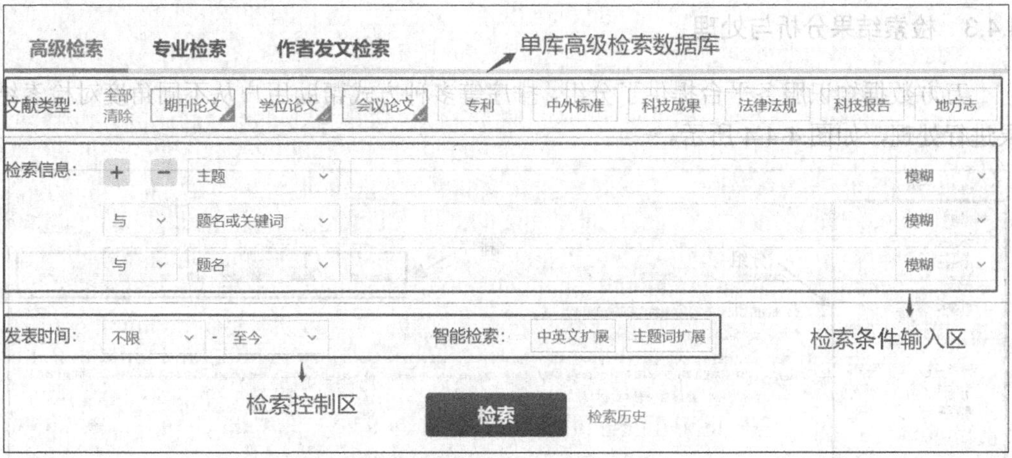

图 4-4-2　万方高级检索界面

【案例 4-4-1】检索 2021—2022 年，中国人民大学发表的有关“学科服务”方面的文献。

检索步骤如下：

① 文献类型选择期刊论文、学位论文和会议论文。

② 主题字段输入检索词“学科服务”。

③ 作者单位字段输入检索词“中国人民大学”。

④ 发表时间选择 2021—2022 年。

检索界面如图 4-4-3 所示。

图 4-4-3　案例 4-4-1 万方高级检索界面

3. 专业检索

专业检索的功能比高级检索更强大，需要检索人员根据系统的检索语法编制检索式进行检索，详见万方的“使用帮助”。

4.4.3 检索结果分析与处理

万方数据知识服务平台提供了分组、排序等多种方式帮助用户从不同角度对检索结果进行处理，如图 4-4-4 所示。

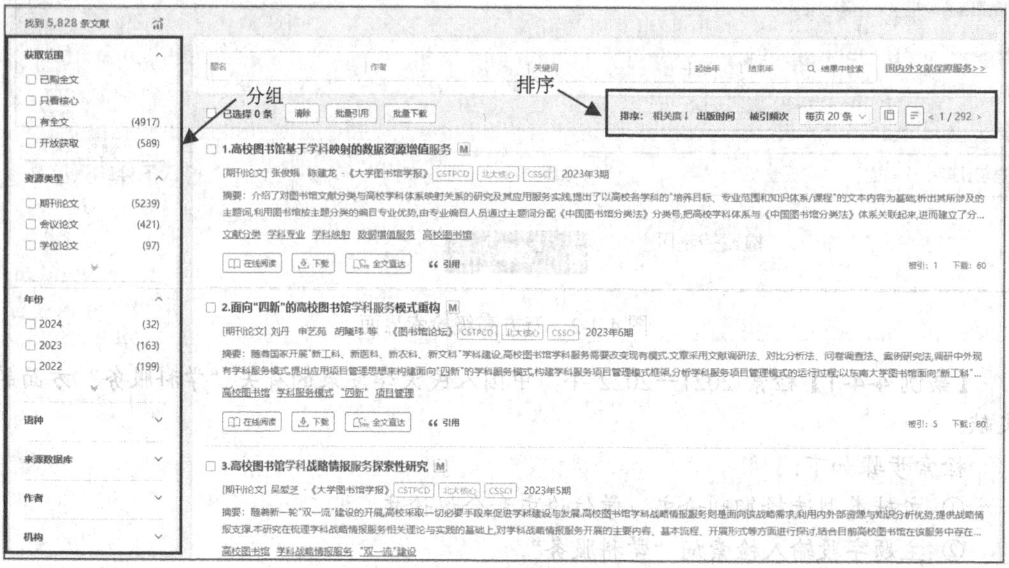

图 4-4-4 万方检索结果界面

1. 分组浏览

分组浏览中提供了资源类型、年份、语种、来源数据库、作者、机构等多个维度揭示检索结果的内容分布。

2. 排序浏览

万方数据知识服务平台共提供三种排序方式：相关度、出版时间和被引频次。相关度排序是万方的默认排序，即在兼顾出版时间的情况下降序排列。除此之外，被引频次排序能够体现文献的质量，但是未必被引量越高，其质量也越高，因为被引量还与刊出时间有关，刊出时间久的文献相对来说被引频次也会高一些。因此通过被引量来进行文献筛选时需要注意年份。

3. 知识脉络分析

利用万方数据知识服务平台提供的知识脉络分析功能，可以对学科服务问题有更深入的了解，如图 4-4-5 所示。学科服务问题的研究在 2017 年达到最高峰，2012—2019

年的研究成果相对稳定。同时，可以看到与“学科服务”相关的热词，如“高校图书馆”“学科馆员”“嵌入式学科服务”等，便于用户进一步检索时增加这些关键词，提高检索的准确性。

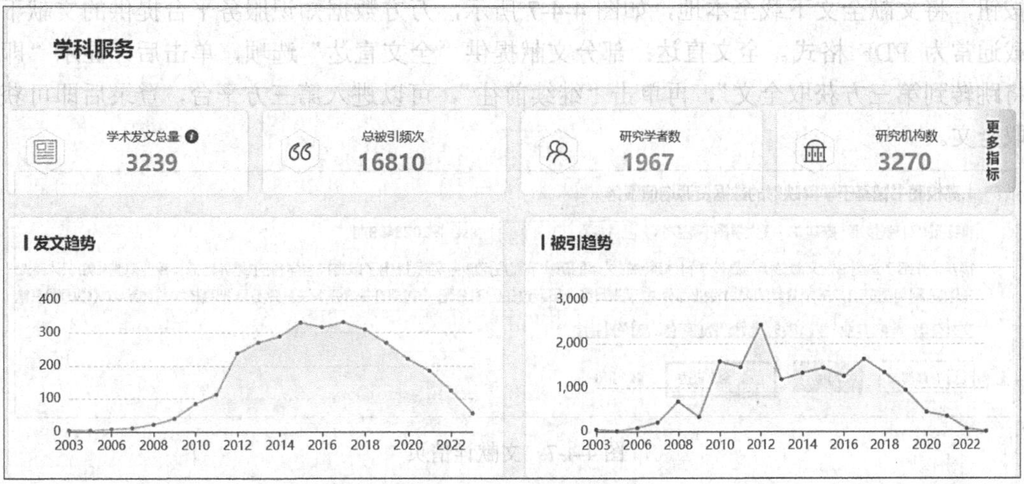

图 4-4-5　知识脉络分析

4. 检索结果显示

用户可以根据自己的需要，选择以“题录显示”或“文摘显示”的方式查看检索结果，如图 4-4-6 所示。在“题录显示”方式下，用户可以查看到每条文献的基本信息，如题名、作者、来源期刊、发表时间等。这种显示方式简洁明了，适合用户快速浏览和筛选结果。

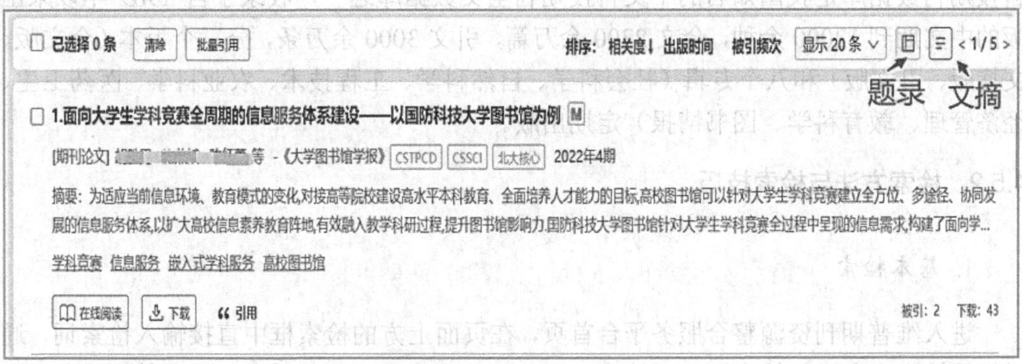

图 4-4-6　检索结果显示

在“文摘显示”方式下，用户可以查看到每条文献的详细摘要信息及关键词、基金资助情况、分类号等内容。这种显示方式更加详细，可以帮助用户更深入地了解文献的研究内容、方法和结论，从而做出更准确的判断和选择。此外，万方数据知识服务平台还支持用户自定义显示字段，用户可以根据自己的需求选择显示的字段内容，使检索结果更加符合个人需求。

5. 全文下载

用户找到自己需要的文献后，进入文献详情页，会看到“下载”按钮，单击“下载”按钮，将文献全文下载至本地，如图 4-4-7 所示，万方数据知识服务平台提供的文献下载通常为 PDF 格式。全文直达：部分文献提供“全文直达”选项，单击后，显示“即将跳转到第三方获取全文”，再单击“继续前往”，可以进入第三方平台，登录后即可获取全文。

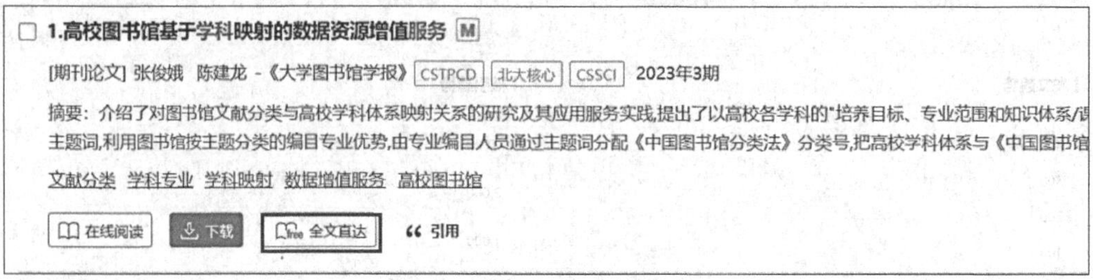

图 4-4-7　文献详情页

4.5　维普期刊资源整合服务平台

4.5.1　概述

维普期刊资源整合服务平台是中文期刊资源一站式服务平台，整合期刊文献检索、文献引证追踪、科学指标分析、高被引析出文献、搜索引擎服务五大模块。旗下的中文科技期刊数据库是我国知名的中文科技期刊全文数据库之一，收录了自 1989 年以来出版的中文期刊 12000 余种，全文 2300 余万篇，引文 3000 余万条，分三个版本（全文版、文摘版、引文版）和八个专辑（社会科学、自然科学、工程技术、农业科学、医药卫生、经济管理、教育科学、图书情报）定期出版。

4.5.2　检索方法与检索技巧

1. 基本检索

进入维普期刊资源整合服务平台首页，在页面上方的检索框中直接输入检索词，通过设置检索字段进行检索即可，检索字段包括任意字段、题名或关键词、摘要、作者、机构、基金资助等字段信息。

2. 高级检索

在维普期刊资源整合服务平台的首页上单击“高级检索”，打开高级检索界面。检索框中可支持“与”（AND/and/*）、“或”（OR/or/+）、“非”（NOT/not/-）三种简单布尔运算；布尔算符 AND、OR、NOT，前后须空一个空格。布尔算符优先级为 NOT>AND>OR，且可通过英文半角()进一步提高优先级。

【案例 4-5-1】检索 2014—2024 年，题名或关键词包含“学科服务”的文献。

检索步骤如下：

① 在检索字段中选择“题名或关键词”，在检索框中输入“学科服务”。

② 单击 同义词扩展+ 按钮，检索词可扩展为“学科服务+subject service（学科化服务）”。

③ 时间范围选择 2014—2024 年，单击“检索”按钮。

3. 检索式检索

检索式检索即专业检索，维普期刊资源整合服务平台的专业检索支持多种逻辑表达式，字段代码和布尔算符检索细则可以通过平台页面上的“查看更多规则”链接获取。

4.5.3　检索结果分析与处理

1. 检索结果分析

在检索结果页面，左边聚类功能支持“年份”“学科”“期刊收录”“主题”“期刊”“作者”“机构”多类别层叠筛选，可根据检索需求选择聚类项提炼检索结果，提高文献的查准率。维普期刊资源整合服务平台提供检索结果的多种排序方式，包括相关度排序、被引量排序及时效性排序。

2. 检索结果处理

维普期刊资源整合服务平台提供五大全文保障方式，包括在线阅读、下载全文、OA 期刊链接、网络资源链接和原文传递。其中部分文献可通过解析取得网络下载地址，根据链接热度排行选择下载，直接跳转至相应网站获取全文。

4.6　经济管理类学术平台

4.6.1　锐思（RESSET）数据库

RESSET 数据库是为以实证研究为导向，参照证券价格研究中心（Center for Research in Security Prices，CRSP）、Compustat 等数据库设计的专业服务大数据平台，主要有金融研究、企业大数据、行业、宏观经济等数据库。

1. 锐思（RESSET）金融研究数据库

1）概述

RESSET 金融研究数据库是一个为模型检验、投资研究等提供专业服务的数据平台。平台主页面分为以下五个区域：①通知与语言切换区，包括通知、语言切换；②导航区，包括数据库系列、有权限数据库列表、数据库表结构；③搜索区，包括一般搜索、高级搜索；④功能区，包括金融学术前沿速递、咨询反馈、相关下载、常见问题、数据定制；⑤信息与公告区，包括用户信息、系统公告、数据库更新日志、新添数据库、用户下载 Top10。

2）数据资源

RESSET 金融研究数据库历史数据完整、涵盖广泛，包括股票、债券、基金、研究报告、融资融券、宏观统计、行业统计、金融统计、外汇、期货、黄金等十一大系列，数据库表超过 3500 个，数据字段近 40000 个，数据覆盖经济、金融统计、会计等学科实证研究所需的高质量数据指标，能够为模型检验、投资研究、实证研究、学科与实验室建设等提供专业数据服务。

RESSET 金融研究数据库除提供翔实的基础数据之外，还提供了大量经过深加工的衍生指标数据，如股票持有期收益、三因子数据、风险因子、波动率、期限结构、估计指标、常用估值指标等。此外，还提供专业合并后的数据指标，方便研究者使用，如股票综合数据、行情与分配库表、债券信息、债券行情等库表。数据库支持包含 Txt、Excel、SAS、SPSS、MATLAB，逗号分隔文本 CSV，Tab 键分隔文本 TXT、HTML 表格、XML 文件格式在内的 9 种下载格式，方便研究者灵活选用。

3）检索方法

检索方法主要有普通查询、代码选择、概念板块三种。首先，单击首页导航区数据库系列，选择有权限数据库（显示已订），在有权限数据库列表中选择数据库，单击数据库表名称或“+”号进一步展开表结构，进入相关表查询结果。

（1）普通查询。选择“查询字段”，即从下拉菜单中选择要查询的字段，如选择“股票代码”，手工输入多个股票代码，多个股票代码之间用空格分开。

查询股票数量较多时，手工输入不方便，可单击“选择文件”按钮，上传一个包括多个股票代码的文本文件。单击“浏览”按钮，添加要导入的文本文件。查询字段选择“最新股票名称”，手工输入股票名称（支持模糊查询）。手工输入多个股票名称，名称中间也应空格。

（2）代码选择。选择“代码选择”，可根据股票的所属地区、交易所标识、股票类型、当前状态、所属行业等信息选择进行组合查询，也可直接输入股票代码或名称。单击“代码列表”按钮，选择股票代码。选择“股票代码”界面，按钮功能表见表 4-6-1。

表 4-6-1 “股票代码”界面按钮功能表

按钮	含义
>=	将左框中的信息全部复制到右框中
>	将左框中选中的一个或多个信息复制到右框中
<	删除右框所有选中信息按钮
<=	删除右框所有信息按钮

注：按住 Shift 键可进行连续多选；按住 Ctrl 键可进行间隔多选。

（3）概念板块。选择“概念板块”，可根据股票的所属领域等信息选择进行查询，也可直接输入代码或名称进行查询。

【案例 4-6-1】检索深圳证券交易所（简称深交所）上市的所有房地产公司于 2010—2020 年年报中披露的公司流动负债情况。

首先，确定查询条件，如“研究期限：2010—2020 年”“深交所上市”“房地产公司”“新会计准则”“合并未调整数据”“年报数据”。

① 选择“股票”数据库。

② 选择“资产负债表”数据表。按照路径：RESSET 股票→财务报表标识子库→财务报表→资产负债表。

③ 阅读数据词典（计算方法）。

④ 设置日期对象和日期范围。

⑤ 利用“上市公司代码_选择”功能，筛选出在深交所上市的所有房地产公司。

⑥ 设置附加查询条件：会计准则、合并标识、调整标识和报表类型。

⑦ 选择输出变量：公司标识、报表信息和流动负债、特殊字段说明类别下的全部字段。

⑧ 选择 Excel 数据格式。

⑨ 单击“下载数据”按钮，浏览查询条件和查询结果（可设置将查询结果链接发送至邮箱，48 小时有效，也可预览查询结果数据）。

⑩ 单击“下载文件到本地”按钮即可完成数据下载。

2. 锐思（RESSET）企业大数据平台

1）工商信息

数据覆盖行业：农、林、牧、交通运输、教育、卫生、制造业、电力、热力、燃气、文化、体育和娱乐业等行业。可按照地域、行业、企业状态、成立日期、注册资本、企业性质等条件自定义查询，也可按照工商、融资记录、企业信用、司法文书、企业资质、知识产权、招标中标、标准等八大类 30 余种条件进行自定义组合筛选查询。

2）企业信用

数据内容：行政许可（工商局）、行政处罚（工商局）、经营异常（工商局）、产品抽查（工商局）、行政许可（信用中国）、行政处罚（信用中国）、经营异常（信用中国）、产品抽查（信用中国）、行政处罚（证监会）、行政处罚（银保监会）、欠税公告、税务处罚、税务评级、采购不良行为、环保重点监控企业、环保处罚、安全生产、严重拖欠农民工工资失信主体、电力领域失信监管企业、电力领域失信关联企业、统计上严重失信企业、金融领域严重失信、金融领域严重失信债务人、金融领域恶意逃废债借款人、金融领域非法集资企业、金融领域其他严重违法企业、部分企业拖欠民营企业中小企业账款典型失信案例、信用能源、限制高消费名单。

3）司法文书

（1）数据内容：法律诉讼、开庭公告、法院公告、失信被执行人、被执行人、破产公告。

（2）覆盖业务范围：包括民事、刑事、行政、赔偿、执行、破产等类别文书数据。

4）知识产权

（1）数据内容：商标、专利、软件著作权、作品著作权、网站备案、图书、微信公众号、APP 等。

（2）覆盖数据范围：国家发布的全部商标信息、专利信息、软件著作权信息、网站互联网内容提供者（internet content provider，ICP）信息、图书信息。

5）招聘

（1）数据内容：招聘工作名称、工作薪酬、工作学历、工作经验、工作标签、职责描述、职位上传时间、公司全称、公司简称、公司行业、公司简介、公司主页、详细公司地点、公司 logo（url）。

（2）覆盖范围：BOSS 直聘、猎聘网、拉勾网、前程无忧、智联招聘的网站招聘信息。

3. 锐思（RESSET）行业数据库

RESSET 行业数据库覆盖三大产业 19 个大类共计 1400 多个细分行业，数据来源包括国家统计局、地方统计局、海关总署、文化和旅游部、国家发展和改革委员会（简称发改委）、农业农村部、交通运输部等部门，内容涉及钢铁、煤炭、农林牧渔、有色金属、交通运输设备、食品饮料、家用电器、公用事业、TMT（科技、媒体和通信）、医药生物、餐饮旅游、交通运输等领域，每项指标数据以月度为采集单位。

4. 锐思（RESSET）宏观经济数据库

RESSET 宏观经济数据库是宏观数据资源平台，内容涵盖经济、投资、人口、就业等多个领域，数据内容涵盖国民经济核算、人口、就业人员和职工工资、固定资产投资、贸易、能源、财政、利率、价格指数、经济景气指数、人民生活、城市概况、行政区划与环境、农业、工业、建筑业、房地产开发投资、运输与邮电、批发和零售业、住宿和餐饮业、旅游业、金融、证券和保险、教育、科技、文化和体育、卫生和其他社会服务等系列。

4.6.2 中国经济金融研究（CSMAR）数据库

1. 概述

CSMAR 数据库是深圳希施玛数据科技有限公司从学术研究需求出发，借鉴 CRSP、Compustat、TAQ、Thomson 等权威数据库专业标准，并结合中国实际国情开发的经济金融领域的研究型精准数据库。服务对象主要是以研究和量化投资分析为目的的学术高校和金融机构。数据库分为股票、公司、经济、衍生、债券、基金、行业等资讯系列数据库，涵盖宏观、行业、期货、外汇、中国证券等经济金融主要领域，是投资和实证研究的基础工具。

2. 数据资源

CSMAR 数据库涵盖因子研究、人物特征、绿色经济、股票、公司、海外、资讯、基金、债券、行业、经济、商品期货等十八大系列，包含 170 余个数据库、4000 余张表、5 万余个字段。

1）检索方法

网站首页有 CSMAR 最新滚动资讯、功能模块介绍、产品动态和现有客户四个模块，其中功能模块包括 Python 数据接口、跨表查询、单表查询。跨表查询模块可实现在 CSMAR 不同数据表中指标的自由组合，内容主要涉及股票市场和公司研究等研究系列。

（1）关键字搜索。在搜索框中输入关键字，搜索框下显示包含关键字的相关字段、数据表、数据库信息，单击“搜索”按钮，即可展示包含此关键字的数据库/表/字段名称/字段内容。

（2）高级检索。用户可自定义系列名称、数据库名称、数据表频率（日、周、月、季、年）及搜索关键词，以更高效地搜索数据内容。

2）检索结果处理

在进行数据查询时可以设置时间、代码、字段、条件筛选等。CSMAR 数据库支持中英双语，并有专业的财经翻译，支持 Excel、DBF、TXT 等多种格式输出，可以提供 SAS、SPSS 等统计软件直接调用服务，具有强大的统一查询、分析和导出系统。

数据库网址：https://data.csmar.com/。

4.6.3　同花顺金融数据终端

同花顺，旨在为银行、期货公司、证券公司、投资公司、基金公司、高校、媒体、政府部门及监管机构等机构投资者提供高度集成的股票、债券、期货、基金、宏观行业、新闻研报、产权交易、行情、分析工具等综合性金融服务。它包含宏观经济、行业经济、海外经济、公司经营、金融商品、估值定价工具、数据运用工具等内容，可为审计、资产评估、资信评级等中介机构提供全面、准确的数据资源及专业、完善的动态情报。

证券模块中，用户可进行股票范围选择，既可以选择个股，也可以根据行业板块选择多只股票，可选指标有 3000 余项，并可查看部分指标的详细释义。用户可实时了解股票市场公布的信息，及时跟踪新股上市的日程表及券商的新股定价预测。

期货模块中，通过期货专题统计报表可查看期货现货比价，查询行情、权重、持仓排名等信息。

债券模块中，利率走势收录了债券市场收益率曲线、货币市场利率、债券发行利率和其他利率等内容，并可根据不同年限和不同品种进行比较分析。

指数研究模块中，指数行情提供沪深股市主要指数的实时行情，包括上证综指、深证成指、中小板、沪深 300、上证 50 等。

研究报告模块按照证券种类、报告类型分类，可以跟踪行业新闻，根据行业分类浏览报告。报告来源丰富，有 300 多家机构，包括中金、申万等，同时提供港股研究报告、海外市场报告、英文研究报告。

数据库网址：www.51ifind.com/。

4.6.4 中经网统计数据库

中经网统计数据库是国家信息中心中经网凭借与国家发展和改革委员会、国家经济贸易委员会、国家统计局、海关总署、财政部等行业主管部门及其他政府部门的良好合作，经过长期数据累积并依托自身技术、资源优势，通过专业化加工处理组织而成的一个综合、有序的庞大经济统计数据库群，是一个面向社会各界用户提供全面、权威、及时、准确的经济类统计数据信息的基础资料库。

中经网统计数据库包括分省宏观月度库、分省宏观年度等 9 个大库。内容涵盖宏观经济、行业经济、区域经济、世界经济等多个领域，数据量超过 3100 万，是科研工作者常用的数据库之一。

数据库网址：https://ceidata.cei.cn/。

4.6.5 国务院发展研究中心信息网

国务院发展研究中心信息网（简称国研网）提供的数据库有宏观经济数据库、对外贸易数据库、产品产量数据库、工业统计数据库、金融统计数据库、价格统计数据库、人口与就业数据库、财政与税收数据库、居民生活数据库、国有资产管理数据库、教育统计数据库、固定资产投资数据库、区域经济数据库、重点行业数据库、世界经济数据库、企业排行榜、最新数据、每日财经。

国研网已建成内容丰富、检索便捷、功能齐全的大型经济信息数据库集群，包括《国研报告》《宏观经济》《世界经济与金融评论》《金融中国》《行业经济》《对外贸易》《国研财经》《区域经济》《企业胜经》《高校管理决策参考》《基础教育》等，是政府、企业、金融机构、高等院校等社会各界在经济研究、投资决策过程中的重要辅助工具。

数据库网址：http://data.drcnet.com.cn/。

4.6.6 全球案例发现系统

工商管理专业类数据库：提供工商管理专业的标准案例和教学指导、工商管理方面的案例素材及全球案例研究机构的案例资料搜索链接。案例均按照哈佛标准案例模式研发，并得到清华大学经济管理学院的正式授权。

公共管理专业类数据库：提供公共管理专业标准案例和教学指导、公共管理领域的典型性事件及全球案例研究机构的案例资料搜索链接。案例均为清华大学中国公共管理案例中心专业人员在实地调研的基础上研发，具有时效性、典型性和冲突性。

数据库网址：http://www.htcases.com.cn/。

4.6.7 中国经济社会大数据研究平台

中国经济社会大数据研究平台是一个集统计数据资源整合、多维度统计指标快捷检索、数据深度挖掘分析及决策支持研究等功能于一体的汇集中国国民经济与社会发展统计数据的大型统计资料数据库。

数据库网址：http://data.cnki.net/。

4.6.8 “思想界”开放获取资源平台

“思想界”开放获取资源平台负责对世界各地不同介质、不同类别的开放学术资源的二次文献加工。该资源平台汇集全球 120 个国家和地区权威学术机构（智库、高校、社会组织）的 3 万余种学术出版品，包含 24 个大类全部学科领域 70 种语言的 2000 万余篇开放获取论文，每年新增 300 万篇。

数据库网址：http://www.alloa.cn/login.jsp。

4.6.9 HBN 环球财经数据库

HBN 环球财经数据库涵盖世界 170 多个国家的金融、财政、人口、人民生活、工业、国民经济核算、社会消费品零售总额、固定资产投资、对外经济贸易、价格指数、发电量、证券和保险、国际收支、国际储备、经济景气指数、采购经理指数（PMI）等 16 个大类别数据。数据源自 WDI、IMF、WTO、中国国家统计局、中国商务部、中国海关总署、美国国家统计局、欧盟统计局等权威机构。

数据库网址：http://data.harborn.cn/login。

4.6.10 Choice 金融终端

Choice 金融终端是一款面向各类金融投资机构、研究机构和学术机构等不同类型机构用户的互联网大数据金融超级终端。终端内容涵盖股票、基金、债券、固收、商品、外汇和宏观行业等领域，7×24 小时实时推送各类公告、资讯数据和研究报告。

数据库网址：https://choice.eastmoney.com/。

4.6.11 Wind 资讯经济数据终端

Wind 资讯经济数据终端数据库覆盖市场种类、证券种类、历史数据跨度、统计指标数量、前端产品数量等。该终端含有中国上海证券交易所（简称上交所）、深交所、香港交易所（简称港交所）、德国证券交易所（简称交易中心）、中国金融期货交易所（简称中金所）、上海期货交易所、大连商品交易所、郑州商品交易所、上海黄金交易所、东北亚贵金属交易所（简称东交所）、LSE、NYSE、NASDAQ、LME、ICE、CME、SGX、TOCOM、HKEX、Eurex 即时行情，AMEX、ARCA 延时行情。

数据库网址：https://www.wind.com.cn/。

4.7 法律类学术平台

4.7.1 北大法宝数据库

北大法宝数据库是由北大英华公司和北京大学法制信息中心共同开发和维护的法

律数据库产品，目前提供法律法规、法学期刊、律所实务、司法案例、英文译本、专题参考、法宝视频等检索系统，并且提供基础检索和高级检索等检索方式。北大法宝数据库主要有八个子库：法律法规检索系统、司法案例检索系统、法学期刊检索系统、法律信息检索系统英文版、法宝视频、律所实务库、专题参考库、法考系统。

4.7.2 法信数据库

法信数据库是由最高人民法院立项、人民法院出版集团建设运营的国家级法律知识服务和案例大数据融合平台。该平台共有 16 个一级库，总文献数达 1.24 亿篇，总字数达 1600 亿字，提供法律文件库、法律观点库、裁判规则库、法条释义库、法律图书库、类案检索库、法学期刊库、法律文书库、高法公报库、国家标准库、知识产权库、民法典专库、刑法专库、天同码专库、海事司法案例库、疫情防控法律数据库等。

4.7.3 HeinOnline 法律数据库

HeinOnline 法律数据库是由 W. S. HEIN 公司开发的美国著名的法律全文数据库。该公司在法律原刊出版、法律经典和不再版的美国政府出版局文件的重印等方面享有盛名。HeinOnline 法律数据库作为全球最大、收录最全的基于 PDF 格式的全文法学文献数据库，收录的文献涵盖近 100 个国家和地区，收录全球几乎所有核心法学期刊，其中全球排名前 500 的核心法学期刊均被 HeinOnline 收录，且都可以回溯到创刊号。HeinOnline 法律数据库支持全文检索、关键词检索、引证号检索、期刊名称检索等多种检索方式，支持布尔算符检索。

该数据库首选 PDF 图像格式来原汁原味地展现所收录的文献资料，并实现了 PDF 图像格式和文本格式的一键式轻松转换。由于其独特的表现形式和简单明了的检索方法，该数据库曾获得国际法律图书馆协会（IALL）、美国法律图书馆协会（AALL）等颁发的多个奖项。

4.7.4 Lexis®全球法律数据库

LexisNexis 律商联讯是全球最大的法律信息服务提供商，与爱思唯尔（Elsevier）一同隶属于励讯集团（RELX Group）。Lexis®全球法律数据库为法学院师生、法律专业研究人员和律师提供了全球 160 多个国家和地区的法律原始文献资料和法律二次文献资料。在该数据库中可以检索到全部法律法规和判例的国家和地区有美国、加拿大、英国、苏格兰、爱尔兰、中国香港、马来西亚、印度、澳大利亚、新西兰及欧盟。

第 5 章　外文学术信息资源

学习目标

知识：熟悉 WOS（Web of Science）检索平台，了解其资源收录类型及特点，掌握基本检索、高级检索等常用检索方法及检索规则，熟悉引文分析功能；掌握工程索引（EI）检索平台、SciFinder 检索平台，了解其资源收录类型及特点，掌握其常用检索方法及检索规则；掌握 Elsevier（SD）、Wiley 等全文检索平台的资源特点与基本检索方法；掌握 IEL、ACM 等学会检索平台的特点与基本检索方法。

技能：能根据 WOS 平台的检索规则使用不同方法查找相关文献，能用引文分析功能分析检索结果，甄选相关文献信息；能使用 EI、SciFinder 等平台查找相关文献信息，掌握不同的检索方法，掌握检索结果分析方法；掌握全文性检索平台的检索特点，能使用恰当的检索方法获取原始文献。

5.1 Web of Science 平台

5.1.1　概述

1. 背景

WOS 平台的发展历程可追溯到 1955 年，当时加菲尔德博士在 *Science* 上发表文章，首次提出将引文索引应用于科研检索。随后，他创建了美国科技信息研究所（Institute for Scientific Information，ISI）。1963 年，ISI 创办了科学引文索引（Science Citation Index，SCI），之后又陆续创办了社会科学引文索引（Social Sciences Citation Index，SSCI）和艺术与人文引文索引（Arts & Humanities Citation Index，AHCI）等。1997 年，结合新兴的互联网技术，三大引文索引推出了网络版，即著名的 Web of Knowledge。2014 年 1 月 12 日，原 Web of Knowledge 平台更名为 Web of Science，进一步突出了其在科研文献检索领域的核心地位。

WOS 收录了全球范围内的高质量学术期刊、会议论文、书籍、专利等各类学术资源。这些资源内容经过严格的质量审核和评估，保证了其中每一篇文章的可信度和学术价值。

2. 收录资源

WOS 平台收录的资源中最重要的就是核心合集，核心合集包括以下几个数据库。

（1）三个期刊引文数据库。

SCI：涵盖了自1900年以来的科学领域的期刊论文，包括基础科学、工程技术、医学等学科。SCI被广泛认可为学术研究的重要指标之一，通过其引用数据可以评估一篇论文的影响力和相关性。

SSCI：涵盖了社会科学领域的期刊论文，包括社会学、经济学、政治学、心理学等学科。

AHCI：专门针对人文艺术领域的文献引文数据库，涉及语言、文学、历史、艺术、哲学等28个学科。

（2）两个会议论文引文数据库。会议论文集引文索引-科学（Conference Proceedings Citation Index-Science，CPCI-S），会议论文集引文索引-社会科学与人文（Conference Proceedings Citation Index-Social Science & Humanities，CPCI-SSH）。

（3）两个化学数据库。Current Chemical Reactions收录了来自期刊和专利文献阐述的一步或多步新合成方法，Index Chemicus收录世界上有影响的期刊报道的新颖有机化合物，两个化学数据库可以用结构式、化合物和反应的详情及书目信息进行检索。

（4）新兴资源引文索引（Emerging Sources Citation Index，ESCI）。收录数千种尚处于严格评审过程、后期可能进入上述三个期刊引文数据库的期刊，关注重点为一些区域的重要期刊、新兴研究领域及交叉学科期刊，是上述三个期刊引文数据库的有益补充。

除核心合集外，WOS平台还收录了其他多个数据库，如中国科学引文数据库（Chinese Science Citation Database，CSCD）、德温特世界专利索引（Derwent Innovations Index，DII）、KCI韩国期刊数据库（KCI-Korean Journal Database）、MEDLINE、俄罗斯科学引文索引（Russian Science Citation Index）和SciELO引文索引（SciELO Citation Index）等。这些数据库涵盖了各学科领域的高质量学术资源，为用户提供了全面的学术文献检索和引文分析服务。

3. 重要特点

WOS平台覆盖了多个学科领域，包括自然科学、社会科学、人文科学等，满足不同学科领域用户的需求。WOS的主要优势在于只收录高质量的学术文献，所有文献都经过严格的审稿和评估，能为用户提供可靠的学术信息资源。WOS平台数据更新快，可以及时收录最新的文献，为用户提供最新的学术信息。

从检索方面看，用户可以通过关键词、作者、出版日期等信息进行文献检索，快速定位所需资源；同时提供引文分析、文献计量分析等功能，帮助用户深入了解文献的影响力和价值。用户可以通过查看文献的引证情况，了解该文献在学术界的影响和引用频率。此外，除了基本的文献检索和下载，WOS还提供文献管理软件、在线笔记、引用导出等实用工具，方便用户进行学术研究和论文撰写。

4. 引文索引对科研的意义

引文索引对科研的意义主要体现在以下几个方面。

（1）评估学术研究质量。引文索引提供了一个客观的评价体系，通过统计论文的引用次数和影响因子等指标，可以评估学术研究的质量和影响力。这对科研人员来说是非常重要的，因为它可以帮助科研人员了解自己的工作在学术界的影响力和地位。

（2）指导研究方向。通过引文索引，科研人员可以了解当前研究的热点和趋势，从而指导自己的研究方向。这有助于他们选择具有潜力和前景的研究领域，提高研究效率和成果质量。

（3）促进学术交流。引文索引促进了学术交流和合作。通过引用他人的研究成果，科研人员可以建立学术联系和合作网络，推动学术进步和发展。

5.1.2　检索方法与检索技巧

访问 WOS 平台时，机构用户应先登录代理服务器，再进入 WOS 的官方网站。个人用户则须注册登录后使用。

在 WOS 主页上用户可选择使用自己熟悉的显示语言。数据库范围一般选择核心合集，保证检索式在引文数据库中可检索。核心合集与所有数据库相比，检索界面上多了“化学结构”的检索功能。

1）WOS 基本检索规则

WOS 平台的检索规则较多，具体可参考相关页面提示及帮助信息。表 5-1-1 中列出了 WOS 平台基本的检索规则。

表 5-1-1　WOS 平台基本的检索规则

运算符	作用	检索式	检索结果
" " 短语检索	精确检索短语	精确检索"stem cell"	stem cell
* 通配符	代表≥0 个字符	gene*	gene、genetics、generation 等
? 通配符	代表 1 个字符	wom?n	women、woman 等
$ 通配符	代表 0 或 1 个字符	colo$r	color、colour 等
Near/*x* 位置算符	代表两个词之间的词语数量≤*x*	pollution Near/3 control	pollution control、pollution in control、pollution in the control、pollution in the entire control 等
	使用 Near 的默认值是 15	pollution Near control	
SAME	可保证两个词在同一个地址字段中，前后顺序不限	Yale SAME hosp	Yale hospital、hospital 1 of Yale University 等

说明：表 5-1-1 中有关布尔算符的检索规则略去。

2）检索方法及检索技巧

WOS 平台提供的检索方法有基本检索、高级检索、被引参考文献检索、作者（研究人员）检索等。

（1）基本检索。WOS 的基本检索支持多字段的复合检索，可供选择的字段包括主题、标题、作者、出版物/来源出版物、出版年、摘要、地址等。可通过单击“添加行”按钮增加检索框，运算顺序从上到下依次运行。检索框支持输入单个检索词或检索式。

主题字段表示检索结果可出现在篇名、关键词或摘要字段。

【案例 5-1-1】查找 2020 年以来有关“赤潮研究（red tide research）”的文献，检索步骤如下。

做完课题分析后，找到检索词，确定检索式。

标题：(red tide or harm* alga* bloom)，或者主题：(red near/0 tide or harm* near/5 alga* near/5 bloom)

① 进入 WOS，选择“核心合集”。

② 单击“添加行”按钮，增加检索字段。

③ 选择检索字段，在“标题”检索框中输入“red tide or harm* alga* bloom”，在“主题”检索框中输入“red near/0 tide or harm* near/5 alga* near/5 bloom”，两个字段的布尔算符选择 OR。

④ 选择时间范围：2020-1-1 到 2024-12-31。

单击“检索”按钮即可。

说明：基本检索界面上的不同输入框的检索顺序为由上至下。

（2）高级检索。高级检索，仅支持输入检索表达式，检索字段须注意使用字段代码，代码见表 5-1-2。

表 5-1-2 WOS 平台主要检索字段代码

代码	检索字段	代码	检索字段	代码	检索字段
TS	主题	AD	地址	SU	研究方向
TI	标题	OG	[所属机构]	WC	Web of Science 类别
AB	摘要	OO	组织	IS	ISSN/ISBN
AU	[作者]	SG	下属组织	UT	入藏号
AI	作者标识符	SA	街道地址	PMID	PubMed ID
AK	作者关键词	CI	城市	DOP	出版日期
GP	[团体作者]	PS	省/州	LD	索引日期
ED	编者	CU	国家/地区	SDG	可持续发展目标
KP	Keyword Plus ®	ZP	邮编（邮政编码）	ALL	所有字段
SO	[出版物标题]	FO	基金资助机构	FPY	最终出版年
DO	DOI	FG	授权号	EAY	Early Access Year
PY	出版年	FD	基金资助详情	PUBL	出版商
CF	会议	FT	基金资助信息		

案例 5-1-1 中，若使用高级检索，其检索式为 TI=(red tide or harm* alga* bloom)OR TS=(red near/0 tide or harm* near/5 alga* near/5 bloom)。

用户可使用高级检索界面中的“检索式预览”功能构建基本检索式，通过单击“添加到检索式”按钮，选择布尔算符，构建出复杂的检索式。“检索帮助”提供了完整的检索规则供用户查阅学习。

（3）被引参考文献检索。被引参考文献检索可用于查找引用个人著作的文献，属于 WOS 平台较为突出的特点。通过这一检索方法，可了解相关研究成果的后续发展。当不了解关键词或难以限定关键词时，也可以以一篇被引文章名、作者、期刊名等作为检索词，进行被引参考文献检索，获得更多的相关信息。

例如，查找文献 Harmful algal blooms and eutrophication: Nutrient sources, composition, and consequences 被引用的情况，其检索方法与基本检索相同，可选择检索字段“被引标题”后在检索框中输入上述标题。

（4）作者（研究人员）检索。这一检索方法能帮助用户迅速定位需要关注的科研人员，通过检索结果了解其研究领域、研究团队、研究成果等信息。以下示例中需要查找的作者为“饶绪黎”，根据平台规则，可使用姓氏全称、名字和中间名首字母或全称方式进行查找，如 Rao xl、Rao xuli 或者 Rao xu li。

在实际检索中为避免漏检或误检，可结合作者的工作单位及研究领域精准定位。

5.1.3 检索结果分析与处理

检索结果页面将展示检索结果的题录信息，同时提供有检索结果的精练检索，检索结果的分组过滤、排序、分析、引文报告，以及检索结果的导出等功能。

1. 检索结果的分析（分组、排序、可视化）

对于检索结果，WOS 提供了多种方式帮助用户改进检索策略、选择更有价值的检索结果。主要方式有以下几种。

1）二次检索

可在“精练检索结果”下方的检索框中输入检索词，实现在检索结果中的再检索。

2）快速过滤

WOS 平台从时间、分类、机构、著者等角度对检索结果进行分组过滤。“快速过滤”栏目将常用的过滤方式做了集中展示。

其中，高被引论文（highly cited papers）、热点论文（hot papers）是检索结果中最具价值的论文。基本科学指标数据库（Essential Science Indicators，ESI）对全球所有高校及科研机构的 SCI、SSCI 库中近 10 年的论文数据进行统计，按被引频次的高低确定衡量研究绩效的阈值。高被引论文是指在过去 10 年内被引用次数位于该学科世界前 1%的论文，是国内外公认的具有较高影响力的高水平研究成果。热点论文是指近两年内发表的且在近两个月内被引用次数排在相应学科领域世界前 0.1%以内的论文。如果在某学科，一所机构的被引用次数位于全球所有机构的前 1%，则称该机构的该学科为全球前 1%学科。

“综述论文”功能通过自动或人工标引方式列出检索结果中的综述型论文，方便用户了解相关领域的研究进展。

“被引参考文献深度分析”罗列了参考文献在论文中的具体分布及参考文献的参考文献，方便用户根据需要追溯参考。

3）分组聚类

除了“快速过滤”功能外，用户也可以根据不同需求，选择不同的分组浏览方式。以下是几个主要的分组及其在检索结果筛选中的作用。

按作者/研究机构分组：用户可以根据作者的姓名或研究机构对检索结果进行分组。

这将帮助用户快速识别某一作者或研究机构发表的相关文献，由此可确定相关领域的主要研究学者、研究机构及他们之间的合作关系。

按出版年份分组：用户可以根据文献的出版年份对检索结果进行分组。这将帮助用户了解某一领域的研究发展趋势，以及各年度的主要研究成果和贡献。

按文献类型分组：用户可以根据文献的类型（如期刊论文、会议论文、科技报告等）对检索结果进行分组。这有助于用户快速筛选出符合自己需求的文献类型，以便进行更深入的研究。

按研究领域分组：WOS 平台提供了广泛的研究领域分类，用户可以根据这些分类对检索结果进行分组。由此，用户可以了解某一领域的主要研究成果和研究热点，以及不同领域之间的联系和交叉。

4）排序

在排序功能上，WOS 平台同样较全面地考虑了用户的需求，用户可以按照相关度、出版时间、被引频次、作者、期刊、使用次数、引文类别等指标进行排列。

相关度（relevance）排序：这是 WOS 平台的默认排序方式。系统会根据论文内容与检索关键词的相关度进行排序，将最相关的论文排在前面，以便用户快速找到与关键词最匹配的文献。

出版时间（publication date）排序：用户可以选择按照论文的出版时间进行排序。升序，最新的论文会排在前面，用户可以及时了解最新的研究进展和动态；降序，最早的论文会排在前面，用户可以及时了解相关领域的研究历史、发展过程。

被引频次（times cited）排序：根据论文被引用的次数进行排序，被引用次数越多的论文通常被认为具有更高的学术价值和影响力。这种排序方式可以帮助用户找到本领域的经典文献和重要研究成果。

作者（author）排序：用户可以选择按照作者姓名进行排序，以便浏览和分析同一作者发表的多篇文献。这有助于用户了解某一作者的研究方向、贡献和影响力。

期刊（journal）排序：按照论文发表的期刊进行排序，用户可以快速找到发表在特定期刊上的文献。这对于需要了解某一期刊上发表的研究成果或分析期刊影响力的用户非常有用。

使用次数排序：是指用户对论文全文链接进行访问或对记录进行保存的次数。WOS 平台捕捉用户尝试获取全文的各种操作，包括将论文保存到“尾注”（EndNote）（包括 EndNote online 和 EndNote desktop）操作。使用次数包括“发表时间的使用次数”和“近 180 天的使用次数”。这一指标能反映用户对相关领域的研究兴趣，尤其近 180 天使用次数的评估更能够体现当前相关领域的研究热点。

引文类别排序：是 WOS 平台新推出的排序功能，是对参考文献的深度分析，分别从背景、基础、支持、差异、讨论五个角度排序，方便用户根据自身需求了解不同研究论文的使用价值。

5）可视化分析

可视化分析所选择的指标与分组类似，但通过图表形式可以更直观地显示检索结果。例如，利用 WOS 平台学科类别分析，可以直观地发现检索结果与哪些研究领域相关；发表年份分析选择树状图，便于观察该领域的研究趋势。

总的来说，WOS 平台大致从相关性、新颖性、权威性、关注度、全面性几个方面对检索结果进行过滤，以帮助用户选择更有价值、更符合检索需求的文献。

6）引文分析与引文报告

引文分析是 WOS 平台的特色与优势，借助引文分析功能，可以全面了解与检索结果相关的其他文献，包括施引文献（研究基础）、引证文献（后续研究发展）被引频次等。对于用户扩展检索结果、发现其他相关文献、了解相关领域的核心文献都有一定的帮助。

2. 详细结果浏览

单击文献标题，可查看该文献的题录、摘要信息及其引文网络信息。通过“出版商处的全文”获取相关全文的链接，通过“导出”可导出相关文献的文献线索。通过引文网络，可查看该文献的参考文献、被引频次及相关文献。

被引频次不仅揭示了论文发表后的影响力和后续发展轨迹，还可了解该研究领域的最新动态与前沿进展，同时反映出该论文对后续科研工作的深刻影响。深入剖析参考文献，可以回溯研究历史，探寻论文的研究基础与课题的源头。这些相关记录，可拓宽研究视野，助力用户挖掘更多相关文献。此外，引文跟踪服务便于持续关注该论文的未来被引用情况，把握其学术价值的动态变化。通过便捷的链接选项，可以直接下载论文全文（须具备相应期刊的访问权限），同时轻松获取该论文在本机构或其他图书馆的收藏信息。

3. 检索结果导出与全文下载

检索结果处理功能涵盖了添加到收藏夹、文献线索信息导出及全文获取等操作。

用户可根据实际需求，选择不同形式的检索结果导出方式，这些方式包括直接导入至专业的文献管理软件，如 EndNote 等。WOS 平台提供了多元化的导出选项，如 RIS 格式，这种格式能够与众多参考文献管理软件（如 EndNote、Mendeley、Zotero 等）无缝兼容，极大提升了文献管理的灵活性与便捷性。

在导出功能上，用户还可以根据自身需要，自定义导出的字段信息，以满足不同的文献管理需求。新版 WOS 平台大幅提升了导出的数量限制，允许用户一次性导出 1000 条记录。

在全文获取上，WOS 平台提供了文献原文平台的相关链接。能否成功获取原文，依赖于用户及用户所在机构是否已购买相关文献的访问权限。如果该文献属于开放获取（OA）资源，则用户可直接单击链接进行获取，无须额外权限。

5.1.4　WOS 平台的其他功能

1. 检索历史

此功能允许用户保存之前的检索历程，方便以后快速回顾或继续之前的搜索。用户可以打开保存的检索历史，根据需要再次运行检索式，以获取最新的搜索结果。也可以对检索历史进行组合检索。这一功能特别适用于需要多次迭代搜索或跨时间段追踪文献的情况。

2. 跟踪服务

WOS 平台提供的跟踪服务有三种：定题跟踪、检索式跟踪、引文跟踪。

定题跟踪：用户可创建个性化的主题检索跟踪，一旦数据库中新增与选定主题相关的文献，WOS 平台会立即通知用户。这样，用户可以始终跟踪特定主题或研究领域的重要进展。

检索式跟踪：用户还可以根据自己的研究需求，定制独特的检索策略，包括关键词、字段、出版日期等。这样，当数据库中出现符合这些条件的新文献时，WOS 平台会及时向用户推送，确保用户第一时间掌握最新的学术动态。

引文跟踪：用户不仅可以了解自己发表的论文被引用的最新情况，还能关注自己感兴趣的其他论文的引用动态。这一功能有助于用户更好地了解研究的影响力和学术地位。

5.2 工程索引（EI）平台

5.2.1 概述

工程索引（Engineering Index，EI），是美国工程信息公司（Engineering Information Inc.）开发的著名工程技术类综合性检索工具。该公司创立于 1884 年，是世界上最大的工程信息提供者之一，早期出版印刷版、微缩版等信息产品，1969 年开始提供 EI Compendex 数据库服务。Compendex 是由 Computerized（计算机化）、Engineering（工程）、index（索引）三个单词各取一部分组成的单词。

1995 年该公司开发了被称为 Village 的系列产品，2000 年推出 Engineering Village 2（简称 EV2）。EV2 是以 Compendex 等数据库为信息源的网络统一检索平台，可检索美国工程索引、美国专利等信息资源。Compendex 是工程索引的核心资源。该数据库收录了来自 87 个国家的 190 个工程学科的 5000 余种学术期刊，包含的跨学科学术文献和技术文献范围广泛，时间跨度从历史研究到最新前沿发现，内容由期刊、会议记录、论文、标准、书籍和最近的预印本组成，来源于世界各地数千家出版商，包括 IEEE（Institute of Electrical and Electronics Engineers，电气电子工程师学会）、ASME（American Society of Mechanical Engineers，美国机械工程师学会）、SAE（美国汽车工程师学会）和 ACM（美国计算机学会）等主要工程学会。EI Compendex 收录的文献涵盖了所有的工程领域，其中大约 22%为会议文献，90%的文献语种是英文。EI 公司在 1992 年开始收录中国期刊。1998 年 EI 在清华大学图书馆建立了 EI 中国镜像站。

5.2.2　检索方法与检索技巧

1. 快速检索

1）检索界面及主要功能

在检索框上方，可选择检索方式、查看检索历史。

在检索框下方，还有多个选项可供使用者筛选，以便进行更加精确的检索。

① Databases（数据库）：EV2 平台包括多个数据库，如果仅显示 Compendex，表明本单位只购买了 Compendex 数据库。

② Date（日期）：设置查询的年限范围，默认为 1884 年至今。除年份外，还可选择按数据库最新更新次数进行限制，次数可从 1 次到 4 次。

③ Language（语言）：在 Quick Search（快速检索）中，默认选择全部语言。

④ Document type（文件类型）：检索的文献源自出版物的类型，默认为全部文献。

⑤ Sort by（排序方式）：数据库默认按照相关性排序，也可以选择日期（最新），按时间由新到旧排序。

⑥ Browse indexes（查找索引）：帮助用户选择用于检索的适宜词语。对于快速检索，Compendex 数据库提供 Author（作者）、Author affiliation（作者单位）、Classification code（分类代码）、Controlled term（受控词）、Publisher（出版商）、Source title（刊名）的索引。单击某个索引，用户选择所要检索词语的第一个字母或者在 Search for（搜索）栏中输入词语的前几个字母，然后单击查找提交（Find Submit）按钮，即可浏览。

⑦ Autostemming（自动取词根）：可根据用户输入的检索词自动扩展词根检索。如果不需要此功能，可以选中 Turn autostemming off（关闭自动取词根）。

⑧ Treatment（讨论）：用于说明文献的研究方法及所探讨主题的类型，默认为全部选择。

2）检索字段

EI 主界面默认为快速检索，用户可以在 All fields（所有字段）里选择查询所需字段，表 5-2-1 列出 All fields 下拉后可出现的检索字段。

表 5-2-1　EI 检索字段

Subject/Title/Abstract（主题/标题/摘要）	ISSN（国际标准连续出版物号）
Abstract（摘要）	Main heading（主标目）
Author（作者）	Publisher（出版社）
First author（第一作者）	Source title（刊名）
Author affiliation（作者单位）	Controlled term（受控词）
Title（标题）	Uncontrolled term（自由词）
Standard ID（标准号）	Country of origin（原产国）
EI Classification code（EI 分类号）	Funding number（基金号）
CODEN（图书馆所藏文献和书刊的分类编号）	Funding acronym（基金缩写）
Conference information（会议信息）	Funding sponsor（基金资助者）
Conference code（会议代码）	Funding information（基金信息）

3）基本检索规则

① 检索词书写不分大小写，输入框按顺序由上到下依次运算。

② 布尔算符用 AND、OR、NOT 表示。

③ 位置算符。

Onear/*n*：两个词之间可插入 0～*n* 个词，词序不能颠倒，如 Distance Onear/3 learning。

Near/*n*：两个词之间可插入 0～*n* 个词，词序可以颠倒，如 Distance Near/3 learning。

说明：位置算符不能与截词符、通配符、括号、引号等混合使用。

④ 词组检索。

“ ”或{ }：词间不能插词，词序不能颠倒，如 International Space Station 命中包含词组 International Space Station 的记录。说明：词组检索不能使用通配符与字根符。

⑤ 截词符。

*右截词：命中检索词起始部分相同的记录。

？有限截词：问号个数代表字符数。

$词根运算符等价于 Autostemming（自动取词根）功能。

4）检索示例

【案例 5-2-1】查找 2000 年以来福州大学陈国光发表的论文被 EI 收录的情况。

检索步骤如下：

① 利用“浏览索引”确定“陈国光”在 EI 数据库中可能的表达方式，并添加到检索框。

② 在 Author affiliation 字段中输入福州大学的表达方式：fuzhou univ*。

③ 选择其他限定选项年份。

④ 单击“检索”按钮。

2. 专家检索

1）检索字段

在 EI 主界面最上方，单击 Search（搜索）按钮，选择 Expert（专家）选项，进入专家检索界面。

专家检索与快速检索最大的不同在于使用者需要利用缩写确定自己检索的字段属性。表 5-2-2 列出了 EI 专家检索中的部分可使用字段。

表 5-2-2 EI 专家检索中部分可使用字段

AB= Abstract (c)（摘要）	ACT= Open Access type (c)（开放存取类型）
AN= Accession number (c)（入藏号）	AF= Affiliation/Assignee (c)（机构/受让人）
ALL= All fields (c)（全部字段）	AU= Author/Inventor (c)（作者/发明人）
FIRSTAU= First author (c)（第一作者）	CL= Classification code (c)（分类代码）
CN= CODEN (c)（图书馆所藏文献和书刊的分类编号）	CC= Conference code (c)（会议代码）
CF= Conference information (c)（会议信息）	CV= Controlled term/Subject Area (c)（受控词/主题领域）
PU= Country of application (c)（申请国）	CO= Country of origin (c)（原有国）
DOI= DOI (c)（数字对象唯一识别符）	DT= Document type (c)（文件类型）

2）输入检索式

用户可以灵活运用布尔算符 AND、OR、NOT 及括号进行多个字段的限定检索；限定字段用限定词 wn；当检索所有字段时，不必加 wn All 代码。检索式中限定的字段必须使用字段代码，如 safe* wn AB AND food wn TI。

【案例 5-2-2】在标题字段查找有关食品安全的相关文献。

检索步骤如下：

① 确定检索词：food safe*。

② 确定检索字段，构建检索式：(food near/5 safe*) wn TI。

③ 单击“检索”按钮。

3. 叙词检索

在 EI 主界面最上方，单击 Search 按钮，选择 Thesaurus（叙词）选项，进入叙词检索界面。

叙词是在文献原有词的基础上经过规范化处理的专业标准词，保证词与概念一一对应。这样做的优点是减少检索用词，避免拼写差异、缩写歧义、同义词差异；叙词检索能提高检索结果的相关性。利用 EI 叙词表提供的叙词之间的等级关系，可以扩展或缩小检索范围。

1）词汇表检索

在检索框中输入检索词进行检索，显示结果为该检索词在 EI 叙词表中的相关词。例如，输入 human，可以看到，与 human 相关的叙词有 132 个，分 14 页显示。用户可以单击叙词前面的方框（如果是前面没有方框的叙词，直接单击该叙词，进入相关界面选择），选中的叙词会出现在 Selected term（选定术语）右边的方框中。选中的叙词之间可以用 AND 或者 OR 相连接，然后单击右下角的检索图标，即可进一步检索。

2）精确查找

在检索框中输入已知的叙词，然后选择 Exact term（确切术语）选项进行检索，显示结果为用户输入的叙词的信息及其上位词（broader terms）、相关词（related terms）和下位词（narrower terms）。

3）浏览

在检索框中输入检索词，选择 Browse（浏览）选项进行检索，系统将按字母顺序扫描叙词表，显示结果为含有检索词的条目。

4. 作者检索

在 EI 主界面最上方，单击 Search 按钮，选择 Author 选项，进入作者检索界面。

在该检索界面，可以通过作者的姓、名、单位与 ORCID（open researcher and contributor ID，开放研究者与贡献者身份识别码）进行检索。

5. 机构检索

在 EI 主界面最上方，单击 Search 按钮，选择 Affiliation（机构）选项，进入机构检索界面。在该检索界面，可以通过机构名称进行检索。

5.2.3 检索结果分析与处理

EI 的检索结果页面有精练检索、检索结果排序、检索结果导出等功能。序号后显示了每篇文献的标题、作者及第一作者单位、来源出版物的信息、数据库。

1）精练检索

在检索结果页面，EI 提供精练检索结果的功能。可以通过输入检索词进行二次检索（Limit to 或 Exclude）；也可选择从文献类型、作者、作者单位、学科分类、国家、出版时间、出版商等方面进一步浏览检索结果。

2）检索结果排序

EI 对检索结果的排序主要有相关度排序、作者排序、出版物排序、出版时间排序、出版商排序五种方式，每一种都可以选择降序或升序。

3）检索结果导出

选中命中文献的复选框，可选择要导出的文献，以及输出的内容、格式等。

4）浏览检索结果的详细信息

检索完成后，找到自己需要的文件，单击进入详情页即可浏览该文献的详细信息。

以标题为 Safe Food Consumption-Redefining Food Safety 的文献为例，单击进入文献详情页即可浏览文献的来源数据库、文献类型、文献标题、文献来源期刊名、文献来源期刊卷数、文献期刊发行日期、作者等信息。

作为一个文摘库，EI 在检索结果页面提供了原文的获取链接，但能否获取原文，取决于用户及用户所在机构是否购买了相关权限。如果该文献为 OA 原文，则可直接获取。

在该页面下方还提供了文献的摘要、相关文献、索引词、Scopus 指数、基金信息、文献信息和参考文献信息。

5.3 SciFinder 平台

5.3.1 概述

1. 简介

SciFinder 是美国化学会分支机构化学文摘社（Chemical Abstracts Service，CAS）开发的化学及相关学科智能研究平台，涵盖化学及相关领域（如生物、医药、材料、食品、工程、农学、物理等多学科、跨学科）的科技信息，收录的文献类型包括期刊、专利、会议论文、学位论文、图书、技术报告、评论和网络资源等。SciFinder 覆盖的内容涉及应用化学和化学工程、物理化学、无机化学和分析化学、生物化学、有机化学等领域。

2. SciFinder 主要资源

1）文摘数据库

（1）CAplus（文献数据库）。CAplus 每日更新，收录了 1907 年至今，以及部分 1907 年之前的上万种化学化工及相关学科期刊记录、全球 61 家专利发行机构的专利（含专利族）、参考资料、会议录、技术报告、图书、学位论文、评论、会议摘要等。

（2）MEDLINE（美国国家医学图书馆数据库）。MEDLINE 由美国国家医学图书馆出品，每周更新五次，收录了生命科学尤其是生物医学方面的 2300 多万篇期刊文献，包括自 1946 年以来的 5600 余种期刊文献、临床报告、毒理、病理学报告等。

2）物质数据库

（1）Registry（物质信息数据库）。Registry 每日更新，是世界上最大的物质信息数据库（可用于物质的查新），包含超过 1.3 亿种物质，包括独特的有机物质、无机物质（如合金、配合物、矿物质、混合物、聚合物、盐等）及超过 6700 万条序列。用户可以通过化学名称、结构和 CAS 登记号对物质进行识别。CAS 登记号是化学物质唯一的标识。

（2）Chemcats（化学物质供应商数据库）。Chemcats 由 CAS 设立，是一个编目数据库，包括约 3400 万条物质的商业信息，主要用于查询化学品供应商的联系信息、价格、产品纯度、库存等信息。记录内容还包括目录名称、定购号、物质名称、物质 CAS 登记号、结构式等。

（3）Marpat（马库什结构专利信息数据库）。Marpat 记录超过 116 余万个可检索的马库什结构，来自 1988 年至今 CAS 收录的专利及 1987 年至今选择性收录的日本专利。此外，部分收录 1984—1987 年的英语专利和 1986—1987 年的法语、德语专利。其他 1961—1987 年的数据来自 INPI（法国国家工业产权局）。2000 年 1 月 10 日之后的俄罗斯专利和 2008 年至今的韩国专利也被收录在内。可显示超过 479000 篇含有马库什结构的专利信息。

（4）CHEMLIST（管控化学品信息数据库）。CHEMLIST 是查询全球重要市场被管控化学品信息的工具。该数据库目前收录超过 34.8 万种备案/管控物质。覆盖范围：1980 年至今的名录及目录。

3）CASREACT（反应数据库）

CASREACT 每周更新，收录 1840 年以来的有机化学期刊及专利中单步或多步反应记录，包括有机物反应、有机金属反应、无机反应、天然产品合成提取及生物转化反应信息，记录内容包括反应条件、产率、催化剂、实验步骤等信息。该数据库可进行结构式检索或从物质/文献链接获取信息。

5.3.2　检索方法与检索技巧

SciFinder 数据库主页提供物质检索、反应检索、文献检索、逆合成反应路线设计、生物序列检索等检索类型及 CAS 词典。

1）文献检索

（1）进入数据库，单击界面上方的 References（参考）按钮，开始文献检索（主页默认界面)。

(2)可以输入关键词，如物质名称、CAS 登记号、专利号、PMID(PubMed unique identifier，PubMed 唯一标识符)、文献号、DOI(digital object identifier，数字对象标识符)等，进行检索。

(3)高级检索项，可以选择下拉菜单中的作者姓名、期刊名、机构名、文献题目、主题词、物质名称、CAS 登记号、专利号等，可实现多个字段组合检索。

(4)单击“检索”按钮，进行检索。

> 小技巧：
> - 支持布尔算符(AND、OR、NOT)，默认运算顺序为 OR > AND > NOT，()优先运算。
> - 可以利用布尔算符连接多个不同字段进行文献检索。
> - “ ”不允许词形变化，但可出现单数或复数。
> - 支持通配符*或?(*代表 0 或多个字符；?代表 0 或 1 个字符)，如 inhibit*。

【案例 5-3-1】文献检索：罗替戈汀或普拉克索用于帕金森病的治疗研究。

进入数据库主页，单击界面上方 References 按钮，在检索框中输入 Rotigotine OR Pramipexole AND Parkinson disease，单击“检索”按钮即可。

2)物质检索

(1)进入数据库主页，单击界面上方 Substances(物质)按钮，开始物质检索。

(2)可以输入物质名称、CAS 登记号、专利号、PMID、文献号、DOI 等进行检索。

(3)高级检索项，还可以选择分子式、CAS 登记号、实验谱图数据、化学性质、物性参数等进行组合检索。

(4)单击 Draw(绘制)按钮可以打开结构绘制面板，绘制物质的结构式，进行检索。

> 小技巧：
> - 上述物质的检索方法可以单独使用，也可联用检索。
> - 物质检索框中可同时检索多个物质识别符(物质名称或 CAS RN)；双引号“”可精准识别物质识别符；不同的物质使用空格隔开，支持高达 2000 个字符。
> - 利用物质的 CAS 登记号可以快速准确地查找物质。
> - 分子式输入需要遵守希尔排序规则：不含碳化合物，分子式按元素符号的字母顺序排列；含碳化合物，则 C 在前，如有氢则紧随其后，其他元素符号则按字母顺序排在氢的后面。
> - 充分利用 CAS Draw(虚线键、锁定工具、R 和 X、同位素标记等工具)，对不同类型的物质进行灵活检索。

【案例 5-3-2】检索含有 CAS 登记号 66612-29-1 与 acridinium ester 两种物质的文献。

进入数据库主页，单击 Substances 按钮，在输入框中输入 66612-29-1 “acridinium ester”，单击“检索”按钮即可。

3）反应检索

（1）进入数据库，单击界面上方 Reactions（反应）按钮，开始反应检索。

（2）可以输入 CAS 反应号、物质名称、CAS RN、专利号、PMID、DOI 等进行检索。

（3）可以单击 Draw 按钮绘制反应式，结合主题词联合检索。

小技巧：

反应检索场景及检索方法建议。

① 直接进行 Reactions 检索：根据反应式/结构式、物质标识符、文献号检索反应。

- 已知反应式，或者反应物/产物/反应试剂的结构式。
- 已知物质标识符（包括名称、CAS RN 等）。
- 已知文献号或专利号等。

② 通过 Retrosynthesis Plan（逆合成计划）获取逆合成反应路线：依据一个确定结构的物质设计。

③ 通过物质获取反应：先检索物质，再通过物质结果获取反应信息。

- 需要先对物质结果进行结构、属性或反应角色等筛选，再看反应。
- 某些物质（手性分子、多片段结构组成的物质）和盐类化合物、聚合物等多组分物质的反应。

④ 通过文献获取反应：先检索文献，再通过文献结果获取反应。

- 需要通过关键词精练感兴趣的反应信息。

5.3.3　检索结果分析与处理

（1）检索结果界面，提供文献类型、物质作用、语种、出版年、作者、机构、出版社、概念、CA 分类、生物活性数据等多角度聚类筛选功能，直接选中相应选项就可以定位到所需信息，无须进一步检索或限定。其中：

- Filter Behavior（筛选行为）：Filter by（筛选条件）或 Exclude（排除）对检索结果进行精练或排除。
- Substance Role（物质角色）：物质在文献中的研究角色。
- Concept（概念）：核心概念词库，纵览或精练核心研究点。
- CA Section（CA 部分）：锁定学科研究方向。
- Search Within Results（结果内搜索）：结果二次筛选。

（2）可根据 Relevance（相关性）、Times Cited（引用次数）、Accession Number: Ascending（登录号：升序）、Accession Number: Descending（登录号：降序）、Publication Date: Newest（发布日期：最新）、Publication Date: Oldest（发布日期：最老）对文献进行排序。

（3）可选择 Full Abstract（完整摘要）、Partial Abstract（部分摘要）、No Abstract（无摘要）的文献显示格式。

（4）在文献详情页面，提供了文献的摘要信息、出版信息、原文链接、文献中提及的物质、反应及引文地图等信息。

（5）单击 Citation Map（引文地图）按钮即可在打开的页面获取完整的前向、后向引文，并有多个聚类选项对引文进行筛选。

> **小技巧：**
> 获得检索结果集之后，首先要随机浏览记录，判断是否是相关文献、是否符合检索要求、是否有更好的关键词，如有必要可调整检索式。

5.3.4 常见问题

1）账号问题

（1）SciFinder 数据库的网页版注册和使用注意事项详见网站：https://atrustlibdc.fzu.edu.cn/intro/scifinder/scifinder.htm。

（2）SciFinder 数据库只能在学校授权 IP 范围内使用，禁止在本校以外的任何机构使用。

2）技术问题

（1）SciFinder 支持的浏览器：优选 Google Chrome、FireFox 及 Internet Explore 浏览器；不建议使用 360、搜狗等浏览器检索 SciFinder，因为这些浏览器会被自动拦截相关功能或插件。初次使用时，请注意不要让浏览器拦截 Other Sources（其他来源）等弹出的插件。

（2）SciFinder 不支持使用其他结构编辑器，但是可以从 ChemDraw 导入或复制结构式到 SciFinder 结构编辑器中。在 ChemDraw 中编辑结构，将其保存为.mol 格式文件，将保存的结构导入 SciFinder 结构编辑器中。

如果是 ChemDraw 14.0 以上的正版用户，则可以在 ChemDraw 中画结构，然后在 ChemDraw 上单击 Search in SciFinder（在 SciFinder 中搜索）按钮直接在 SciFinder 中进行精确结构或者亚结构检索。

如果使用的是 SciFinder Java 结构编辑器，则可以在 ChenDraw 中画结构，然后使用复制、粘贴命令将 ChemDraw 中的结构式复制到 SciFinder 结构编辑器中。

3）基础检索问题

（1）SciFinder 中的关键词检索：SciFinder 使用自然语言算法，并提供独特的词库。在进行关键词检索时，SciFinder 将检索式中的词语分成一组离散概念，并根据数据库标引信息进行匹配，然后提供一系列结果选项。SciFinder 关键词检索的宗旨是尽可能获取最全面的信息，如果有必要，则在获得初步检索结果之后，使用文献检索结果处理工具 Analyze、Refine 和 Categorize 对初步结果进行进一步的筛选。

（2）SciFinder 中的 CAplus 和 MEDLINE 是文摘数据库，当用关键词进行检索时，仅在数据库的标题、摘要和索引部分进行检索，不能通过 SciFinder 进行全文检索。

（3）检索结果排序规则：系统默认根据进入数据库的先后时间进行排序。但是可以根据需求改变结果排序：

- 文献检索结果可以按照收录号、作者姓名、被引用次数、公开年份和题名等进行排序。
- 物质检索结果可以按照相关性、CAS 登记号、报道物质的文献数量、供应商数量、分子量和分子式等进行排序。
- 反应结果可以按照收录号、实验过程、MethodsNow、反应步数、产率和公开年份等进行排序。

（4）定题跟踪：可以基于物质或者文献检索创建定题跟踪（无法通过反应结构检索创建）。在单击 Keep Me Posted 按钮后，系统将提示选择频率（每周或每月）和其他参数。如果希望通过邮箱发送提醒信息，则单击界面上的 Preferences 按钮，然后选中查看 Keep Me Posted 下方的 Receive e-mail notification of Keep Me Posted results 复选框。

5.4　Elsevier（SD）平台

5.4.1　概述

Elsevier 是荷兰一家全球著名的学术文献出版商，每年推出大量高质量的学术图书与期刊。其中，众多期刊被 SCI、SSCI、EI 等知名学术评价体系收录。Elsevier 整合旗下的期刊和图书推出的 ScienceDirect 全文数据库平台，涵盖了计算机科学、工程技术、能源科学、环境科学、材料科学、数学、物理、化学、天文学、医学、生命科学、商业与经济管理、社会科学等众多学科领域。

5.4.2　检索方法与检索技巧

SD 在主页上提供了多种检索方法，包括简单检索、高级检索、出版物检索等。

1. 简单检索

简单检索有三个检索框，可分别从主题内容、出版来源、作者三个角度对文献展开检索。三个检索框之间为逻辑与关系，检索框中可输入检索词或检索式。例如，要查找有关 food safety（食品安全）的文献，可选择 Find articles with these terms（查找包含这些术语的文献）并输入 food safety 进行检索。

2. 高级检索

在 SD 的主页面上，单击 Advanced search（高级搜索）按钮，进入高级检索界面。高级检索为多条件复合检索，提供的检索条件有全文、篇名、刊名、书名及作者、年卷期等。

例如，要检索标题、摘要或关键词中含有 food safety，单位为福州大学，时间为 2000—2024 年的文献。

可在 Author Affiliation（作者单位）文本框中输入 fuzhou university，在 Year(s)（时间范围）文本框中输入 2000-2024，在 Title, abstract or author-specified keywords（标题、摘要或作者指定的关键词）文本框中输入 food safety，单击“检索”按钮即可。

> 小技巧：
> SD 平台布尔算符和短语搜索规则如下。
> ① 目前支持的布尔算符包括 AND、OR、NOT 和连字符（或减号），布尔算符必须全部大写输入，连字符（或减号）被视为 NOT 运算符。布尔算符优先顺序如下：NOT>AND>OR。
> ② 引号可用于指定必须相邻出现的术语。
> 例如，("heart attack" OR "myocardial infarction") diabetes NOT cancer。
> 在短语搜索中会忽略标点符号。
> 例如，搜索 heart-attack 和 heart attack，网站会返回相同的结果。

3. 出版物检索

单击主页上的 Journals & Books（期刊和图书）链接进入出版物浏览页面，单击书名或刊名可进一步了解该出版物的详细信息。

5.4.3 检索结果分析与处理

SD 检索结果页面提供检索结果的精练、排序、检索结果浏览、导出等功能。

在检索结果页面左侧可以进一步筛选 Years（年份）、Article type（文献类型）、Publication title（出版物标题）、Subject areas（学科领域）、Access type（访问类型）及 Languages（语言）。

在检索结果页面右侧可以选择检索结果的排序方式为 Relevance（相关性）或 Data（日期）。

在每一条检索结果下方，可以直接查看全文、摘要、文章中的图表或者选择导出题录信息。

单击所需结果前的方括号，选中需要的结果，通过检索结果页面上方的 Export（导出）可以导出所筛选的检索结果。导出方式可选 RefWorks、RIS、BibTeX 及 Text。

全文获取：用户可直接访问有标记绿点的文章全文，单击标题或 View PDF（查看 PDF）即可查看全文。

单击标题进入查看全文页面，文章左栏展示了文章概览，右栏提供了相关文献全文及 PDF 的跳转链接。

5.5 Wiley 平台①

5.5.1 概述

约翰威利国际出版集团（John Wiley & Sons Inc.）于 1807 年在纽约成立，是全球领

① 本节截图来自 Wiley 平台（网址：http://onlinelibrary.wiley.com)。

先的学术出版商。该公司向专业人士、科研人员、教育工作者、学生和终身学习者提供知识和服务。该公司通过 Wiley Online Library（威利在线图书馆）在线平台提供集成访问服务。Wiley Online Library 收录近 1700 种经同行评审的学术期刊、22000 余种电子图书、250 余种在线参考工具书、580 余种在线参考书，以及 19 种生物学和生物医学实验室指南和 17 种化学、光谱和循证医学数据库。所收录的期刊覆盖化学、物理、工程、农业、医学、商业、经济、语言学、新闻传播、历史、政治、社会学、艺术、人类学等各学科，权威性强。在 2022 年科睿唯安公司发布的《期刊引证报告》中，Wiley 平台中有 1559 种期刊被收录，28 种期刊影响因子居学科首位，219 种期刊在所在学科中排名前十。

5.5.2 检索方法与检索技巧

1. 导航式检索

1）按资源类型检索

Wiley 平台提供电子期刊、参考工具书、在线图书三种资源，用户可以选择感兴趣的电子资源类型进行浏览，如图 5-5-1 所示。

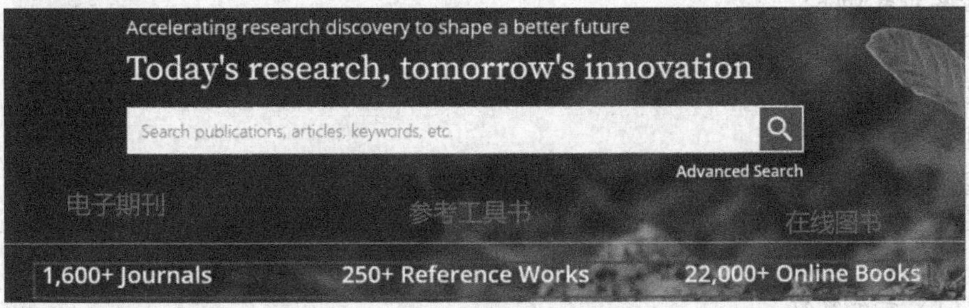

图 5-5-1　Wiley 平台主页（资源导航）

2）按学科分类检索

Wiley 平台提供 17 个学科大类的资源，包括 126 个子学科，用户可按照不同学科分类，检索相关学科内容。以 Agriculture（农业）学科为例，只需选定 Agriculture, Aquaculture & Food Science（农业、水产养殖和食品科学）学科后，单击该学科，在出现的二级学科分类中，选择要访问的二级学科 Agriculture 即可。

2. 简单检索

在 Wiley 平台首页内提供简单检索功能。在主页搜索框中输入检索词后，可以在下拉列表中按名称选择作者或出版物标题。如果想搜索平台上的所有内容，可以单击放大镜按钮或检索框下拉列表顶部的 everything（所有内容）选项。

在检索框中输入 mental，检索框下方将自动扩展检索，包括 Journal（期刊）Mental Health Science、Book（书籍）Mental Health and Well-Being in Animals 等，如图 5-5-2 所示。

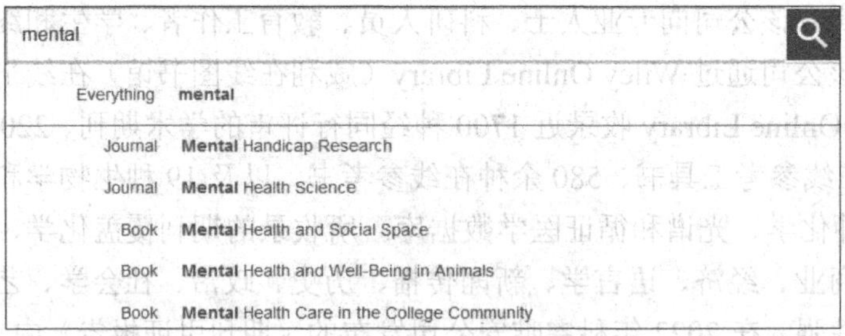

图 5-5-2 Wiley 平台简单检索示例

3. 高级检索

在简单检索框下，单击 Advanced Search 按钮进入高级检索界面。高级检索支持最多七个检索框，提供全文、标题、作者、关键词、作者单位、资助机构等不同字段，可对文献来源、出版日期进行限定检索。同时，平台支持在搜索字段中使用布尔算符及通配符（*和？）进行精准检索式的设计，以查询特定全文内容。

【案例 5-5-1】查找 2013—2022 年，福州大学发表的标题包含 semiconductor（半导体）的出版物。

检索步骤如下:

① 选择 Title，输入检索词 semiconductor*。

② 选择 Author Affiliation，输入检索词 fuzhou univ*。

③ 选择时间范围。

④ 单击 Search 按钮，如图 5-5-3 所示。

小技巧:

（1）布尔算符。

可以在检索字段中使用布尔算符 AND（+或&）、OR 和 NOT（-），这些算符必须以大写形式输入。例如，spinal cord 检索结果与 spinal AND cord 检索结果相同，而 spinal cord 可检索出包含这个完整短语的内容。

（2）通配符。

在检索词中使用问号（？）来表示单个字符（wom?n 查找 woman 或 women）。使用星号（*）表示零个或多个字符，可以在词中或词尾使用。例如，使用 plant*可检索出含有该词根的所有单词（plant、planter 和 planting），使用 an*mia 可检索出含有一个或多个字母的变体单词（anemia、anaemia）。通配符不能在搜索词的开头（如*tension）或搜索双引号中（如“tobacco smok*”）使用。

（3）作者搜索。

作者姓名可能与全名或首字母缩写一起出现。将作者姓名放在引号中以检索特定名称及其变体。例如，全称 John Smith 可检索出 John Smith，John K Smith 和 John Colby-Smith 的文章，而使用“J Smith”可查找 J Smith，JR Smith，John Smith 和 Julie Smith 的文章。

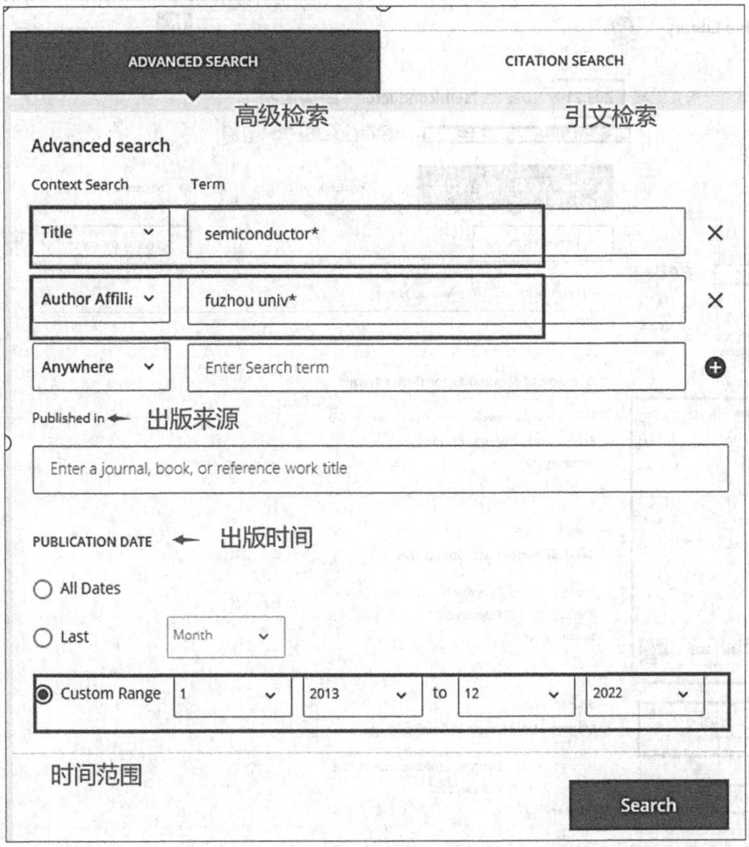

图 5-5-3　Wiley 平台高级检索示例

4. 引文检索

单击 ADVANCED SEARCH 选项卡右侧的 CITATION SEARCH（引文检索）选项卡切换至引文检索页面，检索字段有期刊名称、出版年、卷号、期号、页码、文章 ID。其中，期刊名称为必填字段，而卷号和页码、卷号和文章 ID 这两个组合必须填写其中之一。

5.5.3　检索结果分析与处理

1. 结果筛选

平台提供文献筛选功能，可限定文献类型、出版日期、访问状态、学科、出版物名称和作者进行文献筛选；可按照相关性和出版日期对结果进行排序，也可以保存检索式，进行简易信息聚合（really simple syndication，RSS）订阅检索，如图 5-5-4 所示。

2. 检索结果文章页面详情

单击检索结果其中某项，进入文章 HTML 页面，可以查看其来源出版物详情，若

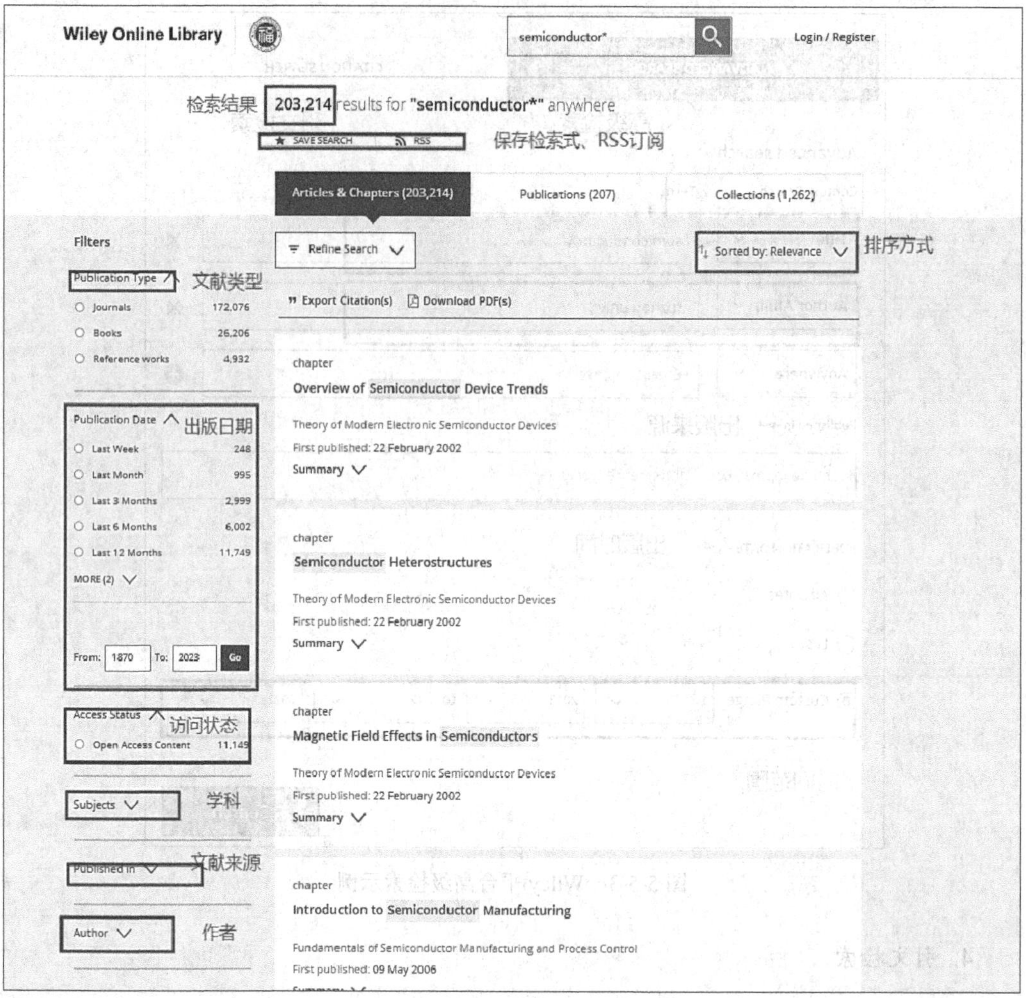

图 5-5-4 检索结果显示页面

拥有文章的访问权限，则可查看其在线全文。单击 PDF 选项，可阅读文章 PDF 版，单击“工具”选项可申请文章访问权限、导出引文、添加到收藏夹、跟踪引文，单击“共享”可复制该网址。同时，在页面右侧还提供图表快速浏览框、参考文献、相关文献、文献信息，方便读者快速获取有用的信息。

3. 文献下载

（1）检索结果批量下载。单击检索结果页面 Download PDF 选项，选中要批量下载的文献，每次最多可选择 20 篇，单击下载即可下载文献压缩包。

（2）期刊批量下载。单击期刊详情页面 Download PDF 选项，选中要批量下载的文献，单击“下载”即可下载文献压缩包。

5.6 SpringerLink 平台

5.6.1 概述

Springer 是 Springer-Verlag 的简称，德国 Springer-Verlag（斯普林格）出版社是世界上大型科技出版社之一，它有着 170 多年的历史，以出版学术性出版物闻名于世，它也是最早将纸本期刊做成电子版发行的出版商。它通过 SpringerLink 系统提供学术期刊及电子图书的在线服务，收录文献包括各类期刊、丛书、图书、参考工具书及回溯文档。

Springer 电子期刊全文数据库出版的 1700 余种电子期刊中超过 60%的期刊被 SCI、SSCI 收录，很多期刊在相关学科拥有较高的排名，涵盖学科包括数学、化学和材料科学、计算机科学、地球和环境科学、工程学、物理和天文学、医学、生物医学和生命科学、行为科学、商业和经济、人文、社科和法律。

5.6.2 检索方法与检索技巧

Springer 主页提供了丰富的功能，包括检索区、文献浏览区、OA 文献区、投稿、研究跟踪等。

1. 快速检索

SpringerLink 的快速检索默认全部学科类别、全部文献类型的关键词检索。

例如，在 SpringerLink 主界面的检索框中输入 Information Retrieval（信息检索），可检索到大量的相关文献。用户可以根据内容类型或学科进一步精练搜索结果，具体内容详见检索结果精练部分。也可以单击检索框上方 Search 按钮进入简单检索页面，从关键词或作者字段进行检索。

2. 高级检索

单击 SpringerLink 检索结果页面右边的按钮，在下拉菜单中选择 Advanced Search，即可进入高级检索。

高级检索中用户可以设置检索要包含的所有单词、词组、至少包含一个单词、不包含的单词、标题中包含的单词或词组、作者或编辑的名字、文献发表的时间范围等检索条件。

SpringerLink 的布尔运算顺序依次是 NOT、OR、AND，布尔算符不区分大小写。SpringerLink 平台支持的运算符还有位置算符（Near/Onear）、截词符（*、?）、短语检索（“ ”）等。

5.6.3 检索结果分析与处理

SpringerLink 平台在检索结果概览页面整合了检索结果精练、排序、检索结果浏览、导出等功能。SpringerLink 平台上的资源有一些是本机构未购买的，在检索或浏览时，如果不选中页面左上角的 Include Preview-Only Content（包括仅预览的内容）复选框，则仅在机构有全文权限的资源中进行检索或浏览。

在检索结果页面左侧的精练结果功能，可帮助用户进一步筛选文献。其中，Content Type（内容类型）列出了 Article（文章）、Chapter（章节）、Book（书籍）、Conference Paper（会议论文）、Reference Work Entry（参考工具书条目）、Conference Proceedings（会议论文集）、Protocol（实验室指南）、Reference Work（参考工具书）、Book Series（丛书）、Journal（期刊）的相关文献数量。除此之外，用户还可以看到按 Discipline（学科）、Subdiscipline（分支学科）、Language（语言）的分类情况。

SpringerLink 平台的检索结果可以按照相关度及出版时间排序。概览页面显示了每篇文章的标题、摘要的开头、作者的姓名、期刊名、发表的年号。用户可以选择直接下载该文章的 PDF 格式文件；或者单击 View Article（查看文章）按钮，在网页中浏览全文。单击篇名或 View Article 按钮可以进入详细页面，查看文献的其他相关信息。

在检索结果页面的右方有向下的箭头，单击即可默认下载检索结果的前 1000 篇检索结果，格式为 CSV，可导入 EndNote，也可点开文章，单击右侧的 Cite Paper（引用论文）按钮，选择 RIS、ENM、BIB 三种格式之一导出此篇文章。

5.7 IEEE/IET Electronic Library（IEL）平台

5.7.1 概述

IEEE 是目前全球最大的非营利性专业技术学会，在全球 160 多个国家拥有超过 42 万名会员。IEEE 在电气电子、计算机、半导体、通信、电力能源、生物医学工程、航天系统工程、消费电子等领域具有技术权威性。IEEE 出版技术期刊 190 多种，每年在全球举办技术会议 1800 多场，制定国际和行业现行技术标准 1000 多条。

IEEE/IET 电子图书馆（IEEE/IET Electronic Library，IEL）是由美国电气电子工程师学会和英国工程技术学会共同创建的数据库，提供了当今世界在电气工程、通信工程和计算机科学领域中近 1/3 的文献。数据库涵盖航空航天、生物医学工程、通信工程、量子电子学、海洋工程、纳米技术、成像技术、电力系统、遥感、交通运输、天线、电路与系统、光学、能源、信息技术、智能电网、电力电子技术、半导体、机器人自动化、计算机软件、无线通信、计算机硬件、信号处理、汽车工程等学科领域。

5.7.2 检索方法与检索技巧

1. 一框式检索

一框式检索包括基本检索、作者检索、刊物检索三种方式，可在主页的顶部检索框中选择。

1）基本检索

在任意页面，顶部检索框内输入关键词或检索式进行检索。IEEE Xplore 平台默认的检索范围是元数据，也可以构建复杂的检索式来限定检索位置，例如，"Abstract": ofdm AND "Publication Title": communications，可自动匹配同一词汇的英式拼写与美式拼写。同时，平台具有词根自动关联功能，可自动匹配名词的单复数形式与动词的不同时态。

小技巧：

① 可以使用通配符，模糊检索使用*和？，如 learn*可以包含 learn、learning、learned、learner。

② 检索词之间的默认关系：AND，如 artificial intelligence=artificial AND intelligence。

③ 支持命令检索：如"Abstract": artificial AND "Publication Title": intelligence。

④ 自动获取词根：名词单复数，动词时态变换，英式美式拼写。

⑤ 精确检索使用双引号：词组、固定搭配，如 artificial intelligence。

⑥ 检索词不区分大小写，检索算符（AND、OR、NOT、NEAR、ONEAR）全部大写。

2）作者检索

作者检索可快速定位特定作者的文章，在一框式检索左侧下拉菜单中选择 Authors，在出现的文本框内输入作者的名[First Name（名）/ Given Name（名字）]和姓[Family Name（姓氏）/ Last name（姓）/ Surname（姓）]，平台会查找索引记录，然后给出包含指定名字的检索结果，可以再通过页面左侧的聚类分析栏来优化检索结果。

3）刊物检索

（1）单击首页的 Browse 按钮，选择出版物类型，通过检索出版物名称，即单击 Search by Title（按标题搜索）按钮即可快速定位。

（2）可以根据出版物的首字母，进行查找，或者单击 By Topic（按主题）按钮，根据学科进行第二次筛选。

（3）在搜索下拉菜单中选择五种内容类型（书籍、会议、课程、期刊和标准）之一来进行出版物检索。

2. 高级检索

（1）单击一框式检索框下方的 Advanced Search 按钮，进入高级检索界面。

（2）在检索框输入关键词、词组、作者名。

（3）再选择检索字段和检索算符。

（4）单击 Search 按钮，IEEE Xplore 平台会检索出符合要求的检索结果。

3. 命令检索

在高级检索界面选择 Command Search（命令搜索），在文本框中输入检索式，然后选择检索字段和检索算符，单击 Search 按钮，即可检索出符合要求的检索结果。

三种检索方法对比见表 5-7-1。

表 5-7-1 三种检索方法对比

对比项	一框式检索	高级检索	命令检索
是否支持检索字段	支持所有检索字段需手动输入	支持所有检索字段	支持所有检索字段
是否支持检索算符	AND/OR/NOT/NEAR/ONEAR	AND/OR/NOT	AND/OR/NOT/NEAR/ONEAR
是否支持括号嵌套	支持()限定优先顺序	不支持	支持()限定优先顺序
精确检索（词组）	双引号“”	双引号“”	双引号“”
模糊检索（截词符）	*（多个字母）或？（单个字母）	*（多个字母）或？（单个字母）	*（多个字母）或？（单个字母）
单个检索式单词数量限制（以检索算符为界）	20	20	20
整个检索式单词数量限制	40	40	40
单个检索式截词符数量限制	7	7	7

5.7.3 检索结果分析与处理

1. 聚类分析栏

- 二次检索（search within results）：在已有检索结果基础上输入新的关键词，进行再次检索。例如，检索 Java，在检索结果的二次检索框中输入 XML，相当于执行了 Java AND XML 检索。二次检索默认在元数据中检索关键词，用户也可以在此构建检索式以限定检索位置。
- 出版年份（Year）、作者（Author）、作者所在机构（Affiliation）等：根据检索需求，优化精简检索结果。

2. 检索结果

检索结果文献的格式一般为默认的标题及引文信息，显示内容包含文章的标题、作者、出版物名称、出版年份、文献类型、出版社、被引用情况等。用户可以通过偏好设置来修改其显示内容，出现订阅标识符表明有权限访问此文献的全文。单击 Abstract，展开此文献的摘要，选择摘要界面的 Show More（显示更多）或单击文章标题可查看完整的文摘信息。直接单击或（html）可查看全文。

5.7.4 IEEE Xplore 平台的个性化服务

1. 个性化设置

用户可以设置检索偏好或更改默认检索设置，并将其运用到所有的检索中。同时 IEEE 会员也可以更改下载引文信息时的下载方式。用户只需单击页面上方 My Settings

（我的设置）下的 Preferences（偏好），在弹出的对话框中设置适合检索偏好，最后单击 Update（更新）按钮保存更新好的检索设置。

2. 保存检索式

保存检索式可以方便用户下次进行检索。在检索结果页面单击 Set Search Alert（设置搜索提醒）按钮，在弹出的保存检索式对话框中，输入保存检索式的名称。每个账号最多可以保存 15 个检索式。另外，用户还可以设置检索式更新提醒的服务。当出现有关检索式内容的更新时，平台会发送邮件提醒。

3. 浏览已保存的检索式

用户可以浏览或删除已保存的检索式，也可以对它们进行重新设置。将鼠标指针放在导航栏的 My Settings 选项上，单击 Alerts（提醒）按钮，页面会显示保存过的检索式，包括检索式的名称、查询词条和对每项检索式的编辑选项。此时，用户可以对检索式进行以下操作。

- 通过单击检索词名称，运行检索。
- 单击 RSS，获得更新和反馈。
- 单击 Edit Name（编辑名称），重置检索式名称或重置更新提醒。
- 单击 Click to Disable（单击禁用），取消更新提醒的设置。
- 单击 Remove（去除），删除保存的检索式。

4. 期刊与杂志、会议录、标准及电子图书的更新提醒

用户可以根据自己的需求，设置接收期刊与杂志、会议录、标准及电子图书内容的更新提醒对应的链接。进行此设置前，请在 Preferences 中指定邮箱。更新提醒设置的步骤如下。

- 在 IEEE Xplore 平台首页将鼠标指针放在导航栏的 My Settings 上，单击 Alerts 进入更新提醒设置页面。
- 在 Journal & Magazines（期刊与杂志）、Conferences（会议录）、Standards by Version（标准）、eBooks（电子图书）等选项卡中选择需要设置更新提醒的标题，单击 Update 按钮。

5. 建立研究项目文件夹

登录个人账号后，在主页导航栏 My Settings 中选择 My Research Projects（我的研究项目），单击进入创建项目页面，添加文献笔记和标签。当前，这一功能可实现 15 个文件夹的创建，每个文件夹可保存 1000 份文献。

通过关键词检索，在具体文章页面右侧单击文件夹标识，保存到 My Research Projects 中，后续可以在 My Research Projects 中查看保存的文章。

6. 收藏喜爱的期刊与杂志

登录个人账号后，在关注的期刊主页上选择 Add to My Favorites（添加到我的最爱）。在主页导航栏 My Settings 中选择 My Favorites（我的最爱），可对收藏的期刊或杂志进行管理。此后，收藏的期刊与杂志会显示在主页 My Favorite Journals & Magazines（我最喜欢的期刊和杂志）版块（需要个人登录）。

5.8 Westlaw 平台

5.8.1 概述

Westlaw 是由汤姆森路透法律信息集团旗下美国 West 出版公司于 1975 年开发的综合性法律法规、新闻和公司信息平台。平台内容的更新速度最快可达每 10 分钟一次，其收录的资源来自法律法规和期刊、图书出版商，包括英国、美国、法国、澳大利亚、加拿大、韩国、中国香港和欧盟国家的判例、成文法；美国、欧盟等地的 5000 余种法学期刊通信资源（其中包括 90%以上美国法学核心期刊）；近 4000 本法学专业专著书籍，独家收录布莱克法律词典第十版电子版；路透法律、财经、政治等领域新闻。

5.8.2 检索方法与检索技巧

1. 初级检索

在首页检索框中输入检索词，即可进行初级检索，同时可以在检索框右侧进行地域的限制。

2. 高级检索

在高级检索界面，左侧检索框可利用逻辑算符和扩展符连接检索词，并可设置检索词出现的频率和文献的时间，以及可以通过引号和题名字段进行检索；右侧列出了 Westlaw 平台的逻辑算符和特殊功能符号及其作用。

5.8.3 检索结果分析与处理

检索结果以概览的形式显示，按照判例、钥匙码、审判法庭裁决、法令和法院规定、规章、行政决定与指引、二次文献、表格、摘要、审判法庭文档、专家材料、陪审团结论与和解、提案与颁布的立法、建议与接纳的规章、仲裁材料等文献种类划分。

选择不同种类的文献，界面左侧会显示对应的筛选条件，可以对检索结果进行更加细致的筛选。

【案例 5-8-1】选择“判例”，可以对检索结果进行二次检索。

在结果左侧可按照地域、日期、报道状态、主题、法官、律师、律师事务所、密钥编号、案卷编号等条件进行筛选。

在页面上方可供选择的排序方式有相关度、日期、引用次数、常用、法院级别、术语频率等。

Westlaw 平台的检索结果输出非常灵活，检索到的文献可以存储到网页中用户自己建立的文件夹中，也可以打印、下载或通过电子邮件发送。每种输出方式都提供了多个选项，用户可以选择要打印的文件或结果清单、要输出文件的格式及每个文件的篇幅。

5.8.4　其他

Westlaw 平台为使用个人密码登录的用户建立了 Alert-Centre（警报中心）个性化服务，定期自动通报用户所定制的信息，将信息主动推送给用户。提供 WestClip（自动剪报）功能，用户可以根据自身需求设定主题，获取相关主题的最新发展动态。

Westlaw 平台会自动保存用户近一年浏览的文献和检索记录，在页面顶部的“历史”中可以查看。

5.9 其他学会数据库

5.9.1　英国物理学会（IOP）数据库

IOP（Institute of Physics，英国物理学会）自 1873 年成立以来，已发展成为一个全球性的学术组织，拥有超过五万名会员。IOP Publishing 作为其出版部门，不仅发行 IOP 自身的学术期刊，还代表众多国际学术机构出版期刊，涵盖了物理学及相关领域的广泛议题。

IOP 电子图书数据库是该领域首个推出的电子图书资源，收录了由各学科领域领导者撰写的著作。这些作者通常具有发表百篇以上论文及文章被引用超过 2000 次的学术成就，平均每年引用次数超过 90 次，体现了高水平的学术贡献。该数据库覆盖了物理学的多个分支，包括经典物理、凝聚态物理、医学物理、等离子体物理、光学、量子科学、粒子物理与核物理等，以及生物学、环境工程学、生物医学等与物理学交叉的学科。

IOP 电子图书采用 HTML、PDF、Mobi 和 ePub3 等多种格式出版，为读者提供不同于传统阅读的体验。该平台整合了视频、音频和智能图表等多媒体技术，增强了用户互动性。此外，采用 MathML 编码和 MathJax 工具，优化了数学表达式的在线显示和再利用。

IOP 期刊数据库包含多个学科领域的期刊，如应用物理、计算机科学、凝聚态与材料科学、物理总论、高能与核能物理、数学及其应用、测量科学与传感器、医学与生物学、光学与原子分子物理、物理教育学、等离子物理和天文学等，为学术界提供了宝贵的研究资料和交流平台。

5.9.2　美国物理学会（APS）数据库

APS（American Physical Society，美国物理学会）成立于 1899 年 5 月，其宗旨为“促

进及扩展物理学知识”，APS 在全球拥有会员 40000 多人，是世界上最具声望的物理学专业学会之一。APS 出版的所有物理评论系列期刊有 *Physical Review*、*Physical Review Letters*、*Reviews of Modern Physics*，分别是各专业领域最受尊重、被引用次数最多的科技期刊之一，在全球物理学界及相关学科领域的研究者中具有极高的声望。APS 不仅为用户带来今日尖端研究，同时为全球各研究单位提供自 1893 年以来在 *Physical Review* 上刊载的所有物理学文献。APS 是能够提供其出版物全部回溯文献网络数据库的少数几家出版社之一。

APS 数据库旗下共 10 本订阅期刊（现刊）及 8 本开放获取期刊。其中《物理评论》（*Physical Review*）的 A、B、C、D、E 辑，分别报道物理学不同领域的研究成果。《物理评论快报》（*Physical Review Letters*）发表物理学领域具有重要意义的简短报告。《现代物理学评论》（*Reviews of Modern Physics*）提供物理学各分支领域的综述性文章。

此外，还有《物理评论-应用》（*Physical Review Applied*）、《物理评论-流体》（*Physical Review Fluids*）、《物理评论-材料》（*Physical Review Materials*）、《物理评论-加速器和光束》（*Physical Review Accelerators and Beams*）、《物理评论-物理教育研究》（*Physical Review Physics Education Research*）、《物理评论 X 辑》（*Physical Review X*）、《物理评论研究》（*Physical Review Research*）、《物理评论过刊》（*Physical Review Online Archive, PROLA*）等。

5.9.3 数学评论（MathSciNet）数据库

《数学评论》（*Mathematical Reviews*）是美国数学会自 1940 年起出版的权威数学刊物，提供数学、统计学与计算机科学出版物的摘要与评价。该期刊由多位著名数学家创立，初始刊载 2120 条评论，覆盖 11 个数学主要分支：数学史、数理逻辑与数学基础、代数学、数论、群论、数学分析、拓扑学、几何学、数值方法及图解法、力学、数学物理。目前，其文献涵盖范围扩展至包括数学在内多个学科领域，内容来源包括期刊、图书、会议录等。《数学评论》由全球近 12000 位数学家贡献，自 2013 年起仅通过 MathSciNet 数据库提供服务。

MathSciNet 数据库集成了《数学评论》自 1940 年以来的 280 多万条记录及 160 多万条链接，每年新增 10 万多条记录与 8 万多篇专家评论，成为全球数学文献的重要检索工具。全球超过 2000 个学术单位使用该数据库。

5.9.4 工业和应用数学学会（SIAM）数据库

SIAM（Society for Industrial and Applied Mathematics，工业和应用数学学会）于 20 世纪 50 年代在美国成立，是一个以促进应用和计算数学的研究、发展、应用为目的的学会。到目前为止，其个人会员数已超过 14000 人，由来自世界各国的应用和计算数学家、计算机科学家、工程师、统计学家和数学教育者组成。此外，SIAM 还有 500 多个由大学、公司和研究机构组成的机构会员。

SIAM 以出版高水准的期刊为业界知晓，出版的 18 种同行评审的研究期刊在应用和计算数学的高等研究领域非常著名，它们涵盖了整个应用和计算数学领域，内容丰富而全面。根据最新出版的 JCR，除一本 2019 年的新刊外，其他 17 本 SIAM 期刊均被 JCR 收录，是期刊高品质的佐证。

5.9.5　美国计算机协会（ACM）数据库

ACM（Association for Computing Machinery，美国计算机协会）成立于 1947 年，是全球历史悠久的计算机教育、科研机构，服务于全球 100 多个国家的 11 万名会员。

ACM 数字图书馆（ACM Digital Library）数据库目前收录了约 78 万篇期刊、会议录、快报等全文文章，并以每年约 25000 篇的频率不断更新。同时，ACM 整合了第三方出版社的内容，全面集成了“在线计算机文献指南”（The Guide to Computing Literature）书目文献数据库。它集合了 ACM 和其他 5000 多家出版社的出版物，旨在为专业和非专业人士提供了解计算机和信息技术领域资源的窗口。

2014 年，ACM 与 Morgan & Claypool 合作推出电子书系列 I 和 II。这两个系列的图书主要关注计算机科学领域的研究生教材、行业研究综述和从业者的职业指导。

5.9.6　美国机械工程师学会（ASME）数据库

ASME 自 1880 年成立以来已发展成为一个拥有全球 130000 名会员的国际性非营利教育和技术组织。ASME 是全球最大的技术出版机构之一，每年举办约 30 次大型技术研讨会和 200 个专业发展课程。该学会在机械标准发展方面发挥领导作用，已制定超过 600 个标准，这些标准在全球 90 多个国家得到采用。

ASME 是 ANSI 的五个发起单位之一，参与制定机械类标准，并代表美国参与 ISO 活动，其职能包括提供机械工程质量计划，更新工程师知识，推动技术开发与应用。ASME 主办多个顶级学术会议，如 IMECE 和 GT，并与其他学科顶级学会合作，举办交叉学科和多学科学术会议。

ASME 数据库（ASME DC）自 2002 年起收录了相关会议的文献资料，涵盖基础工程、制造、系统和设计等多个学科领域。ASME 的 35 种专业期刊中，有 25 种被 SCI 收录，3 种被 ESCI 收录，每年更新 200 多期，约 3600 篇文章。通过 AIP 开发的 Scitation 平台，用户可以检索电子资源，浏览期刊和参考文献，并链接到其他数据库。

ASME 还开发了自己的平台（ASME Digital Collection），提供所有出版物的电子访问服务，包括期刊电子资源，以及免费的邮件推送目录和 RSS FEED 服务。ASME 期刊内容覆盖基础工程、制造、系统和设计等学科，为工程师和研究人员提供宝贵的学术资源和前沿科技信息。

5.9.7　美国土木工程学会（ASCE）数据库

ASCE（The American Society of Civil Engineers，美国土木工程学会）成立于 1852 年，所服务的会员为来自 159 个国家的超过 13 万的专业人员。它是全球最大的土木工程出版机构，每年有 5 万多页的出版物。学会出版物包括 30 种技术和专业期刊，电子期刊回溯至 1995 年。

ASCE 也是全球最大的土木工程信息知识的出版机构，目前已出版 5 万多页的文献，每年新增约 8000 篇，都被收录在 ASCE 数据库中。ASCE 于 2004 年推出在线会议录（ASCE Online Proceedings），收录 ASCE 召开或与其他知名学会合办的国际会议的文献。ASCE 出版物涵盖学科：Mechanics（工程力学）、Management（工程项目管理）、Structural（结构）、Construction（施工）、Environmental（环境）、Urban Planning（城市规划）、Geotechnical（地质技术）、Water Resources（水资源）、Hydraulic（水力工程）、Coastal and Ocean（海岸和海洋工程）、Aerospace（航空宇宙）、Materials（建筑材料）、Architectural（建筑设计）、Professional Issues（建筑师职业）、Energy（能源）、Transportation（交通运输）、Infrastructure（基础设施）、Computing in Civil Engineering（土木工程领域的计算机应用）等。

5.9.8 美国化学学会（ACS）数据库

ACS（American Chemical Society，美国化学学会）期刊内容涵盖 20 多个与化学相关的研究领域，包括有机和无机化学、物理化学、分析化学、高分子化学、生物化学、化学工程、食品科学、地球化学、环境科学与工程、化学职业健康与安全、材料科学与工程、晶体学、毒理学、药理学、质谱学等，已有 59 种期刊被 SCI 收录索引，被 JCR 评为“化学领域被引用次数最多的期刊”。

5.9.9 英国皇家化学学会（RSC）数据库

RSC（Royal Society of Chemistry，英国皇家化学学会）作为化学领域内一个享有盛誉的国际学术机构，承担着化学信息传播和学术出版的重要角色。RSC 不仅在化学界具有权威性，其出版的期刊和数据库也被认为是该领域的核心资源和权威参考。

RSC 的期刊以其学术质量高、影响力广泛而著称，除一些新刊物外，几乎所有期刊均被 SCI 收录。这些期刊覆盖了化学化工、材料科学与工程、生物与制药、能源与环境、生命科学、农业与食品等超过十个跨学科领域，为化学及相关领域的研究者提供了丰富的学术资源。

到 2023 年，RSC 期刊数据库共提供 51 种期刊，这些期刊不仅代表了化学研究的前沿，也为全球化学科研人员提供了一个展示研究成果、交流学术思想的平台。RSC 期刊的多样性和深度反映了化学科学的广泛性和跨学科性，促进了化学知识的发展和应用。

第 6 章　专利和标准文献信息资源

学习目标

知识：掌握专利、专利文献及标准的基础知识；了解专利与标准文献信息资源的分布；掌握专利与标准文献的检索途径。

技能：会检索专利与标准文献数据库；会分析和利用专利信息；会获取专利与标准文献的原文。

专利文献和标准文献在创新创业战略实施中具有非常重要的作用，本章主要介绍专利和标准文献信息检索系统及网站，为获取专利和标准文献提供方便。

6.1　专 利 文 献

专利起源于欧洲，英国是世界上第一个有“专利制度”的国家，中国专利制度于 1985 年 4 月正式实施。

根据世界知识产权组织（World Intellectual Property Organization，WIPO）统计，专利文献包含了世界上 90%～95%的研究成果（大多具有商业价值），而且其中 80%的发明创造仅在专利文献中记载。善于有效利用专利文献信息，不仅可以缩短 60%的研发时间，还可以节省 40%的研发经费。①

6.1.1　专利基础知识

专利是专利权的简称，是指一项发明创造向国家专利局提出专利申请，经依法审查合格后，专利申请人在法律规定的时间和区域内对该项发明创造享有的专有权或独占权。

1. 专利的特点

专利具有独占性、地域性和时间性等特点。

（1）独占性也称垄断性或专有性，它是指专利权人对其权利的客体（发明创造）享有占有、使用、收益和处分的权利。

（2）地域性是指专利权是一种有区域范围限制的权利，它只有在法律管辖区域内有效。一般情况下，技术发明在哪个国家申请专利，就由哪个国家授予专利权，而且只在专利授予国的范围内有效，对其他国家没有任何法律约束力。

① 张建英，2003. 专利文献在技术创新中的应用[J]. 图书馆学研究（9）：91-94.

（3）时间性是指专利只有在法律规定的期限内才有效，各国的专利法对于专利权的有效保护期均有各自的规定。

2. 专利类型

中国专利分为三种类型：发明专利、实用新型专利和外观设计专利（表 6-1-1）。发明专利技术含量高，保护期长，是三种专利中最重要的一种。与发明专利相比，实用新型专利创造性低，但实用价值大。

表 6-1-1 中国专利的类型

名称	发明专利（20 年）	实用新型专利（10 年）	外观设计专利（15 年）
要求	对产品、方法及其改进提出的新的技术方案	对产品形状、构造及其结合提出的实用方案	对产品形状、图案、色彩或其结合所做出的富有美感并适合于工业上应用的新设计
特点	具有突出的实质性特点和显著进步	具有实质性特点和进步	具有实质性特点和进步

3. 授予专利权的条件

一项发明被授予专利权的条件是具备新颖性、创造性和实用性。

新颖性：指一项发明在申请日之前，是现有技术中所没有的，属首创。

创造性：在申请日之前与“现有技术”比较，该发明有突出的实质性特点和显著进步，该实用新型有实质性特点和进步。

实用性：该发明或实用新型能够制造或者使用，并且能够产生积极效果。

《中华人民共和国专利法》规定，不授予专利权的领域有以下几项：科学发现；智力活动的规则和方法；疾病的诊断和治疗方法；动物和植物的品种；原子核变换方法以及用原子核变换方法获得的物质；对平面印刷品的图案、色彩或者二者的结合做出的主要起标识作用的设计；对违反法律、社会公德或者妨害公共利益的发明创造。

4. 中国专利权申请及审查的流程

依据《中华人民共和国专利法》的规定，发明专利申请的审批程序包括受理→初审→公布→实质审查→授权五个阶段。实用新型或者外观设计专利申请在审批中不进行早期公布和实质审查，只有受理→初审→授权三个阶段。发明、实用新型和外观设计专利的申请、审查流程如图 6-1-1 所示。

6.1.2 专利文献的基础知识

1. 什么是专利文献

专利文献是实行专利制度的国家及国际性专利组织在审批专利过程中产生的官方文件及其出版物的总称。广义的专利文献，包括申请说明书、专利说明书、专利公报、专利分类表等；从狭义上来说，专利文献指的是专利申请书和专利说明书。专利申请书是指由专利发明人向专利组织递交的有关发明目的、构成和效果的技术文件。专利说明

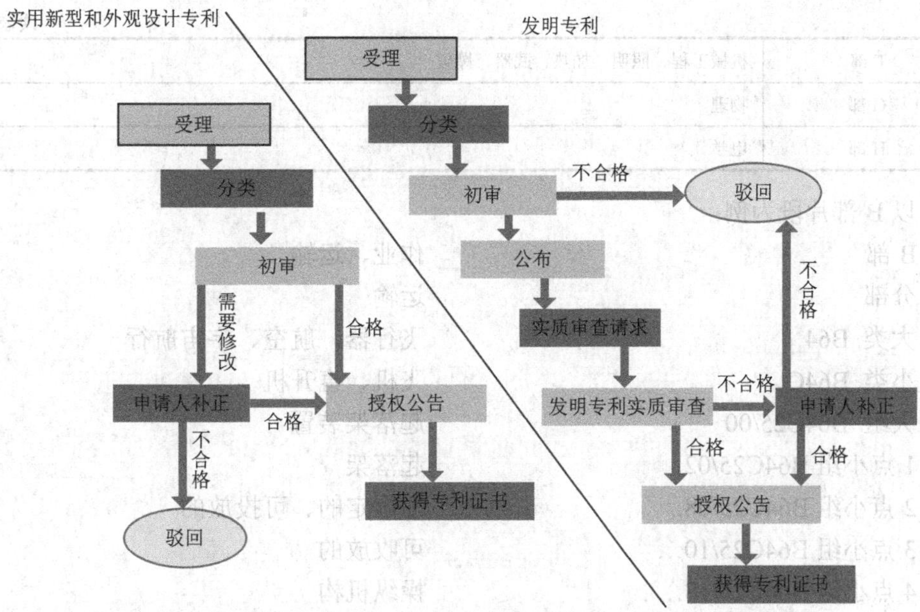

图 6-1-1　中国专利权申请及审查流程

书是指经过专利组织审批通过的专利申请书，即具有法律效力的专利书，具有新颖性、创造性和实用性。专利说明书是专利文献的主体，在专利文献的各种出版物中专利说明书出版量最大。

专利文献的特点：内容新颖，出版迅速；涉及技术领域广泛，文献数量巨大，实用性强；具有法律效力；技术工作具有单一性和保守性；重复量大。

2. 专利文献分类法

按专利文献的技术内容或主题进行分类，可以方便地查找专利文献。国际专利分类表（International Patent Classification，IPC）是世界知识产权组织为统一各国专利分类而编制的，1968 年出版并使用，每五年修订一次，以适应新技术发展的需要，是目前国际上占主导地位的专利文献分类法。

IPC 采用等级分类体系结构，按照技术主题设立类目，把整个技术领域分为 6 个不同等级——部、分部、大类、小类、大组、小组，逐级分类，采用数字和字母混合标记各级类目。IPC2018 版共 8 个部、131 个大类、642 个小类、73915 个大组与小组。部的类号用大写字母 A～H 表示，分部无类号标识，见表 6-1-2。

表 6-1-2　IPC 的 8 个部

A 部	人类生活必需
B 部	作业、运输
C 部	化学、冶金
D 部	纺织、造纸
E 部	固定建筑物

续表

F 部	机械工程、照明、加热、武器、爆破
G 部	物理
H 部	电学

以 B 部片段为例：

B 部	作业、运输
分部	运输
大类 B64	飞行器，航空、宇宙航行
小类 B64C	飞机、直升机
大组 B64C25/00	起落架装置
1 点小组 B64C25/02.	起落架
2 点小组 B64C25/08..	非固定的、可投放的
3 点小组 B64C25/10…	可收放的
4 点小组 B64C25/18…	操纵机构
5 点小组 B64C25/26…	锁定系统
6 点小组 B64C25/30…	应急动作

3. 中国专利文献的编号

（1）申请号是指申请专利时，专利局按申请文件的先后顺序给的号码。

例如：202311029439.2。

注释：申请号 202311029439.2 的前 4 位数字表示申请的年份。第 5 位数字表示申请专利的类型，1 表示申请的是发明专利，2 表示申请的是实用新型专利，3 表示申请的是外观设计专利。

（2）公开号是指发明专利申请经初审合格后，公开其申请说明书时给的号码（只有发明专利才有此号码）。

例如：CN101508667A。

注释：公开号 CN101508667A 中的字母和数字的含义是，CN 为我国国别代码；第 1 位数字代表专利类型，后面数字代表当年公开号的流水号；A 表示该发明在申请状态，还没有授权。

（3）公告号是指实用新型专利或外观设计专利经初审合格后，或发明专利经实质审查合格后，公布其申请说明书时给的号码。

例如：CN115271764B、CN220022857U、CN308382204S。

注释：上述编号中，B 为发明专利授权公告；U 为实用新型专利授权公告；S 为外观设计专利授权公告。

（4）专利号是指专利申请经审查合格后，专利局授权时给的号码。

例如：ZL202311029439.2。

注释：该号码与申请号相同，在号码前冠以 ZL 代码。ZL 是专利二字的汉语拼音首字母。

6.1.3　专利文献的检索

1. 检索途径

专利检索系统一般根据专利文献信息的特征提供多个检索途径（表 6-1-3），用户可根据已知信息从检索入口做出选择，可以进行单字段检索或多字段限定检索。

表 6-1-3　专利检索途径

途径	字段
主题检索	专利名称、摘要、关键词、权利要求、说明书
分类检索	分类号
人员和机构检索	发明人、专利申请人、专利权人、专利受让人、代理人、代理机构
号码检索	申请/专利号、公开/公告号、优先权
日期检索	申请日、公开日、公告日
地址检索	国籍、地址

2. 国内专利文献检索

国内有关专利文献的检索平台比较多，中国国家知识产权局、中国知网、万方数据知识服务平台、国家科技图书文献中心、读秀学术搜索等都可检索专利。

1）国家知识产权局检索平台（https://www.cnipa.gov.cn/）

（1）简介。

中国国家知识产权局（简称国家知识产权局）提供免费的专利检索与全文浏览服务，收录 1985 年 9 月 10 日至今公布的全部中国专利信息及其法律状态，包括发明、实用新型和外观设计三种专利的著录项目、摘要及专利说明书全文，也收录了 103 个国家、地区和组织的专利数据，以及引文、同族、法律状态等数据信息，涵盖了美国、日本、韩国、英国、法国、德国、瑞士、俄罗斯、欧洲专利局和世界知识产权组织等提供的数据信息。

国家知识产权局专利检索及分析系统，是集专利检索与专利分析于一身的综合性专利服务系统，在国家知识产权局官网上可以找到专利检索入口，注册用户登录后可免费使用。该系统依托丰富的数据资源，不仅提供多样化的检索方法，包括常规检索、高级检索、命令行检索、药物检索、导航检索等，还提供丰富的分析功能，包括申请人分析、发明人分析、区域分析、技术领域分析、高级分析等。用户可以根据自己的需求选择合适的检索方式，以获取精确的检索结果，以及进行专利分析。

（2）检索方法与实例。

① 常规检索：可自动识别检索词的字段或者选择检索要素、申请号、公开号、申请人、发明人及发明名称等字段；可单击🌐图标选择国家或地区。

【案例 6-1-1】检出 CN202211415851.3 的专利。

在常规检索框中直接输入申请号 CN202211415851.3，单击“检索”按钮即可找到该专利。

② 高级检索：专利检索和其他文献检索一样，也支持逻辑算符、截词符等检索技术，在国家知识产权局专利检索系统中，空格相当于逻辑“或”，这一点与其他检索系统使用空格代表逻辑“与”不同。

【案例 6-1-2】检索 2020—2021 年申请的发明名称中含有“LED（发光二极管）在植物生长、照明中的应用”的专利。

在检索界面左上方选择“高级检索”，进入高级检索界面，先选择专利的类型和区域范围，然后根据检索需求在检索项中进行条件设置。例如，本例在发明名称字段项中输入“(LED OR 发光二极管) AND 植物 AND (生长 OR 照明)”，在申请日字段项中输入“2020-01-01: 2021-12-31”，最后单击“检索”按钮。

③ 检索式编辑区，即专业检索。如果要进行比较复杂的检索，必须用到高级检索下的检索式编辑区，根据平台检索规则构建检索表达式。

（3）检索结果处理及原文获取。

检索结果页面可以选择图文、列表式、多图等显示格式，可以查看专利的详细信息、法律状态、同族、引证、被引证等情况；检索结果可选择按申请日期升序或降序进行排列；页面左侧是检索结果统计栏，可以对检索结果进行筛选和统计分析。

单击“专利详览”按钮，可看到专利的著录项目，浏览全文文本或全文图像，查看法律状态、引证、同族等信息。全文文本不能显示附图、表格，全文图像下载后是一张图，不能进行复制、粘贴等操作。页面的左侧是文献浏览列表，可以进行免费全文下载、收藏或者通过分析库进行专利分析。

2）万方中外专利数据库（https://c.wanfangdata.com.cn/patent）

万方中外专利数据库（Wanfang Patent Database，WFPD）涵盖 1.5 亿条国内外专利数据。其中，中国专利收录始于 1985 年，共收录 4400 余万条专利全文，可本地下载专利说明书，数据与国家知识产权局保持同步，包含发明专利、实用新型专利和外观设计专利三种类型，准确地反映中国最新的专利申请和授权状况。收录国外专利 1.1 亿余条，均提供欧洲专利局网站的专利说明书全文链接，收录范围涉及美国、日本、英国、德国、法国、瑞士、俄罗斯、韩国、加拿大、澳大利亚、世界知识产权组织、欧洲专利局等国家和组织的数据。万方中外专利数据库每年新增专利 300 余万条。

快速检索方式简单易用，高级检索方式专业且功能强大，可以通过主题、题名、摘要、申请人、发明人、专利申请号、公开公告号、主权项、优先权、代理人、申请日、公开日等多个检索项进行检索。购买用户可以下载专利全文。

3）中国专利全文数据库（https://www.cnki.net）

中国专利全文数据库（知网版）包括中国专利和境外专利。中国专利收录了 1985 年以来在中国申请的发明专利、实用新型专利、外观设计专利，共 4990 余万项，每年新增专利约 250 万项；包含发明公开、发明授权、实用新型和外观设计四个子库，准确地反映中国最新的专利发明。专利相关的文献、成果等信息来源于 CNKI 各大数据库。可以通过专利名称、关键词、申请号、公开号、分类号、申请人、发明人、优先权等检索项进行检索。境外专利包含美国、日本、英国、德国、法国、瑞士、俄罗斯、韩国、加拿大、澳大利亚、世界知识产权组织、欧洲专利局等国家和组织的专利，共计收录从 1970 年至今专利 1 亿余项，每年新增专利约 200 万项。购买用户可以下载专利说明书全文。

3. 国外专利文献检索

1）欧洲专利局专利检索系统（https://worldwide.espacenet.com）

欧洲专利局（European Patent Office）是 1998 年 10 月欧洲专利局与欧洲共同体共同开发的一个面向公众的专利信息系统，提供 100 多个国家超过 1 亿篇专利文献，包括欧洲专利（EP），英国、德国、法国、奥地利等国家的专利，以及世界知识产权组织的世界专利（WO）和日本专利，其中以美国、英国、法国、德国、EP、WO 的收藏最全。

欧洲专利局专利检索数据库提供著录数据、英文文摘及专利全文说明书的浏览服务，用户可免费下载或打印全文说明书的扫描图像。该系统提供的检索方法有智能检索、高级检索和分类检索三种，还提供英语、德语、法语检索界面。

2）美国专利商标局专利检索系统（https://www.uspto.gov/patents/search）

美国专利商标局（US Patent and Trademark Office，USPTO）是政府参与的一个非商业性联邦机构，主要服务内容是办理专利和商标、传递专利和商标信息。该系统每周更新一次，提供 1790 年至今的全文图像说明书及 1976 年至今的全文文本说明书。数据库提供三种检索途径：快速检索、高级检索和号码检索，其中 1790—1976 年的专利只能按专利号、美国专利分类号进行检索。

3）德温特专利数据库（https://webofscience.clarivate.cn/wos/alldb/basic-search）

德温特专利数据库（Derwent Innovation Index，DII）是世界上最全面的专利信息数据库之一，它包含了德温特世界专利索引（Derwent World Patent Index）和德温特专利引文索引（Derwent Patent Citation Index），收录了来自世界各地超过 50 家专利授予机构提供的增值专利信息，涵盖 100 多个国家 3900 多万项发明和 8000 多万条同族专利，数据可回溯到 1963 年，每周更新，为全球提供专利信息服务。

德温特专利数据库整合在 Web of Science 平台的灵活检索界面，提供符合研究人员习惯的灵活、简洁的检索字段和界面。该检索系统的突出特点是：将在不同国家申请的同一发明专利整合成一条记录，进行专利家族归并；统一专利文献语种，将几十种不同语种的原始文献重新用英语改写专利标题和摘要，并且突出了每项发明的新颖性、用途、优点和权利要求；独有的数据深加工标引字段，为研究人员提供了准确迅速的检索途径，如德温特分类码、专利权人代码、化合物名称、被引专利检索等。

6.2 标 准 文 献

6.2.1 标准的基础知识

1. 标准与标准文献

《标准化工作指南　第 1 部分：标准化和相关活动的通用术语》（GB/T 20000.1—

2014）对标准的定义如下：通过标准化活动，按照规定的程序经协商一致制定，为各种活动或其结果提供规则、指南或特性，供共同使用和重点使用的文件。广义的标准文献是指与标准化工作有关的一切文献，包括标准形成过程中的各种档案、宣传推广标准的手册及其他出版物、揭示报道标准文献信息的目录、索引等。

2. 标准的类型

按照不同的分类方式，标准可以分为不同的类型。

1）按适用范围划分

国际标准：指由国际标准化组织（ISO）、国际电工委员会（International Electrotechnical Commission，IEC）和国际电信联盟（International Telecommunication Union，ITU）制定的标准，以及由ISO确认并公布的其他国际组织制定的标准。国际标准在世界范围内统一使用。其中，ISO 标准由国际标准化组织（ISO）制定，涉及各种技术和管理领域，如ISO 9001质量管理体系标准。IEC标准由国际电工委员会（IEC）制定，主要涉及电气和电子工程领域，如《半导体器件. 机械和气候试验方法. 第17部分：中子辐照》（Semiconductor devices-Mechanical and climatic test methods-Part 17: Neutron irradiation）（IEC 60749-17-2019）。

区域性标准：区域性标准是世界某一区域标准化团体通过的标准，如《家具. 表面耐摩擦性评定》（Furniture assessment of the surface resistance to abrasion）（EN CEN/TS 15185-2005）就是一种欧洲标准，主要在欧洲各国实施。区域标准化团体可以由同一地理范围内的国家组成，也可以由于政治原因或经济原因而使一些国家组成区域标准化团体。世界上比较重要的区域标准见表6-2-1。

表 6-2-1　主要区域标准及代号

序号	代号	含义	负责机构
1	ARS	非洲地区标准	非洲地区标准化组织（ARSO）
2	ASMO	阿拉伯标准	阿拉伯标准化与计量组织（ASMO）
3	EN	欧洲标准	欧洲标准化委员会（CEN）
4	ETS	欧洲电信标准	欧洲电信标准学会（ETSI）
5	PAS	泛美标准	泛美技术标准委员会（COPANT）

国家标准：由国家标准化主管机关批准、发布，并在全国范围内统一执行的标准。如中国国家标准《家用和类似用途电器的安全　第1部分：通用要求》（GB 4706.1—2005）、美国国家标准《摄影化学药品福尔马林 带有稳定剂的37%溶液规范》（ANSI/I3A IT4.152—2001）。

行业标准：又称为团体标准，是在全国某个行业范围内统一的标准。我国的行业标准由国务院有关行政主管部门制定，并报国务院标准化行政主管部门备案。当同一内容的国家标准公布后，则该内容的行业标准即废止，如《危险废物识别标志设置技术规范》（HJ 1276—2022）。

地方标准：由一个国家的地方部门制定并公开发布的标准，如《电力变压器节能监测标准》（DB11/140—2002）。

企业标准：又称公司标准，是由企事业单位自行制定、发布的标准，也是对企业范围内需要协调、统一的技术要求、管理要求和工作要求所制定的标准，如波音公司标准 BACJ40 就是其商用飞机所采用的企业标准。

2）根据标准实施的强制性程度划分

强制性标准是由国家立法机构、政府或经授权的权威标准化机构所制定的，并具有法律强制力的规范性文件。这类标准的目的在于保障公共利益，包括但不限于公共安全、健康保护及环境保护等基本要求。以汽车尾气排放标准为例，强制性标准规定了机动车辆排放的有害气体和颗粒物的限值，汽车制造商及车主均须遵循此标准。违反此标准可能导致车辆无法通过法定的年度检验或面临其他法律后果。

推荐性标准则是由国家立法机构、政府或权威标准化机构制定，供各利益相关方自愿采纳的指导性文件。虽然这些标准不具备法律强制力，但是它们为特定行业或领域内的实践提供了参考和指导。例如，ISO 9001 质量管理体系标准即为推荐性标准之一，它为企业建立和维护质量管理体系提供了一套框架和要求。企业通过自愿采纳并实施此标准，能够提升产品与服务质量，增强客户信任，从而在市场中获得竞争优势。

暂行标准是针对特定时期或特定情境下的需求，由相应机构制定的过渡性或补充性规范。这类标准通常在正式标准的制定和实施过程中起到桥梁作用。以某一行业的快速成长期为例，由于正式标准尚未完全建立，暂行标准的制定有助于规范市场行为，促进技术创新和行业发展。随着正式标准的出台，暂行标准将按照既定程序逐步被淘汰或更新，以确保标准的时效性和适应性。需要注意的是，强制性标准、推荐性标准和暂行标准在实际应用中可能存在一定的交叉和重叠。此外，不同国家和地区对于标准的制定和实施也可能存在差异。

3. 标准的编号

国际上标准号形式各异，但基本结构为：标准代号+顺序号+颁布年份。

标准代号大多为颁布机构的缩写字母，如 IEC 代表国际电工委员会、API 代表美国石油学会（American Petroleum Institute）、ASTM 代表美国材料与试验学会（American Society for Testing and Materials）等。

1）我国主要标准编号

（1）国家标准的代号由大写汉语拼音字母构成，强制性国家标准代号为 GB，推荐性国家标准代号为 GB/T，GB/Z 表示中华人民共和国国家标准化指导性技术文件。例如，《食品安全国家标准　包装饮用水》（GB 19298—2014）、《中国档案机读目录格式》（GB/T 20163—2006）、《中医技术操作规范　儿科　第 6 部分：小儿灯火燋法》（GB/Z 40893.6—2021）。

（2）行业标准代号由大写汉语拼音字母组成，再加上斜线、T 组成推荐性行业标准（NY ××/T），不加斜线、T 为强制性行业标准（NY ××）。行业标准代号由国务院各有关行政主管部门提出其所管理的行业标准范围的申请报告，由国务院标准化行政主管部门审查确定并正式公布。行业标准代号用该行业主管部门名称的汉语拼音的首字母表示。

例如，《西洋参制品》(NY 316—1997)、《绿色食品农药使用准则》(NY/T 393—2000)，其中的NY都代表该标准的颁布机构为农业农村部。

(3) 地方标准代号由大写汉语拼音字母DB加上省、自治区、直辖市行政区划代码的前面两位数字（北京市11、天津市12、上海市13等），再加上斜线、T组成推荐性地方标准（DB ××/T），不加斜线、T为强制性地方标准（DB ××）。例如，福建省的《杂交水稻组合汕优多系1号》(DB35/ 23—1997)、黑龙江省的《民用建筑节能设计标准实施细则（采暖居住建筑部分）》(DB23/T120—2001)。

(4) 企业标准的代号由大写汉语拼音字母Q加斜线再加企业代号组成（Q/×××），企业代号可由大写拼音字母或阿拉伯数字或者两者兼用组成。企业代号按中央所属企业和地方企业分别由国务院有关行政主管部门或省、自治区、直辖市政府标准化行政主管部门会同同级有关行政主管部门加以规定。企业标准一经制定颁布，即对整个企业具有约束性，是企业法规性文件，没有强制性企业标准和推荐性企业标准之分。例如，中国石化公司的《钻井工程污染防治规范》(Q/SH 0238—2009)。

2）部分国家的标准编号

各个国家的标准编号体系有所区别，总的来说都包含了颁布机构代号、标准序号、颁布年份信息，有的国家的标准号中会体现标准的分类信息。示例如下：

美国国家标准：ANSI+分类号+小数点+序号+年份。

日本工业标准：JIS+字母类号+数字类号+标准序号+年份。

英国国家标准：BS+顺序号+分册号+年份。

德国国家标准：DIN+顺序号+年份。

法国国家标准：NF+字母类号+数字小类号+顺序号+年份。

6.2.2 标准文献的特点及作用

1. 标准文献的主要特点

1）权威性

标准文献的制定往往由政府、国际组织或行业协会等权威机构负责。这些机构在相关领域拥有专业知识和广泛影响力，确保标准文献的内容具有权威性和可信度。标准的发布和实施通常经过严格的审查和批准程序，以确保其科学性和合理性。

2）规范性

标准文献的核心目的是为特定领域提供规范性和指导性文件。它规定了产品和服务的质量、安全性、可靠性和一致性等方面的要求，确保各方在遵循标准的过程中达到统一的技术水平和管理要求。标准的规范性使各方能够相互协作，减少误解和纠纷。

3）实用性

标准文献的制定考虑了实际应用的需求和场景。它不仅提供了技术要求和指导，还结合了行业实践和经验，使各方在实际操作中能够顺利应用标准。标准的实用性有助于促进技术创新和产业升级，提高产品和服务的竞争力。

4）稳定性

标准文献具有相对稳定的性质。一旦标准经过审查和批准，并在一定范围内实施，它将保持一定的稳定性和连续性。标准的稳定性有助于各方在较长时间内保持技术和管理的一致性，减少因频繁变更而带来的不确定性和风险。

5）时效性

尽管标准文献具有稳定性，但是随着技术和行业的不断发展，某些标准可能需要更新或修订。因此，标准文献也具有一定的时效性。它需要定期进行评估和审查，以确保其与当前技术和市场需求保持一致。时效性使标准能够适应不断变化的环境，保持其指导意义和适用性。

6）国际性

在全球化的背景下，标准文献的国际化趋势日益明显。许多标准和规范都是由国际组织或跨国合作机构制定和推广的，以确保全球范围内的产品和服务具有一致性和可比性。标准文献的国际性有助于促进国际贸易和技术合作，推动全球经济的发展和进步。

2. 标准文献的作用

（1）了解国际背景。在全球化的今天，了解不同国家的国际背景对于企业和研究机构至关重要。通过阅读和研究标准文献，不仅可以获取有关各国经济政策、技术政策的详细信息，还能深入了解各国的生产水平、资源状况及标准水平等关键指标。这些信息对于制定国际合作策略、评估市场潜力、制定投资决策等都具有重要价值。

（2）促进技术交流。在科研、工程技术、工业生产等领域，标准化的概念、术语、符号、公式、量值、频率等的应用，有助于克服语言和文化障碍，促进不同国家和领域的技术交流。标准化使得技术信息的传递更加准确无误，从而加速了全球技术合作和知识共享，推动了科技进步和创新。

（3）推动技术创新。通过研究和应用标准文献中的信息，企业和研究机构可以借鉴国内外的先进标准，对新产品进行改进，提高本国的制造工艺与生产水平。同时，先进的标准也可以在国内得到推广和借鉴，激发本土创新，推动整个行业的技术进步。

（4）确保质量与效率。标准文献提供了鉴定工程质量、检验产品、控制指标和统一试验方法的技术依据。这些标准能够帮助企业和研究机构简化设计流程、缩短研发时间、节省人力资源，并减少不必要的实验和计算。通过遵循这些标准，可以在保证产品质量的同时降低成本，提高生产效率。

（5）设备与维修。对于进口设备，标准文献提供了重要的参考和指导。企业和维修人员可以按照标准文献进行设备的安装和维修，确保设备的正常运行和性能。此外，标准文献还有助于配置必要的零件，提高设备的维护效率和使用寿命。

（6）促进企业管理。标准文献可以作为企业管理人员的重要参考，有助于企业或生产机构经营管理活动的统一化、制度化、科学化和文明化。通过遵循行业标准和最佳实践方案，企业可以建立更加规范和高效的管理体系，提高管理水平，增强企业的竞争力。同时，这也有助于提升企业的社会责任意识，促进可持续发展。

标准文献也是科研工作者从事技术研发、改进的重要资料来源。科研人员通过分析标准文献，可以了解相关领域的技术发展历程，从而分析出技术的发展趋势。

6.2.3 标准文献分类法

1. 国际标准分类法

国际标准分类法（International Classification for Standards，ICS）是由国际标准化组织（ISO）编制的标准文献分类法。它用于对标准文献的分类和管理，构成了国际、区域性和国家标准长期订购系统的基石。ICS 在数据库和图书馆中，为标准和标准文献的分类提供了一个有效的框架。ICS 还广泛应用于目录、选择清单、参考文献及存储在磁介质和光介质上的数据库等。此外，ICS 也确保了标准文献的系统化和结构化，使研究人员、专业人士和决策者能够快速、准确地找到所需的信息。

ICS 采用三级数字编号系统。第一级使用双位数编号，有 41 个大类，涵盖多个标准化专业领域，如公路车辆工程、农业、冶金等；第二级使用三位数编号，有 392 个类目，其中的 144 个细分为第三级；第三级使用双位数编号，有 909 个类目。各级类目之间以实圆点分隔。在 ICS 的某些二级和三级类目下，还设有范畴注释或指引注释，以提供额外的信息或定义。图 6-2-1 是一个 ICS 分类示例。

ICS 代码	英文名称		中文名称
11.220	Veterinary medicine		兽医学
13	ENVIRONMENT. HEALTH PROTECTION. SAFETY	→ 一级类目	环境、保健与安全
13.020	Environmental protection		环境保护
13.020.01	Environment and environmental protection in general		环境和环境保护综合
13.020.10	Environmental management		环境管理
13.020.20	Environmental economics	→ 三级类目	环境经济
13.020.30	Environmental impact assessment		环境影响评定
13.020.40	Pollution,pollution control and conservation		污染、污染控制和保护
13.020.50	Ecolabelling		环境分类
13.020.60	Product life-cycles		产品寿命周期
13.020.70	Environmental projects		环境规划
13.020.99	Other standards related to environmental protection	→ 二级类目	有关环境的其他标准
13.030	Wastes		废物
13.030.01	Wastes in general		废物综合
13.030.10	Solid wastes		固态废物

图 6-2-1 ICS 分类示例

2. 中国标准分类法

中国标准分类法（China Classification for Standards，CCS）是中国国家标准的一种分类方法，它主要用于对国家标准、行业标准及相关标准文献进行分类和检索。CCS 的类目设置主要以专业划分为主，适当结合科学分类，采用从总到分、从一般到具体的逻辑系统进行分类。CCS 的分类原则是将通用标准相对集中，专用标准适当分散。例如，通用紧固件标准归入“J 机械类”，而航空用特殊紧固件标准则归入“V 航空、航天类”。对于基本建设、环境保护、金属与非金属材料等方面的标准文献，则采用相对集中列类的方法。

CCS 的一级分类由 24 个大类组成，每个大类有 100 个二级类目。一级分类由单个拉丁字母表示，二级分类由双数字（00～99）组成。这种分类方法有助于用户快速定位到特定领域的标准文献。具体分类示例如图 6-2-2 所示。

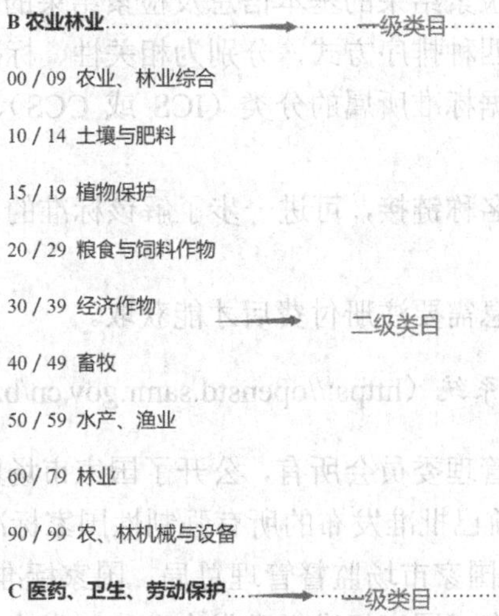

图 6-2-2　中国标准分类法示例

6.2.4　标准文献的检索

1. 中国标准服务网（http://www.cssn.net.cn）

中国标准服务网（China Standard Service Network，CSSN）创建于 1998 年，是中国标准化研究院主办的国家级标准信息服务网站。中国标准服务网已经获得国内外众多机构的正版授权，在中国境内销售包括国家标准、行业标准、ISO、IEC、ASTM 等近 1000 个种类覆盖全球 100 多个国家的标准，可售标准约 200 万份。在该网站上免费注册后可以检索到相关标准的题录信息。

1）检索方式

该网站提供的检索项有：标准状态、标准号、标准名称、关键词、国家/发布机构、国际标准分类（ICS）、中国标准分类（CCS）、起草单位、起草人、发布年。

标准号、中文标题、英文标题、中文关键词、英文关键词、被代替标准、采用关系，这些检索项中只输入检索词时默认为“前后模糊匹配”；提供的逻辑算符有*和+。提供的检索方式有模糊检索、高级检索。

（1）模糊检索。模糊检索为单条件检索，在检索框中直接输入标准号、标准名称或关键词后单击“搜索”按钮即可。

（2）高级检索。高级检索支持多条件组合检索，提供的检索项有标准状态（现行、未生效、作废、被代替、废止、历史）、关键词、国家/发布机构、国际标准分类、中国标准分类、起草单位、起草人等，并可通过下拉菜单进一步选择发布机构、标准所属分类。

例如，要查找我国有关“热水器”的现行标准，可选择标准状态“现行”，输入关键词“热水器”，选择发布机构“国家标准（GB）”。

2）检索结果的处理

检索结果页面提供了检索结果的基本信息及检索结果的排序功能。

检索结果页面提供了四种排序方式，分别为相关性、标准号、发布时间、价格。在检索结果页面上还可以根据标准所属的分类（ICS 或 CCS）、发布的年份等信息筛选所需要的结果。

单击需要查阅的标准名称链接，可进一步了解该标准的基本信息、相关标准、关联标准等。

该网站的标准全文信息需要注册付费后才能获取。

2. 国家标准全文公开系统（https://openstd.samr.gov.cn/bzgk/gb/ind）

该网站为国家标准化管理委员会所有，公开了国家市场监督管理总局、国家标准委员会于 2017 年 1 月 1 日前已批准发布的所有强制性国家标准、推荐性国家标准（非采标）、指导性技术文件，对国家市场监督管理总局、国家标准委员会自 2017 年 1 月 1 日后新发布的国家标准，将在《国家标准批准发布公告》发布后 20 个工作日内公开标准文本，食品安全、环境保护、工程建设方面的国家标准未纳入本系统。该网站收录现行有效强制性国家标准 2031 项，其中非采标 1473 项可在线阅读和下载，采标 558 项只可在线阅读；收录现行有效推荐性国家标准 42309 项，其中非采标 27638 项可在线阅读，采标 14671 项只提供标准题录信息；收录现行有效指导性技术文件 615 项，其中非采标 262 项可在线阅读，采标 353 项只提供标准题录信息。①

1）标准检索方式

国家标准全文公开系统提供普通检索、分类检索、高级检索三种方法进行标准查询。

（1）普通检索。在首页检索框内输入要查询的标准号或标准名称，单击“检索”按钮进行检索。

检索中可以根据需要选择特定的标准进行检索，具体方法有两种：一是在页面导航条选择相应的标准类别（强制性国家标准、推荐性国家标准、指导性技术文件）标签，查询相应类别的标准；二是直接单击首页相应的标准类别进行检索。

（2）分类检索。在首页右侧选择“标准分类”标签，可进入标准分类类目列表，单击相应标准分类，进行检索。也可以在文本框中直接输入“分类关键字”（如“涂料”）后查找相关类目下的标准信息。

（3）高级检索。在首页右侧选择“高级检索”标签，输入更多检索条件后检索。高级检索页面提供了标准类别、关键词、标准状态、发布日期、ICS 分类等选项，用户可根据需要选择。例如，要查找现行的有关“空气质量”的标准，可在关键词文本框中输入“空气质量”，选择“全部”标准类别，标准状态选择“现行”，发布日期与 ICS 分类选择“全部”，即可检索。

2）检索结果的处理

系统提供两种处理检索结果的方式：一是直接根据检出结果的标准状态、类型、所

① 国家标准全文公开（2024-07-04)[2024-07-04]. https://openstd.samr.gov.cn/bzgk/gb/Index.

属类目、发布时间对检索结果进行二次选择；二是在检索框中输入检索条件，在检索结果中筛选。上例中可在检索结果中对标准类型、发布日期、标准分类等做进一步限定，也可在文本框中输入检索词（如“比色法”）进一步查找更相关的结果。

3）标准原文的获取

对命中的结果，单击“查看详细”按钮可查看详细内容，包括标准的中英文名称、标准状态、标准号、标准分类号、发布时间、实施时间、主管部门、发布单位等。结果页面也提供了标准原文的在线预览和下载链接。

3. 国际标准化组织（ISO）（http://www.iso.org/home.html）

ISO 是由来自世界 100 多个国家的国家标准委员会组成的世界性联盟，任务是促进标准的开发及有关活动，在全球实现交流和合作。

该网站介绍了 ISO 组织、ISO9000/1SO14000 标准系列、各成员国、产品与服务等信息，提供 ISO 相关标准的检索服务。可按标准名称关键词、ISO 标准号、国际标准分类号、标准颁布时间、委员会代码等进行检索。

1）检索方法

（1）快速检索。快速检索下提供浏览和检索两种方式。浏览方式有 Browse by ICS（国际分类浏览）和 Browse by TC（委员会浏览）。可在文本框中输入标准号、标准名称或关键词进行查找。

例如，通过分类方式，检索“室内环境中空气质量的相关标准”。检索步骤如下：

① 选择 Browse by ICS；

② 选择分类号 13；

③ 选择二级分类号 13.040、Air quality；

④ 选择相应的标准。

（2）高级检索。ISO 的高级检索可通过关键词或短语（如标准名称）、摘要、全文字段检索，还可通过 ISO 号、ICS 号、标准阶段、时间、发布委员会等进行检索，可以是单条件检索，也可以是复合条件检索。高级检索支持逻辑算符、截词符、短语检索等。

上例中有关“空气质量”方面的标准，也可以通过高级检索进行查找。可在 Search abstracts（搜索摘要）字段文本框输入检索词“air qualit*”，选择 Scope（范围）为 Published（已发布的）。

2）检索结果的处理

检索结果的详细信息页面提供了相关标准的名称、标准号、ICS 分类号、版次、页数、发布机构、订购全文的价格等。

4. 其他标准检索网站

1）万方数据知识服务平台的中外标准数据库（https://c.wanfangdata.com.cn/standard）

截至 2024 年 12 月，中外标准数据库（China Standards Database）收录了所有中国国家标准（GB）、中国行业标准（HB）及中外标准题录摘要数据共计 260 余万条记录。其中，中国国家标准全文数据内容来源于中国质检出版社，中国行业标准全文数据收录了机械、建材、地震、通信标准及由中国质检出版社授权的部分行业标准。国际标准数据库包含美、英、德等国家的标准，以及国际电工标准；还收录了某些国家的行业标准，如美国保险商实验室数据库、美国专业协会标准数据库、美国材料与试验学会数据库、日本工业标准数据库等。

系统提供了简单检索、高级检索、专业检索和导航检索。提供的字段有标准名称、标准编号、发布单位、起草单位、关键词、发布日期、实施日期、确认日期、废止日期、中国标准分类号、国际标准分类号、国别代码等。检索结果提供简单的题录信息，如标准名称、标准编号、标准分类号、起草单位等。标准文献的全文需要通过购买获得。具体检索方法可参见 4.4 节。

2）中国知网（CNKI）标准数据库（http://www.cnki.net）

CNKI 标准数据库涵盖了国家标准、行业标准及国内外标准题录的广泛信息，汇集了超过 60 万项标准，包括所有由中国标准出版社出版，并由国家标准化管理委员会正式发布的国家标准全文，收录了现行有效的、已经废止、被替代或即将实施的行业标准，还收录了中国及全球范围内的先进国家和标准化组织制定与发布的标准题录数据，数量超过 49 万项。

国外标准数据库收录了国际标准（ISO）、国际电工标准（IEC）、欧洲标准（EN）、德国标准（DIN）、英国标准（BS）、法国标准（NF）、日本工业标准（JIS）、美国标准（ANSI）、美国部分学（协）会（如美国材料与试验学会 ASTM、美国电气电子工程师学会 IEEE、美国保险商试验室 UL、美国机械工程师协会 ASME）标准等题录信息。

该数据库的检索方式有简单检索、高级检索、专业检索、分类导航检索等，采用国际标准分类法（ICS 分类）和中国标准分类法（CCS 分类），可以通过标准号、中文标题、英文标题、中文关键词、英文关键词、发布单位、摘要、被代替标准、采用关系等检索项进行检索。

检索结果中可看到标准的题录信息：标准名称、标准号、颁布时间、分类号等。

除了标准的基本信息外，CNKI 还通过知网节帮助用户了解与该标准相关联的其他标准，包括它们之间的采用关系、替代关系、引用关系。借助知网节，用户还可以了解与该标准相关的专利信息、科技成果信息等。通过这些关联，用户不仅能够了解标准本身，还能深入了解标准的来龙去脉、最新发展及相关领域的趋势。

CNKI 数据库免费检索，免费浏览题录、摘要和知网节。如果要阅读全文，则须订购或通过单位订购的镜像站点访问。具体检索方法可参见 4.3 节。

3）国际电工委员会（http://www.iec.org）

国际电工委员会（IEC）成立于 1906 年，成员覆盖 173 个国家，有正式国家成员 86 个、联络国家成员 87 个。它是世界上成立最早的国际性电工标准化机构，负责有关电气工程和电子工程领域的国际标准化工作，其宗旨是促进电工、电子和相关技术领域有关电工标准化等所有问题上（如标准的合格评定）的国际合作。

4）国际电信联盟（https://www.itu.int/ITU-T/index.html）

国际电信联盟（ITU）是联合国的一个重要专门机构，也是联合国机构中历史最长的一个国际组织，简称国际电联、电联或 ITU，是主管信息通信技术事务的联合国机构，负责分配和管理全球无线电频谱与卫星轨道资源，制定全球电信标准，向发展中国家提供电信援助，促进全球电信发展。ITU 的组织机构主要分为电信标准化部门（ITU-T）、无线电通信部门（ITU-R）和电信发展部门（ITU-D）。ITU 每年召开一次理事会，每四年召开一次全权代表大会、世界电信标准大会和世界电信发展大会，每两年召开一次世界无线电通信大会。

5）美国国家标准化组织（https://www.ansi.org）

美国国家标准化组织（ANSI）是美国非营利性民间标准化团体，致力于国际标准化事业和消费品方面的标准化。ANSI 现有工业学、协会等团体会员约 200 个，公司（企业）会员约 1400 个，学术委员会包括执行标准会议、国际技术委员会、专利组、标准和数据业务委员会、授权委员会、美国国家委员会等。

6）美国电气电子工程学会（https://www.ieee.org）

美国电气电子工程学会（IEEE）是一个国际性的电子技术与信息科学工程师学会，致力于电气、电子、计算机工程和与科学有关的领域的开发和研究，在太空、电子、计算机、通信、电力及消费性电子产品等领域已制定了 900 多个行业标准。

第7章　论文的开题与撰写

学习目标

知识：学位论文和学术论文的特点与区别，论文选题原则，论文选题途径，文献综述撰写（特点、书写格式），论文写作规范（学术规范、引用规范），文献管理软件的使用方法。

技能：利用数据库进行论文选题，不同类型信息的引用规范，NoteExpress 在文献管理中的应用，NoteExpress 在论文写作中的应用。

7.1　学位论文/学术论文的要求与特点

论文是指运用某些专业理论、研究方法和技术对某一学术问题进行科学分析、研究或阐述科学研究成果而写的文章。广义的论文不仅包括学术论文和学位论文，还包括行业分析报告、实验报告、调查报告等专业性较强的文章。狭义的论文仅指学术论文和学位论文。

学术论文主要供学术会议上宣读、交流、讨论或学术刊物上发表，或用作其他用途的书面文件。学术论文一般应得到同行的认可，对现有研究有贡献。

学位论文是作者为获得某种学位而撰写的研究报告或科学论文，一般分为学士论文、硕士论文、博士论文三个级别。学位论文一般不在刊物上公开发表，可通过学位授予单位、指定收藏单位和私人途径获得，一般要求内容详尽、论据充分，有完整的实验过程。

学术论文和学位论文都是学术研究的重要成果，它们都遵循学术规范和写作标准，并需要经过严格的审查，具有理论性、科学性、创造性、价值性和学术性等特点。

（1）理论性：论文一般要有自己的理论系统，不能只是材料的罗列，应对大量的事实、材料进行分析、研究，是从感性认识上升到理性认识。

（2）科学性：立论上不应带有个人好恶和偏见，内容客观、真实，数据准确，语言表达清晰，图表规范，研究成果经得起他人的实践检验。

（3）创造性：科学研究本质上就是一种创造性的活动。论文的创造性在于作者能够发现新规律，提出新观点或新理论。

（4）价值性：论文一般要求具有一定的理论意义和实践价值，能够进一步丰富和发展现有的理论研究，为科学技术发展做贡献，并能够解决社会现实中存在的问题，促进社会进步。

（5）学术性：学术性也称专业性，论文是从事专业领域研究学者的学术成果和学术见解，学术性是衡量科技论文价值的重要标准。专业知识一知半解的人在论文写作的过程中很可能会漏洞百出，降低论文的学术价值。

7.2　论文的选题

论文选题是论文写作的第一步。论文选题具有研究价值，论文才会具有理论意义和实践价值。可见，选择一个合适的论题，可以起到事半功倍的作用。

7.2.1　选题原则

创新性：论文能够提出新观点、新方法或新发现，可解决本专业有争议的问题或填补某项研究空白。

可行性：有明确的研究目标和方法，能够在有限的时间和资源内完成。论文选题一般宜小不宜大，题目太大易导致研究内容空泛，无法驾驭。

价值性：对学术和实践有一定的贡献，能够满足学术研究需要，并能够解决实际应用问题，具有理论意义和实践价值。

兴趣性：选择自己感兴趣的领域或主题，将激发学习动力和研究热情。

7.2.2　选题途径

这里以毕业论文为例介绍选题途径。

毕业论文选题一般要选与自己专业相关的论题，很少有院校允许学生跨专业选题。选题要符合本专业的培养目标及教学基本要求，应紧扣专业知识，目的是提升分析和解决问题的能力。因此，在选题时，首先要确定“写什么”，只有明确知道“写什么”，才能知道该“怎么写”。简而言之，就是要在自己的专业方向上，明晰研究主题，选题才能适合自己。例如：

从导师、专家推荐中选题：导师或专家经验丰富，能够提供有价值的建议和指导。

从现实应用中选题：当今热点话题或现实生活中急迫需要解决的问题。

从最新研究中选题：浏览最新的权威文献，发现研究前沿和动态。

从热点趋势中选题：从相关文献中查找该领域的领军人物发表的最新研究成果。

从交叉学科中选题：科学发展趋势是学科的交叉、渗透，交叉地带存在着大量新的课题供探索与研究。

下面介绍如何利用中国知网进行毕业论文选题。

1）确定论文研究主题

（1）翻阅相关学科领域的权威期刊。例如，打开中国知网首页，单击“出版物检索”按钮，打开相应界面，输入相关学科领域的检索词，在检索结果中筛选权威期刊并翻阅详细内容，如图 7-2-1～图 7-2-3 所示。

图 7-2-1　出版物检索

图 7-2-2　筛选权威期刊

图 7-2-3　翻阅权威期刊

（2）利用分类导航查找相关学科领域的论文（图 7-2-4）。借助出版物导航或分类导航，查阅近年来相关学科领域研究论文目录，掌握论文题目拟定的规律，然后举一反三，找到适合自己的研究主题。

2）在明确研究主题的基础上，快速浏览相关文献

在“篇名”或“篇关摘”栏输入检索词，单击“检索”按钮进行搜索，若检索结果过多，如图 7-2-5 所示，可按左边“主题”或“学科”进一步限定检索内容。在检索结果中，可通过“被引频次（找出学术价值高，扩散程度广的文献）”“发表时间（找出最新发表的文献）”“下载（找出被关注度高的文献）”调整至所需的论文，先查看基本题

录信息，再根据需要选择文摘或全文阅读，结合自己的心得体会，确定论文题目。

图 7-2-4　利用分类导航查找相关学科领域的论文

图 7-2-5　筛选相关学科领域的论文

选题除满足创新性、可行性、价值性原则外，一定要结合自己的兴趣和实验室条件，充分评估自己的专业知识储备情况和能力，确保能在规定时间内完成，以免影响正常毕业。研究生或本科生在毕业论文选题时最好跟自己的导师进行沟通，进一步筛选和确定可行的研究题目。

7.3　文献综述的撰写

文献综述（literature review）是对某一特定学科或领域的专题（课题）文献进行收集、分析、归纳，整理当前研究的最新进展、学术见解或建议，对其做出综合性介绍和阐述的一种学术论文，反映出该专题在一定时期内的研究工作进展情况。

7.3.1 文献综述的特点

综合性：要求对文献资料进行归纳整理、综合分析，使材料更精练明确、更有逻辑层次。

评述性：要求对综合整理后的文献进行比较专门的、全面的、深入的、系统的、客观的论述。

文献综述能够反映当前某一领域中某分支学科或重要专题的历史（前人已经做了哪些工作）、现状（进展到何种程度、有几个学术流派等）、最新动态（国内外相关研究的新趋势、新方法、新原理等），是教学、科研及生产的重要参考资料。

7.3.2 书写格式

综述的撰写，不仅要指出发展背景和工作意义，还应有评论性意见，预测发展趋势和应用前景。综述的书写格式，除题目、署名、摘要、关键词外，一般还包括前言、主体、总结和参考文献四部分，其中前三部分是综述的正文，后一部分是撰写综述的基础。

（1）前言：又称引言，主要是提出问题，包括写作的目的、意义和作用，综述问题的历史、资料来源、现状和发展动态，以及阐述有关概念的定义，选择这一专题的目的、应用价值和实践意义。这部分为200～300字。

（2）主体：综述的主体，通常包括论据和论证。没有固定的书写格式，可按问题进行综述，或按观点进行比较综述，还可按年代顺序综述。不管采用哪种格式，都要将搜集到的文献资料进行归纳、整理和分析比较，阐明有关主题的历史背景、现状及发展趋势等。在评述的部分，应注意选择代表性强、具有科学性和创造性的文献的论点进行引用和评述。

（3）总结：又称为结论、小结或结语。主要是针对主体部分所阐述的内容进行概括和评议，并提出个人见解，以及今后的发展方向。对篇幅较少、内容简单的综述，也可不写总结，仅在主体内容论述完成后，用简短的语言进行高度概括。

（4）参考文献：参考文献是综述的原始素材，也是综述的基础。它除表示对被引证作者的尊重，表明引用资料的科学依据外，更为读者查找有关文献提供线索。

7.4 论文写作规范

7.4.1 学术规范

在从事科学研究和撰写学术论文的过程中，应严格遵守中华人民共和国的《著作权法》《专利法》《高等教育法》《学位条例》以及中国科学技术协会颁布的《科技工作者科学道德规范（试行）》等国家相关法律法规和学术道德准则。坚持追求科学真理，尊重科学发展的自然规律，倡导严谨务实的学术风气，勇于开拓创新，坚守科学道德底线，维护学术诚信。

2019 年，国家新闻出版署发布了我国首个针对学术不端行为的行业标准——《学术出版规范　期刊学术不端行为界定》（CY/T 174—2019）（以下简称《标准》）。《标准》首次界定了学术期刊论文作者可能涉及的学术不端行为，《标准》将论文作者的学术不端行为划分为八种类型：剽窃、伪造、篡改、不当署名、一稿多投、重复发表、违背研究伦理及其他学术不端行为。

（1）剽窃。是指采用不当手段，窃取他人的观点、数据、图片和音视频、研究（实验）方法、文字表述等并以自己名义发表的行为。

① 观点剽窃：不加引注或说明地使用他人的观点，并以自己的名义发表，应界定为观点剽窃。

② 数据剽窃：不加引注或说明地使用他人已发表文献中的数据，并以自己的名义发表，应界定为数据剽窃。

③ 图片和音视频剽窃：不加引注或说明地使用他人已发表文献中的图片和音视频，并以自己的名义发表，应界定为图片和音视频剽窃。

④ 研究（实验）方法剽窃：不加引注或说明地使用他人具有独创性的研究（实验）方法，并以自己的名义发表，应界定为研究（实验）方法剽窃。

⑤ 文字表述剽窃：不加引注地使用他人已发表文献中具有完整语义的文字表述，并以自己的名义发表，应界定为文字表述剽窃。

（2）伪造。是指编造或虚构数据、事实的行为。

（3）篡改。是指故意修改数据和事实使其失去真实性的行为。

（4）不当署名。是指与论文实际贡献不符的署名或作者排序行为。

（5）一稿多投。是指将同一篇论文或只有微小差别的多篇论文投给两个及以上期刊，或者在约定期限内再转投其他期刊的行为。

（6）重复发表。是指在未说明的情况下重复发表自己（或自己作为作者之一）已经发表文献中内容的行为。

（7）违背研究伦理。是指论文涉及的研究未按规定获得伦理审批，或者超出伦理审批许可范围，或者违背研究伦理规范，应界定为违背研究伦理。

（8）其他学术不端行为。

① 在参考文献中加入实际未参考过的文献。

② 将转引自其他文献的引文标注为直引，包括将引自译著的引文标注为引自原著。

③ 未以恰当的方式，对他人提供的研究经费、实验设备、材料、数据、思路、未公开的资料等给予说明和承认（有特殊要求的除外）。

④ 不按约定向他人或社会泄露论文关键信息，侵犯投稿期刊的首发权。

⑤ 未经许可，使用需要获得许可的版权文献。

⑥ 使用多人共有版权文献时，未经所有版权者同意。

⑦ 经许可使用他人版权文献，却不加引注，或引用文献信息不完整。

⑧ 经许可使用他人版权文献，却超出了允许使用的范围或目的。

⑨ 在非匿名评审程序中干扰期刊编辑、审稿专家。

⑩ 向编辑推荐与自己有利益关系的审稿专家。

⑪ 委托第三方机构或与论文内容无关的他人代写、代投、代修。

7.4.2 引用规范

引用规范即学术引文规范，是关于文献引用内容、引文标注及著录的规范及要求，是学术写作中的重要部分。引用的目的仅限于介绍、评论某一作品或说明某一问题，所引用部分不能构成引用人作品的主要部分或实质部分，不得损害被引用作品著作权人的利益。

1）引用格式

文献引用的格式通常遵循特定的规范，最常见的是美国心理学会（APA）、现代语言协会（MLA）、芝加哥（Chicago）大学出版社、美国历史协会（AHA）的规范和中国国家标准化管理委员会的《信息与文献　参考文献著录规则》（GB/T 7714—2015）等。不同学科和期刊可能有不同的格式，在写作和投稿过程中，务必遵循指定的规范来引用文献。

2）引用位置

引用文献时，应该在正文中明确标示，并提供相应的引用信息。如果是对整个段落或章节进行总结，可以在结尾处进行标注。标注方法有顺序编码制和著者-出版年制。

【案例 7-4-1】顺序编码制。

> 信息素养是科学研究的基本前提，图书馆作为高校信息素养教育的主要承担者，承载着培养大学生信息素养的职责。目前，大多数信息素养教育都是由图书馆馆员单独组织学生进行培训或授课，游离于真实的学术情境之外，学习效果的反馈不仅表现在他们的信息技能有待加强，更多体现在不了解与自身学术情境相匹配的信息理念及能力，导致无法顺畅解决在科研和专业学习过程中遇到的问题[1,2]。
>
> 2015 年美国大学与研究图书馆协会（Association of College & Research Libraries，简称 ACRL）发布《高等教育的信息素养框架》[3]（以下简称为《框架》），它重新阐释了信息素养教育内容和教学模式，引发国内的图情学者的广泛关注，并纷纷对其进行理论解读和教学实践。张蒂的南开大学信息素养教育团队对《框架》进行内容解读、可行性分析，通过对学术情境分析和《框架》的“阈”开展嵌入式信息素养讲座研究；张莉[4]深入解读《框架》核心理念，并以东北财经大学信息素养教学改革为案例，研究新媒体环境下的元素养教学设计与实践。

说明：在引文处，按出现的先后顺序，用阿拉伯数字（从 1 开始）连续编码，并将数码置于方括号中，将数码连同方括号作为上角标，或者作为语句的组成部分。参考文献表中各篇文献应按正文部分标注的序号依次列出。

【案例 7-4-2】著者-出版年制。

> 在一个研究不充分且理论不完备的新兴领域中，质性研究是一种较为可靠的研究方法（刘鲁川和蒋晓阳，2015），其中，扎根理论是一种较为系统且广泛应用的质性研究方法。扎根理论的核心思想在于通过对经验资料的系统收集和分析，提取出核心概念并构建理论，具有一定的普遍性（GLASER B G 和STRAUSS A L，1968）。

说明：在引文处，采用著者-出版年制标注。参考文献表中各篇文献首先按文种集中，可分为中文、日文、西文、俄文、其他文种，然后按著者姓氏拼音的顺序和出版年排序。

3）直接引用和间接引用

直接引用是指逐字引用他人的语句，必须用引号包围，并提供准确的引用信息。直接引用的前提一般是原文的文字非常清楚、优美、生动有趣，若作者加以转述就失去原味。间接引用是指对他人观点的概括和解释，间接引用的前提一般是引用的原文过长或模糊，引用的原文有些不恰当的跳跃或在表述的顺序上比较混乱，通常原因是引用的原文与本文行文不衔接。间接引用同样需要标明出处。

4）引用的可信度和来源

在选择引用时，要确保所引用的来源是可靠和权威的。优先选择来自学术期刊、学术出版社的文章、书籍，避免使用非学术来源，如维基百科等。在引用互联网上的资料或他人的引用资料时，最好查找原始来源，而不是只引用中间链接。

5）文献列表

在论文末尾，应列出所有在正文中引用过的文献信息，形成一个文献列表。文献列表应按照规范进行排列，包括作者、出版年份、文章标题、期刊名称、卷号、页码等。这样读者可以根据引用信息查找具体的文献来源。

【案例 7-4-3】GB/T 7714—2015 参考文献的著录格式。

参考文献的著录，按论文中引用顺序排列。文献类型标志如下：

文献类型	普通图书	会议录	汇编	报纸	期刊	学位论文	报告	标准	专利	数据库	计算机程序	电子公告	档案	舆图	数据集	其他
标志代码	M	C	G	N	J	D	R	S	P	DB	CP	EB	A	CM	DS	Z

（1）专著类文献著录格式。主要责任者.题名[文献类型标志].出版地:出版者,出版年:引文页码。

图书示例：

[1] 张文德. 知识产权运用[M]. 北京：知识产权出版社，2015：87-92.

学位论文示例：

[2] 陈旭华. 高校知识服务赋能机理及路径研究 [D]. 福州：福州大学，2024.

标准示例：

[3] 全国信息与文献标准化技术委员会.信息与文献 都柏林核心元数据元素集：GB/T 25100—2010[S]. 北京：中国标准出版社，2010：2-3.

（2）专著中的析出文献著录格式。析出文献主要责任者. 析出文献题名[文献类型标志]//专著主要责任者. 专著题名. 出版地：出版者，出版年：析出文献的页码.

普通图书中的析出文献示例：

[4] 陈旭华，潘雅婷. 大数据背景下的社交网络谣言传播研究[M]. //张文德. 信息化理论与实践. 福州：福建科学技术出版社，2019：38-47.

会议论文集中的析出文献示例：

[5] 陈旭华. 从个人信息保护指南到读者隐私保护框架的构建[C]//福建省科学技术协会，福建省图书馆学会. 福建省图书馆学会 2014 年学术年会暨著名图书馆学家——金云铭先生诞辰 110 周年学术研讨会论文集. 福州：福建科学技术出版社，2014：324-327.

(3) 连续出版物析出文献的著录格式。主要责任者. 题名[文献类型标志]. 出版物名称，年，卷（期）：页码.

期刊示例：

[6] 张文德，潘星宇，陈旭华. 赋能视角下中国高校知识服务能力提升路径研究[J]. 科技管理研究，2024，44（4）：137-143.

报纸中析出文献的著录格式：主要责任者. 题名[文献类型标志]. 出版物名称，年-月-日（版）.

报纸示例：

[7] 王政，刘温馨. 助力老年群体 共享“数字红利”[N]. 人民日报，2024-01-03（7）.

（4）专利文献的著录格式。专利申请者或所有者. 专利题名：专利号[文献类型标志/文献载体标志]. 公告日期或公开日期[引用日期]. 获取和访问路径. 数字对象唯一标识符.

专利文献示例：

[8] 王琨，余志民，饶绪黎，等. 无线传感网中最大化生命周期的改进方法及终端：CN202010099098.6 [P]. 2021-10-15[2023-11-24].

（5）电子资源的著录格式。主要责任者. 题名：其他题名信息[文献类型标志/文献载体标志]. 出版地：出版者，出版年：引文页码（更新或修改日期）[引用日期]. 获取和访问路径. 数字对象唯一标识符.

电子文献示例：

[9] 杨瑜. 我国阅读疗法实证研究现状分析[EB/OL]. (2024-04-18)[2024-05-15]. https://www.thepaper.cn/newsDetail_forward_27074797.

注意事项：

① 著作方式相同的责任者不超过三个时，全部照录；超过三个时，只著录前三个责任者，其后加“，等”。

示例 1：马克思，恩格斯

示例 2：Y ELLAND R L, JONES S C, EASTON K S, et al.

② 无责任者或者责任者情况不明的文献，应注明“佚名”或与之相应的词。凡采用顺序编码制排列的参考文献可省略此项，直接著录题名。

③ 第 1 版不著录，其他版本说明须著录。版本用阿拉伯数字、序数缩写形式或其他标志表示，如 4 版（原题：第四版）。

7.5 文献管理软件

文献管理工具是一种集文献的检索、收集、整理、分析及引用等功能于一体的软件，可以帮助用户管理各种文献资源，包括书籍、期刊论文、学术报告等，提供阅读和编辑参考文献信息服务，在用 Word 等软件撰写论文时自动生成符合要求的参考文献格式。文献管理工具一般还提供查重、标签、分类、数据分析和全文下载等功能，方便用户对文献进行分类整理与分析，并支持各种文献格式的导入和导出。常见的参考文献管理软件有 EndNote、NoteExpress、Mendeley、Zotero、E-learning 等。

NoteExpress 是北京爱琴海软件公司开发的文献检索与管理系统，核心功能涵盖知识采集、管理、应用、挖掘等知识管理的所有环节。NoteExpress 可以帮助用户收集、分析和整理文献，在撰写学术论文、学位论文、专著或报告时可在正文中的指定位置方便地添加文中注释，并按照文章格式要求自动生成参考文献，是学术研究、知识管理、撰写论文的必备工具。

1. NoteExpress 的下载及安装

1）下载地址

在 http://www.inoteexpress.com 下载 NoteExpress 的安装程序；个人用户下载个人版，集团用户下载所在学校的集团版。下载成功后，关闭防火墙软件或者杀毒软件，以及 Office 和 WPS，再安装程序。后续使用如遇提示，选择允许程序的所有操作，最好能将 NE 加入信任列表。

2）运行系统要求

NoteExpress 3.X 版可以在以下操作系统上运行：Windows Vista\Windows 7\Windows 8\Windows 10\Windows 11（32 位和 64 位）；Windows Server 2003\Windows Server 2008\Windows Server 2008 R2（32 位和 64 位）。NoteExpress 3.X 版的写作插件支持以下写作工具软件：Microsoft Word 2007\Microsoft Word 2010\Microsoft Word 2013\Microsoft Word 2016\Microsoft Word 2019\Microsoft Word 2021\Office 365（32 位和 64 位）；WPS。

2. NoteExpress 的术语及基本功能

1）NoteExpress 相关术语

（1）数据库：纳入 NoteExpress 管理的主题相关文献的集合称为数据库。

（2）题录：文献管理中的书目、论文、软件和图片等统称为题录。

（3）过滤器：不同文献资源数据库的文献格式不同，但 NoteExpress 对文献采用统一的格式管理，需要过滤器帮助完成这种格式的转换。

2）NoteExpress 的基本功能

（1）数据收集：用户可以用在线检索、全文导入智能识别更新、格式化文件导入（过滤器导入）、NoteExpress 网络捕手及手工录入功能进行文献收集。同时，NoteExpress 内置常用电子资源库的接口，可以快速下载大量题录（文摘）及全文。

（2）管理：可以分门别类管理电子文献题录和全文，可通过多种标识标签实现文献个性化管理。

（3）分析：对检索结果进行多种统计分析，从而使研究者更快地了解某领域的重要专家、研究机构、研究热点等。

（4）发现：与文献相互关联的笔记功能，能随时记录阅读文献时的思考，方便以后查看和引用。检索结果可以长期保存，并自动推送符合特定条件的相关文献，便于长期跟踪某一专业的研究动态。

（5）写作：支持 Word 和 WPS，在论文写作时可以随时引用保存的文献题录，并自动生成符合要求的参考文献索引。系统内置 4000 多种国内外期刊和学位论文的格式定义，并有多国语言模板功能，可以自动根据所引用参考文献语言的不同，进行差异化输出。

3. NoteExpress 的使用

1）新建题录数据库

建立题录数据库，一方面是为了写作时能实时插入题录作为文中标引，另一方面是为了方便用户阅读文章时查看摘要，节约用户时间。建立题录数据库的步骤：选择“主菜单”→“文件”→“新建数据库”命令，操作界面如图 7-5-1 所示。可根据需要建立多个主题数据库，便于文献管理。

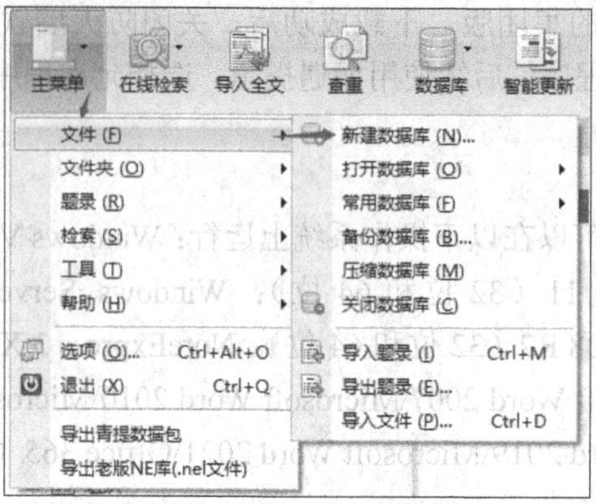

图 7-5-1　新建数据库操作界面

常见记录添加方式有以下几种。

（1）本地已有资料的导入。选择某题录数据库，作为新建题录的存放位置；右击，在弹出的快捷菜单中选择“导入文件”命令；打开“导入文件为题录和附件”对话框，单击“添加文件”按钮，导入单篇文献；或单击“添加目录”按钮，导入总目录，包括目录里面的文献，操作界面如图 7-5-2 所示。

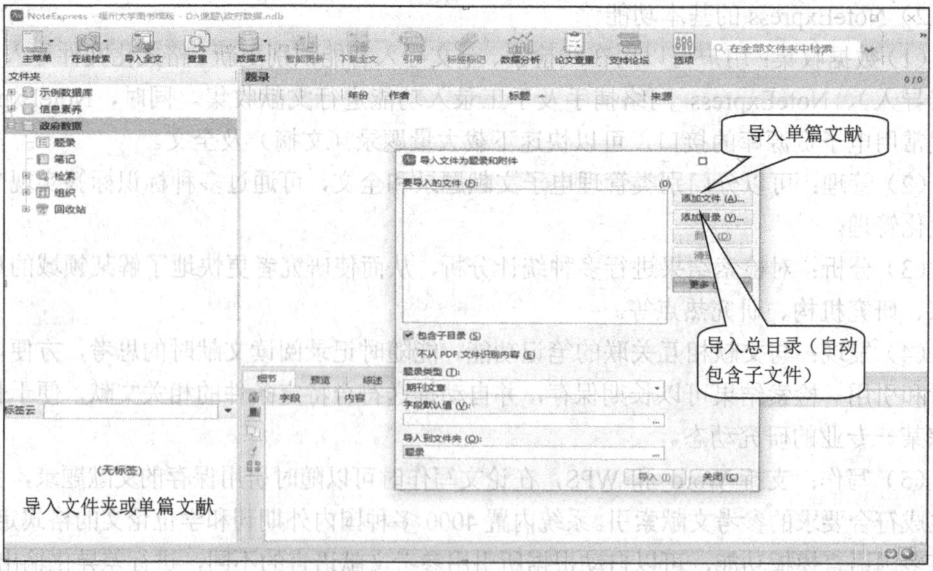

图 7-5-2　本地已有资料的导入

（2）在线检索导入题录。在 NoteExpress 中已经内置了常用数据库的检索链接文件，用户可以不用登录数据库检索页面，选择过滤器即可直接导入。在线检索的步骤：选择“在线检索”→“选择在线数据库”命令，可以在打开的对话框中“在线数据库名”右侧的文本框内输入数据库名称，查找目标数据库，也可以拖动右侧的滚动条查找，操作界面如图 7-5-3 和图 7-5-4 所示。

图 7-5-3　在线检索数据库操作界面（一）

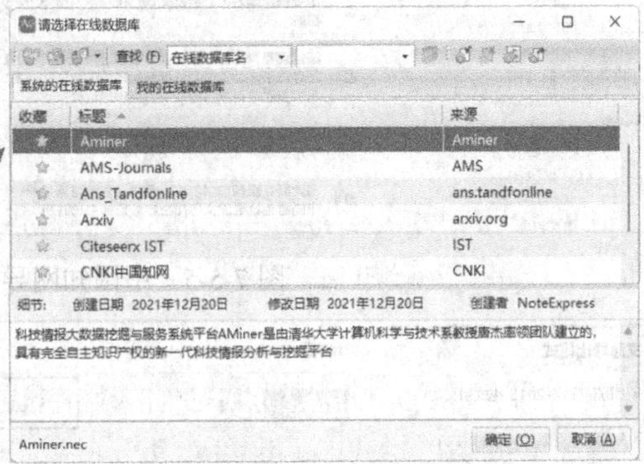

图 7-5-4　在线检索数据库操作界面（二）

【案例 7-5-1】利用 PubMed 数据库在线检索 COVID，并导入检索结果。

操作步骤：在 NoteExpress 主界面的“在线检索”→“在线数据库”命令，打开“请选择在线数据库”对话框，选取目标数据库 PubMed，单击“选择”按钮，弹出 PubMed 检索对话框，输入检索词 COVID，选取相关的检索条件进行检索，并得到检索结果。选中所需的文献，选择“保存勾选的题录”选项，确定后即可保存题录。

（3）数据库检索结果批量导入。在中文万方、知网、维普等数据库，外文的 Elsevier ScienceDirect、Wiley、SCI、EI、Wiley、ProQuest 等数据库检索时，可直接将题录信息批量导入。先将题录信息输出至剪贴板或文件（可选择 txt 或 ris 格式），并批量导入 NoteExpress 的数据库供阅读、分析、研究或论文写作时引用。

【案例 7-5-2】利用 CNKI 数据库检索主题为“学习中心”的文献，并将检索结果题录导入 NoteExpress。

操作步骤：在 CNKI 数据库检索平台，选择主题字段，输入检索词“学习中心”，单击“检索”按钮，并选中自己感兴趣的检索结果，单击网页上方的“导出与分析”按钮，在打开的下拉菜单中先选择“导出文献”选项，再选择 NoteExpress 选项，如图 7-5-5 所示。在弹出的新页面窗口中，单击“复制到剪贴板”按钮或单击“导出”按钮，如图 7-5-6 所示。打开 NoteExpress 软件，选择要导入题录的文件夹，右击，在弹出的快捷菜单中选择“导入题录”选项，选择“来自剪贴板”单选按钮，并将“当前过滤器”设置为 NoteExpress，单击“开始导入”按钮，导入题录，操作界面如图 7-5-7 所示。

（4）从网页导入。当用户浏览网页时，如果要将网页内容或地址作为题录信息添加到 NoteExpress，也可以直接用 NoteExpress 的浏览器插件（网络捕手）来实现，无须先保存到计算机中。

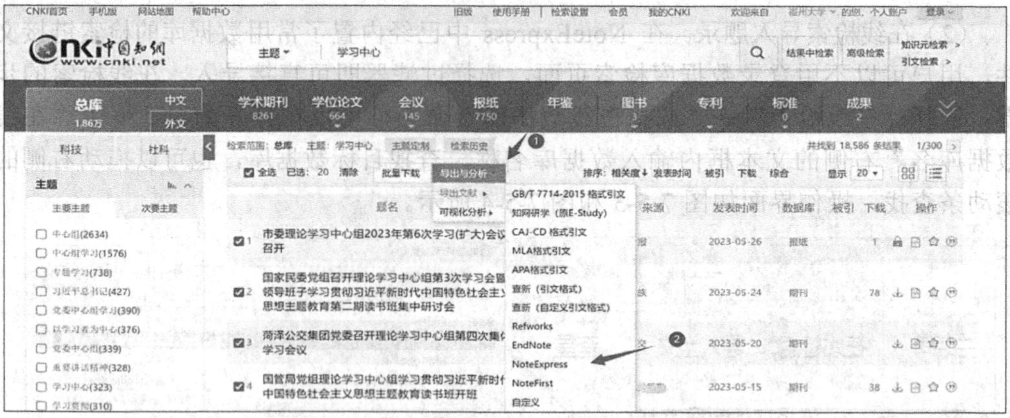

图 7-5-5 中国知网导出检索结果操作界面

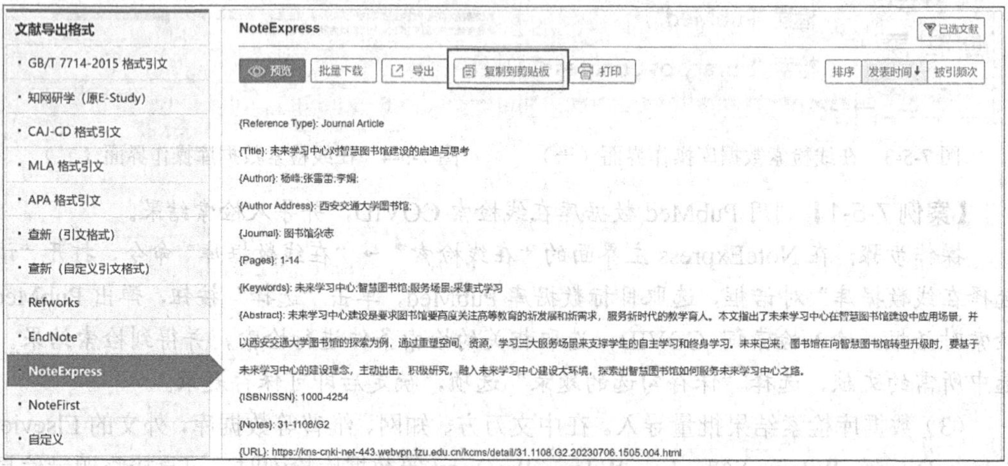

图 7-5-6 导出文献格式到剪贴板操作界面

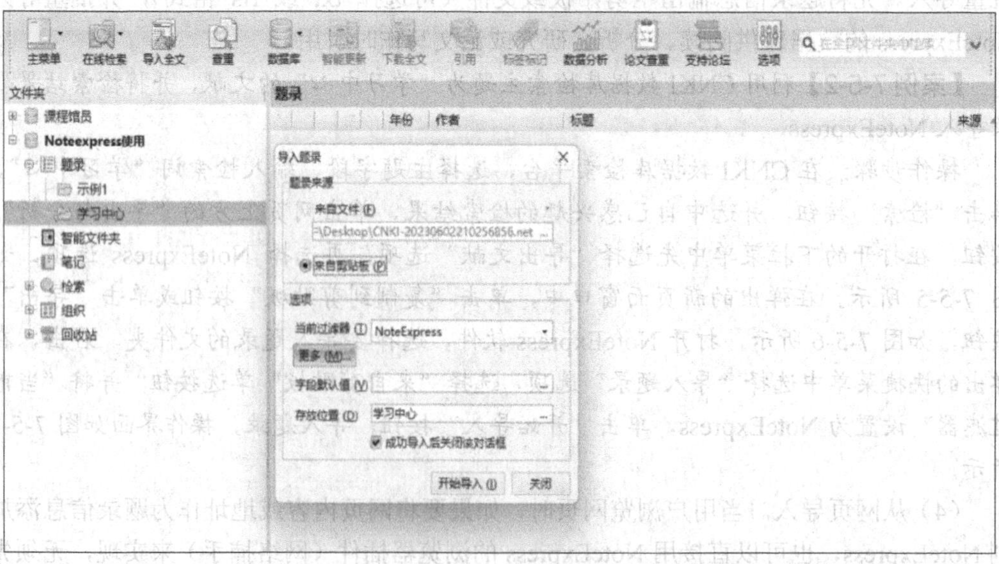

图 7-5-7 剪贴板导入题录操作界面

2）文献管理

（1）查重。在数据库检索中，不可避免会出现重复题录。这时，可以使用 NoteExpress 提供的数据库查重和快速删除功能。

【案例 7-5-3】查找“学习中心”题录数据库中的重复题录并删除。

操作步骤：首先，选择“检索”→“查找重复题录”命令，或者单击工具栏上的“查重”按钮启动查重功能，操作界面如图 7-5-8 所示。选择查重范围，限定查重标准。NoteExpress 会比较选定字段的内容，如果内容完全一致，则认定为重复题录，一般情况下默认即可，操作界面如图 7-5-9 所示。重复题录会高亮显示，右击，在弹出的快捷菜单中根据需要选择删除方式为“从所有文件夹中删除”或“从指定文件夹删除”，操作界面如图 7-5-10 所示。

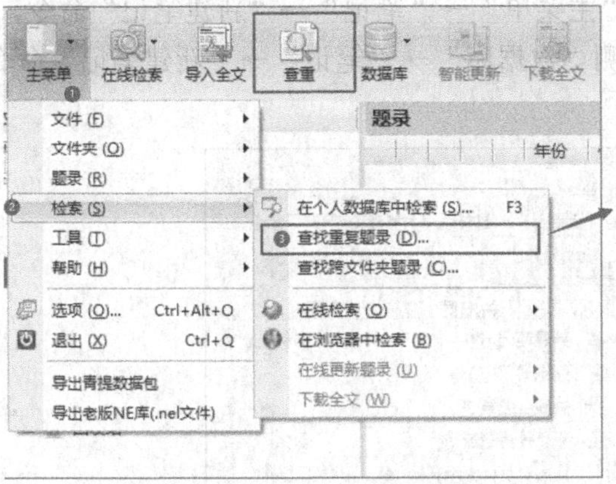

图 7-5-8　题录查重操作界面

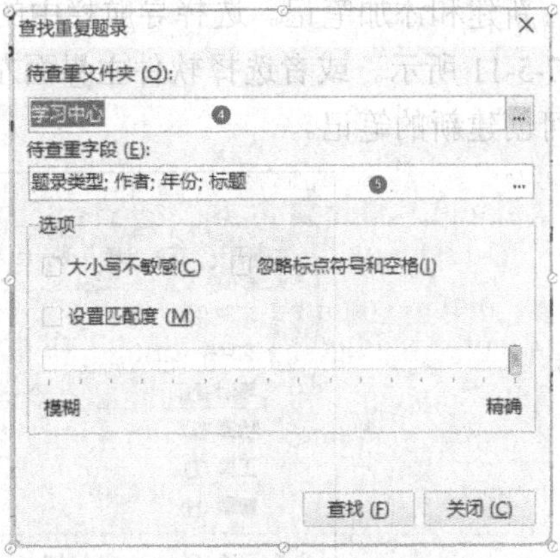

图 7-5-9　限定查重范围操作界面

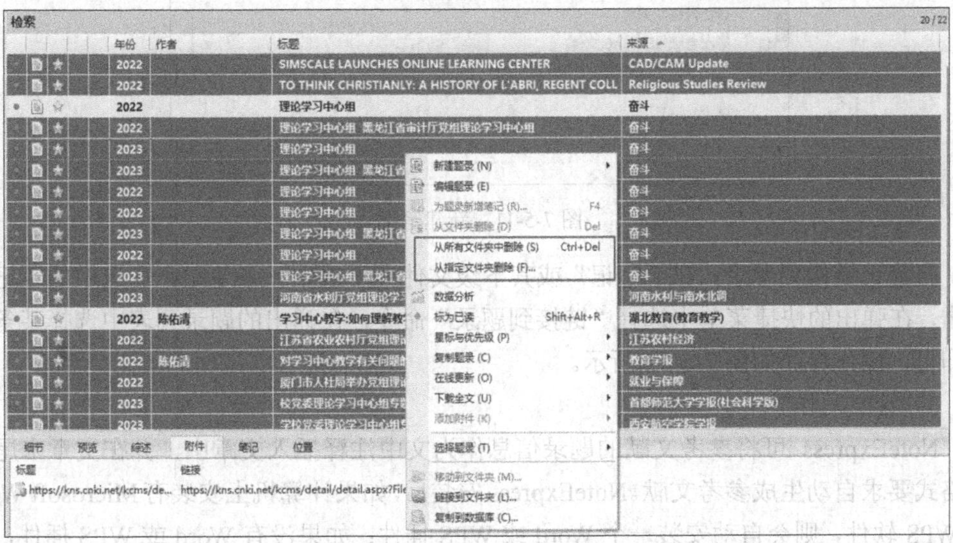

图 7-5-10　删除重复题录操作界面

（2）保存检索结果。NoteExpress 支持保存用户的检索结果，并且用户可选择手动更新、自动更新或智能更新题录信息。

（3）全文下载。在查看题录过程中，如果需要下载全文，可直接在 NoteExpress 中操作（注意，不是所有的全文数据库都能实现这个功能）。

【案例 7-5-4】在 CNKI 全文数据库中下载题录信息的全文。

操作步骤：选中需要下载全文的题录后右击，在弹出的快捷菜单中选择“下载全文”命令（或单击菜单栏中的“下载全文”按钮），然后选择“需要全文数据库”选项，单击“确定”按钮，再根据要求设定下载信息存放目标位置，单击“确定”按钮，软件会自动将文章下载到与数据库相同的目录下。

（4）笔记功能。NoteExpress 笔记功能类似日记、科研心得等私人记录，可借助软件自带的笔记功能进行记录，并与某个参考文献的题录建立相互的链接，以方便文献的检索、利用和管理。

新建和添加笔记。选择导航栏中的“主菜单”→“笔记”→“新建笔记”命令，如图 7-5-11 所示。或者选择软件主界面左侧“数据库”→“笔记”→“新建笔记”命令，也可创建新的笔记。

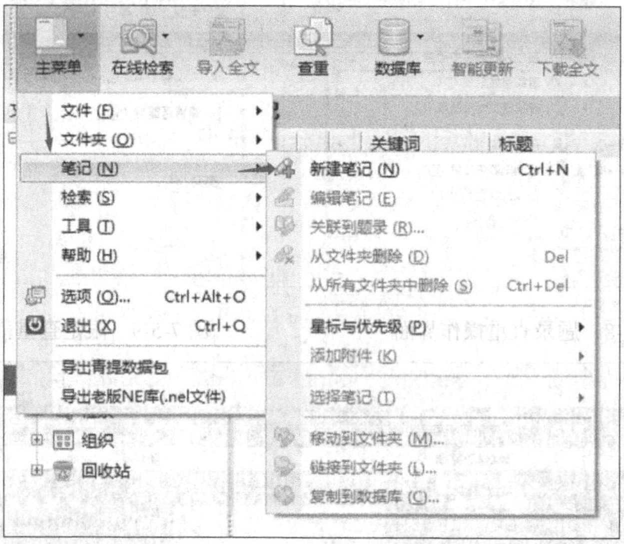

图 7-5-11　新建笔记

将笔记链接到题录。在“笔记”或其下级文件夹下选中一条笔记，在选中的笔记上右击，在弹出的快捷菜单中选择“链接到题录”命令，在弹出的题录列表中选择某条题录即可，操作界面如图 7-5-12 所示。

3）论文写作

NoteExpress 可将参考文献的题录信息作为文中注释插入文章中，并在文章末尾按照格式要求自动生成参考文献。NoteExpress 安装后，如果计算机上安装有 Microsoft Word 或 WPS 软件，则会自动安装一个 Word 或 WPS 插件；如果没有 Word 或 WPS 插件，则可通过依次选择 NoteExpress 导航栏中的“选项”→“扩展”命令来安装 NoteExpress Word 或 WPS 插件，操作界面如图 7-5-13 所示。

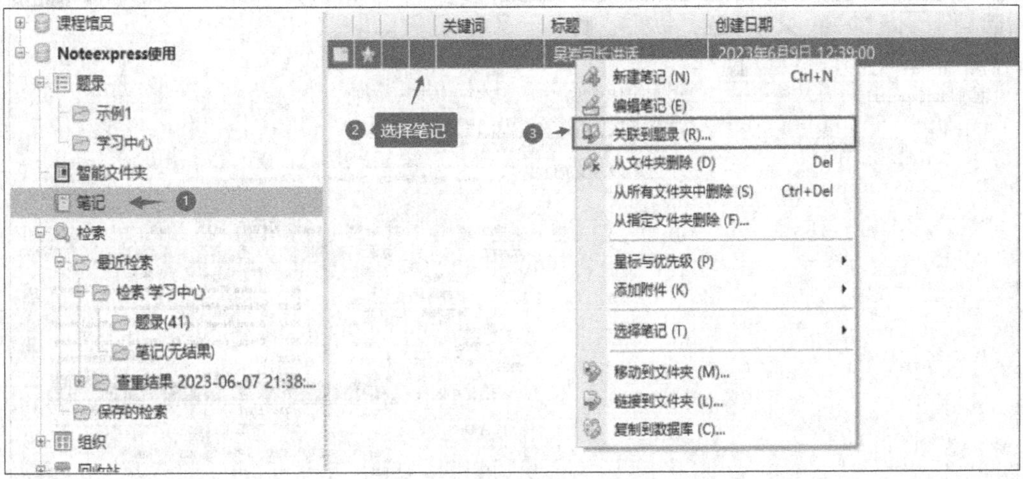

图 7-5-12　笔记关联到题录操作界面图

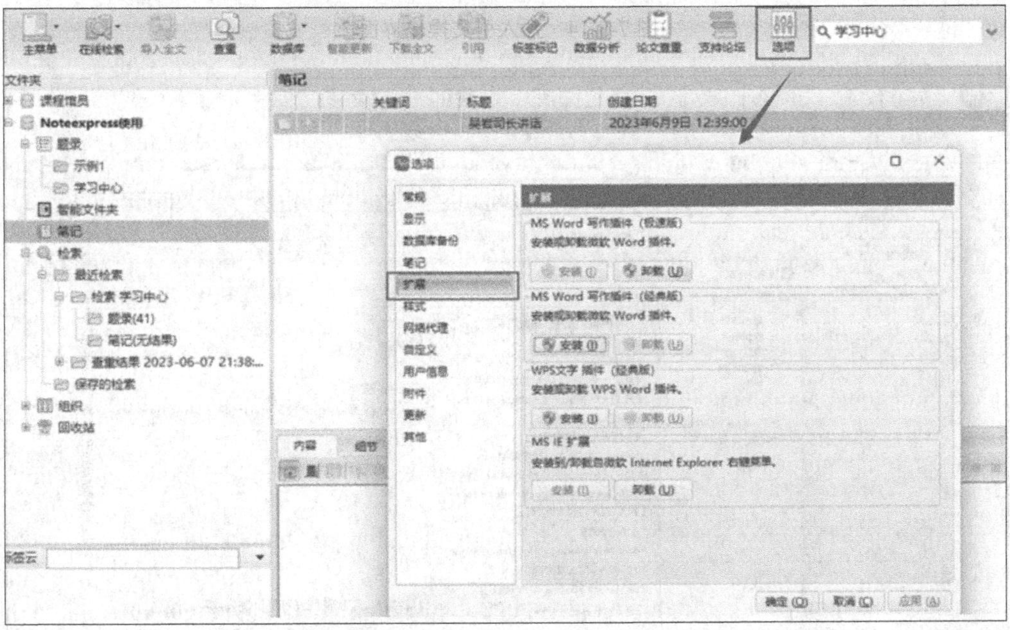

图 7-5-13　设置扩展程序操作界面

【案例 7-5-5】在 Word 文档中插入引文。

操作步骤：将鼠标指针移至注释处，单击 NoteExpress Word 插件上的“转到 NE”按钮，即可打开 NoteExpress 软件。选中某条题录，再单击图中的“插入引文”按钮，就可以插入所引用的参考文献，操作界面如图 7-5-14 所示。

单击 Word 插件中的“格式化参考文献”按钮，在弹出的窗口中单击“浏览”按钮，选择要使用的输出样式，再单击“确定”按钮，即可完成引文格式化，操作界面如图 7-5-15 所示。

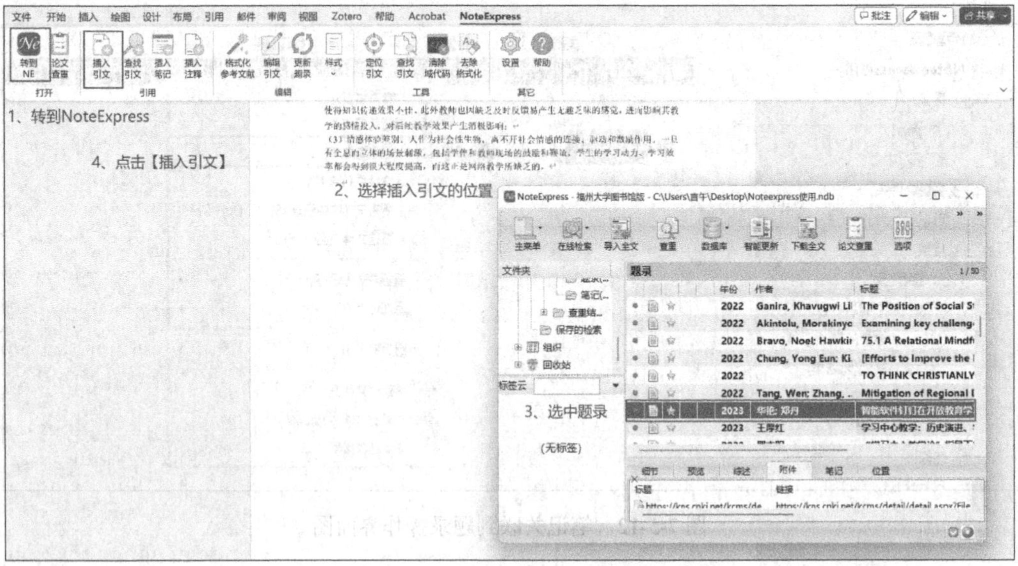

图 7-5-14 插入引文操作界面

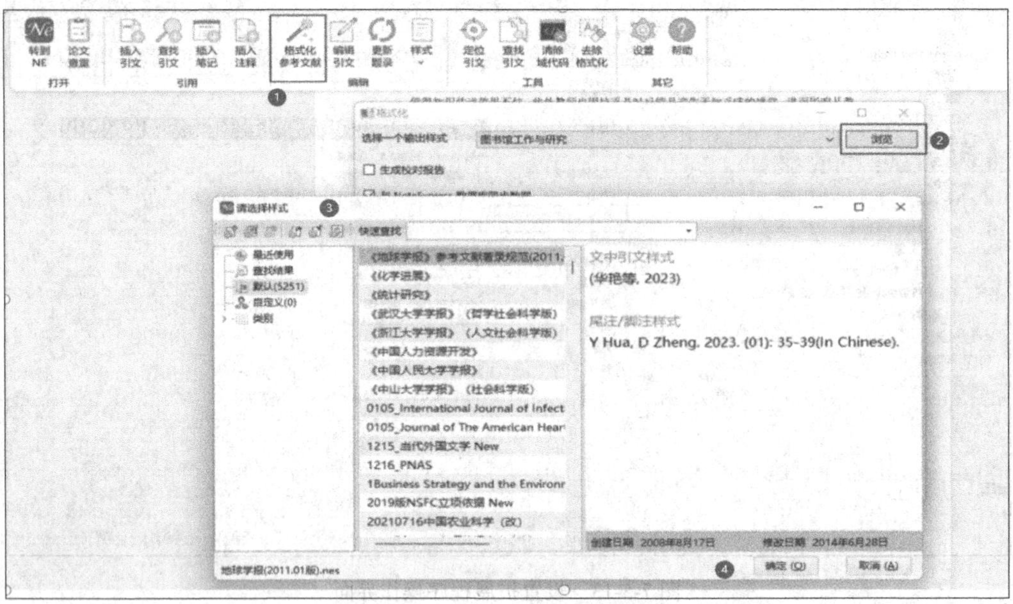

图 7-5-15 引文格式化操作界面

如果要编辑输出样式或者自建输出样式，让参考文献的文中标引和文末参考文献列表按照自己需要的方式生成，则可以通过依次选择 NoteExpress 界面的“主菜单”→“工具”→“样式”→“样式管理器”命令来进行，操作界面如图 7-5-16 所示。

4）导出参考文献

导出 NoteExpress 的题录，便于多个用户之间交流共享数据。步骤如下：在题录列表界面中选中需要导出的题录，通过“文件”→“导出题录”命令选择导出题录数据的样式。

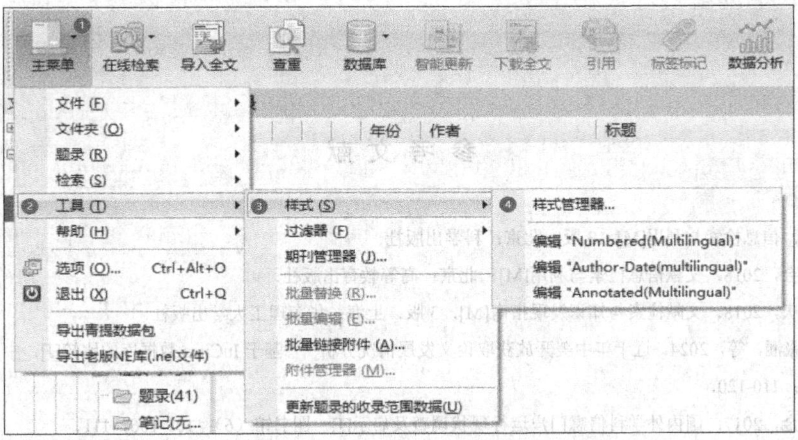

图 7-5-16　自定义引文格式操作界面

参考文献

邓发云，2017．信息检索与利用[M]．3 版．北京：科学出版社．

吉家凡，王小会，2018．文献信息检索与利用[M]．北京：高等教育出版社．

吉久明，孙济庆，2018．文献检索与知识发现指南[M]．3 版．上海：华东理工大学出版社．

康飞，刘琪，张涵，等，2024．近十年中美开放获取论文发展情况分析——基于 InCites 数据库的比较[J]．中国科技期刊研究，35（1）：110-120．

刘盈盈，曹树金，2017．国内外学科信息门户运行现状调查及启示[J]．图书馆（6）：101-106，111．

刘允斌，吴瑾，王宇，2017．实用信息检索[M]．2 版．北京：高等教育出版社．

文心一言使用手册．https://yiyan.baidu.com/learn．

吴树芳，朱杰，杨国庆，2019．信息处理与信息检索[M]．北京：科学出版社．

张俊林，2012．这就是搜索引擎：核心技术详解[M]．北京：电子工业出版社．

张文德，2012．现代信息检索[M]．福州：福建科学技术出版社．

附录 课题调研优秀案例

这里选取两份研究生课题调研作业作为优秀案例，因篇幅有限，仅展示其中的课题分析和中外文检索部分，以供参考。

案例一：2023 级经济与管理学院金融专业张同学的课题调研

一 课题的分析

1 课题的名称：期权隐含信息对人民币汇率的预测

2 课题涉及的主要概念分析

通过对课题名称的“切分、删除、替换、补充”等剖析出课题的核心概念、相关概念及隐含概念，从而拟出检索的中英文检索词（表 F-1-1）。

表 F-1-1

从课题字面上选	从课题内涵选（同义词、近义词、上下位词）
中文（英文）	中文（英文）
期权（option）	
隐含信息（implicit information）	信息含量（information content）、隐含波动率（implied volatility）、经济政策不确定性（economic policy uncertainty）
人民币汇率	人民币（RMB）、汇率（exchange rate）、外汇（foreign currency）

3 总体检索思路

你目前对这个课题了解的大致情况，希望解决的问题，由此你准备如何展开检索（如国内、国外、年限、文献类型）。

随着期权的交易日渐活跃，期权报价中隐含的信息能否有效地预测未来，成为值得关注的一个重要问题。

基于期权隐含信息所代表的经济不确定性能否影响汇率市场，已有文献从多个层面、多种渠道研究了期权隐含信息对不同市场的预测作用，隐含信息和经济政策不确定性对汇率分布的预测作用，以及期权隐含信息对汇率分布的预测作用，极大丰富了对这个领域问题的认识。

为深入了解学术界对期权隐含信息预测人民币汇率的研究情况，具体采用了哪些指标表示期权隐含信息，采用了什么模型衡量期权隐含信息预测人民币汇率的能力，故先查找该方面的文献。

使用 CNKI 查找中文文献、SCI 查找外文文献，关注国内外研究进展，掌握最经典的文献。

在初步查阅文献时，发现“经济政策不确定性”作为衡量不确定性风险的另一个指标，对人民币汇率具有显著影响，受到学者们的广泛关注。为了进一步深入了解已有文献对经济政策不确定性预测人民币汇率的研究情况，撰写第二个检索式，从不确定性风险的另一个指标角度来查找文献，从而扩展文献的检索范围。

此外，根据中国知网的可视化数据分析，从相关文献的发表年度分布图中可以发现，2000 年开始对期权市场研究逐渐增多，对经济政策不确定性的研究从 2015 年开始，结合国内首只场内期权品种（上证 50ETF 期权）于 2015 年 2 月 9 日在上海证券交易所上市，故文献年限设定近十年（2014—2023 年），以便掌握最新的文献（图 F-1-1）。为探讨课题理论以及了解课题的历史状况及未来，文献类型包括学术期刊、学位论文、会议论文、图书等；并对文献进行纵横向比较。

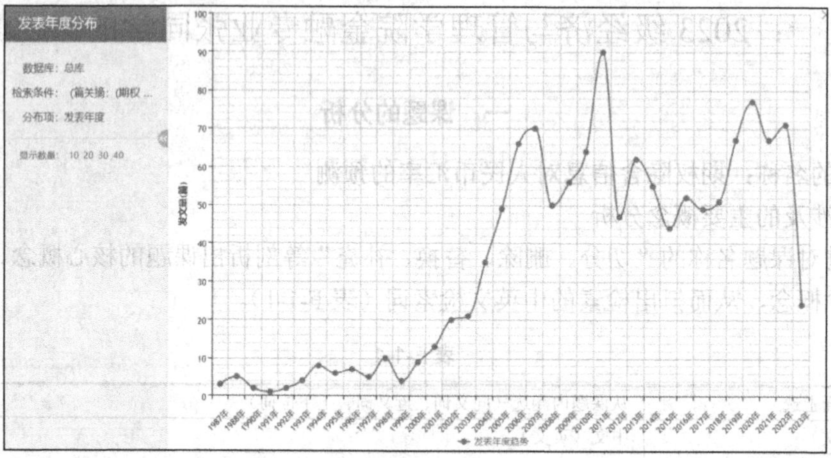

图 F-1-1

4 检索表达式

初步检索式：

主题=期权 AND 隐含信息 AND 人民币汇率 AND 时间=2014-2023

最终检索式：

篇关摘=(期权 OR 隐含信息 OR 信息含量 OR 隐含波动率) AND 人民币 AND (汇率 OR 外汇) AND 时间=2014-2023（检索结果 276 条）

篇关摘=经济政策不确定性 AND 人民币 AND (汇率 OR 外汇) AND 时间=2014-2023（检索结果 92 条）

主题=(option OR implicit information OR information content OR implied volatility) AND (RMB OR exchange rate OR foreign currency) AND 出版年=2014-2023（检索结果 310 条）

主题=economic policy uncertainty AND (RMB OR exchange rate OR foreign currency) AND 出版年=2014-2023（检索结果 199 条）

二 课题检索过程记录

1 百度学术

1.1 检索式

主题=期权 AND 隐含信息 AND 人民币 时间=2014-2023

1.2 找到的结果（截图略）

通过阅读百度学术中的文献，考虑检索词可以补充信息含量（information content）、隐含波动率（implied volatility）、经济政策不确定性（economic policy uncertainty），并进一步分析不确定性风险对人民币汇率的影响。

教师点评：先利用百度学术进行初步的文献检索，检索词使用了该课题的三个主题概念，挑选并阅读最相关的文献，剖析出信息含量、隐含波动率、经济政策不确定性等课题的相关或隐含概念，对后续的课题检索起到启发作用。

2 图书搜索

2.1 检索式（概念、研究方法、实验方法任意选择一个检索）

题名=期权、期货及其他衍生产品

2.2 具体的检索结果，即概念的解释、研究方法或实验方法具体的操作过程等（截图表示）。**以参考文献的格式注明出处**（图 F-1-2）。

[1]约翰·赫尔. 期权、期货及其他衍生产品[M]. 王勇，索吾林译. 北京：机械工业出版社，2018.

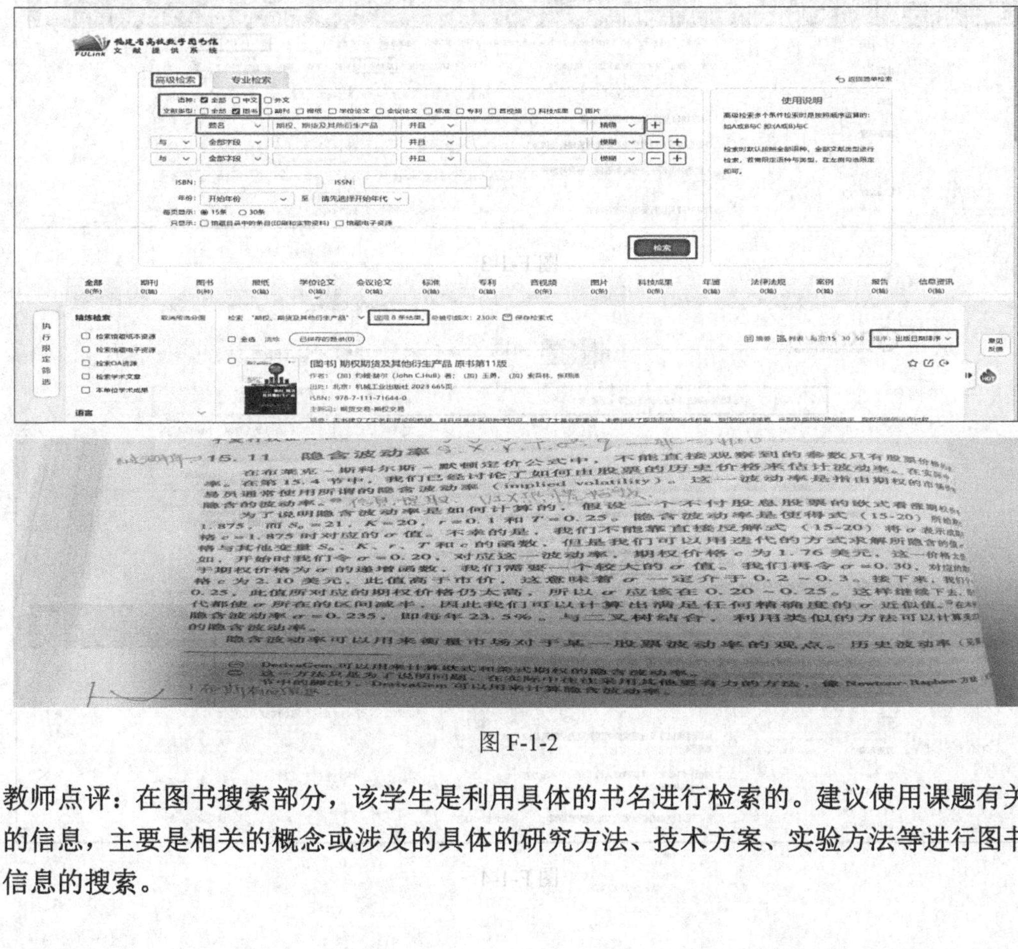

图 F-1-2

教师点评：在图书搜索部分，该学生是利用具体的书名进行检索的。建议使用课题有关的信息，主要是相关的概念或涉及的具体的研究方法、技术方案、实验方法等进行图书信息的搜索。

3 中文论文检索（选用CNKI跨库查找期刊论文、学位论文、会议论文）

3.1 检索式（最终的）

篇关摘=(期权 OR 隐含信息 OR 信息含量 OR 隐含波动率) AND 人民币 AND (汇率 OR 外汇) AND 时间=2014-2023

篇关摘=经济政策不确定性 AND 人民币 AND (汇率 OR 外汇) AND 时间=2014-2023

3.2 检索平台设置和检索结果页面（须截图）

检索平台设置为跨库检索（学术期刊、学位论文、会议论文），分别找到276条结果和92条结果（图F-1-3、图F-1-4）。

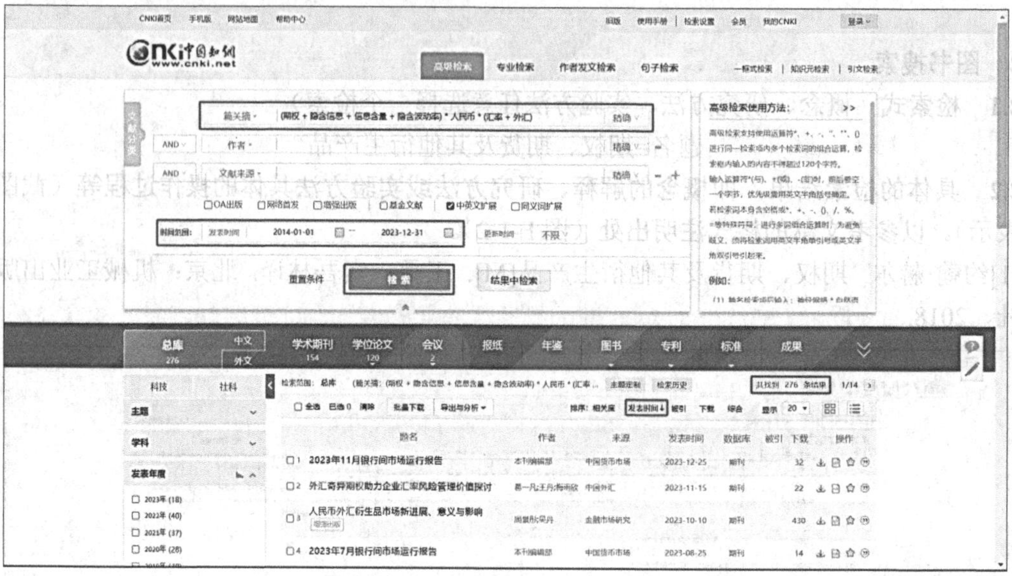

图 F-1-3

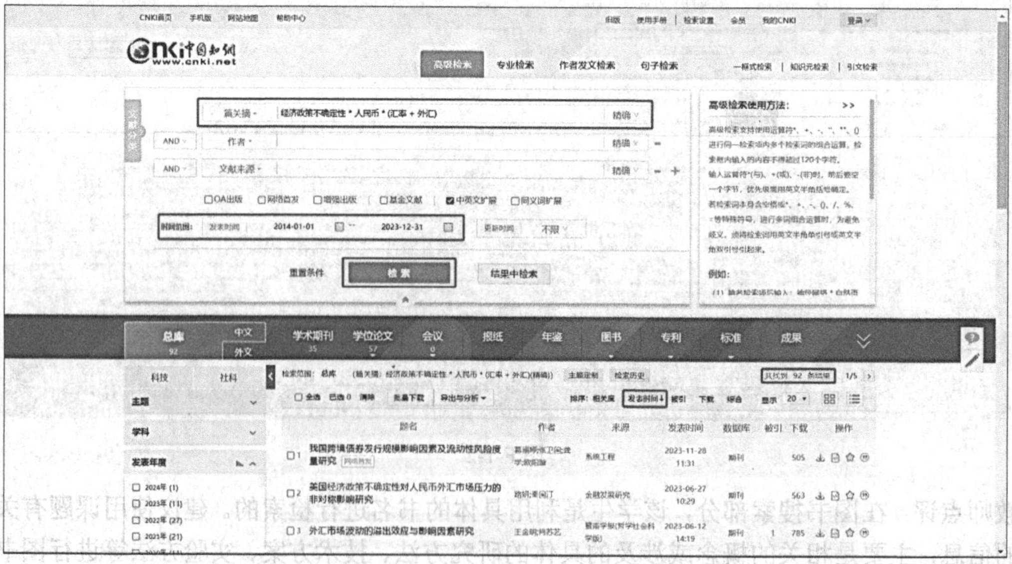

图 F-1-4

3.3　描述查找过程中检索策略调整的情况。例如，最初的检索策略如何，经过怎样的调整形成最终的检索策略（从检索词、检索字段、检索算符、检索时间等对检索结果进行查全或查准调整）。

（1）初步检索式。

主题=期权 AND 隐含信息 AND 人民币汇率 AND 时间=2014-2023

为提高查准率，采用 AND 组配，连接全部限定主题概念的相关检索项，共找到 3 条结果，查全率过低。

（2）调整。

为提高查全率，从检出文献中选取相关词，同时增加下位词和专指性较强的检索词，检索词加入“信息含量”“隐含波动率”，采用 OR 组配调整检索式。

主题=期权 AND (隐含信息 OR 信息含量 OR 隐含波动率) AND 人民币汇率 AND 时间=2014-2023

共找到 12 条结果，查全率还是比较低（图 F-1-5）。

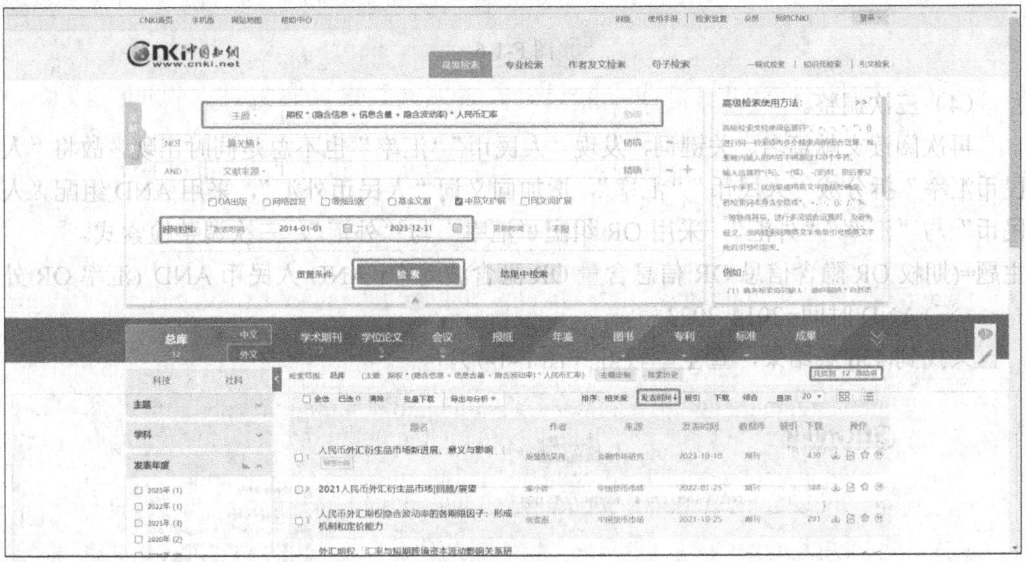

图 F-1-5

通过阅读文献篇名、关键词，发现“期权”“隐含波动率”并不总是同时出现，然而隐含波动率是在知晓期权定价公式其他参数情况下反推出来的波动率，故对“期权”也采用 OR 组配，二次调整检索式。

（3）二次调整。

主题=(期权 OR 隐含信息 OR 信息含量 OR 隐含波动率) AND 人民币汇率 AND 时间=2014-2023

共找到 301 条结果，查全率提高（图 F-1-6）。

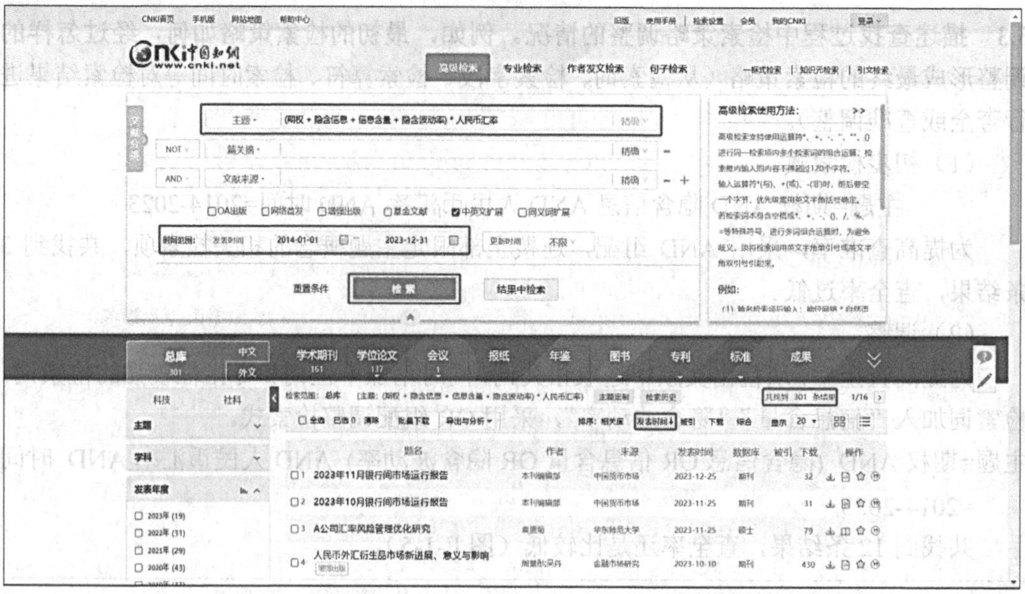

图 F-1-6

（4）三次调整。

再次阅读文献篇名、关键词，发现“人民币”“汇率”也不总是同时出现，故将“人民币汇率”拆分成“人民币”“汇率”，增加同义词“人民币外汇”，采用 AND 组配“人民币”与“汇率”“外汇”，采用 OR 组配“汇率”与“外汇”，三次调整检索式。

主题=(期权 OR 隐含信息 OR 信息含量 OR 隐含波动率) AND 人民币 AND (汇率 OR 外汇) AND 时间=2014-2023

共找到 456 条结果，查全率较好（图 F-1-7）。

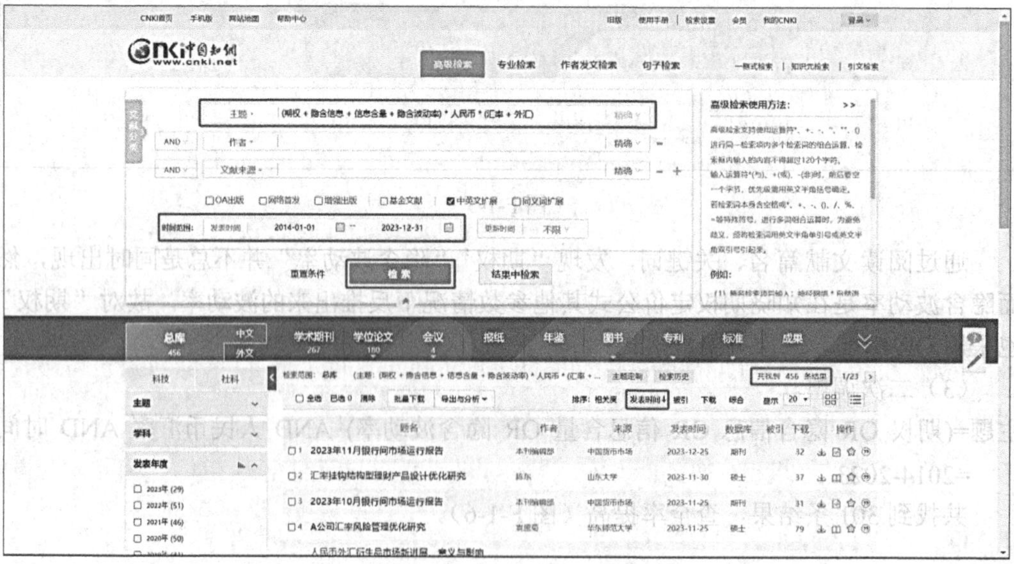

图 F-1-7

（5）四次调整。

考虑检索字段为“篇关摘”，进一步提高查准率，四次调整检索式。

篇关摘= ((期权 OR 隐含信息 OR 信息含量 OR 隐含波动率) AND 人民币 AND (汇率 OR 外汇)) AND 时间=2014-2023

（6）最终检索式。

对比篇关摘的“模糊检索”与“精确检索”文献差距，发现“精确检索”能够较好地筛选掉大部分仅论述“期权”或“人民币汇率”某一方面的文献，故采用“精确检索”。

篇关摘=(期权 OR 隐含信息 OR 信息含量 OR 隐含波动率) AND 人民币 AND (汇率 OR 外汇) AND 时间=2014-2023

共找到 276 条结果，查全率与查准率均较好（图 F-1-8）。

图 F-1-8

考虑查找经济政策不确定性对人民币汇率的影响相关文献。根据第一个检索式的调整情况，撰写第二个检索式。

篇关摘=经济政策不确定性 AND 人民币 AND (汇率 OR 外汇) AND 时间=2014-2023

共找到 92 条结果，查全率与查准率均较好（图 F-1-9）。

教师点评：该学生通过阅读文献添加检索词的同义词与下位词，并调整检索词之间的逻辑关系，最终构建了两个检索式，从而完善了检索策略，提高了检索的查全率和查准率。

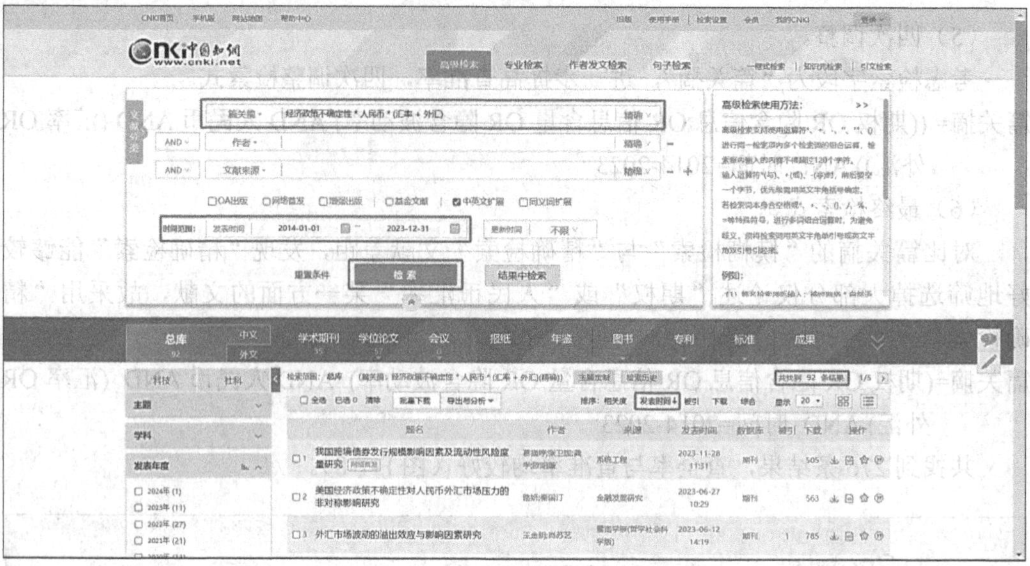

图 F-1-9

4 外文文献

4.1 检索工具（检索工具选用 SCI）

4.2 检索式（最终的）

主题=(option OR implicit information OR information content OR implied volatility) AND (RMB OR exchange rate OR foreign currency) AND 出版年=2014-2023

主题=economic policy uncertainty AND (RMB OR exchange rate OR foreign currency) AND 出版年=2014-2023

4.3 检索平台设置和检索结果页面（须截图）

检索平台设置为 Web of Science 核心合集，分别找到 310 条结果、199 条结果。

（1）初步检索式。

主题=(option OR implicit information OR information content OR implied volatility) AND RMB AND (exchange rate OR foreign currency) AND 出版年=2014-2023

共找到 2 条结果，文献量太少。

（2）最终检索式。

通过阅读文献篇名、关键词，发现“RMB”与“exchange rate”“foreign currency”大部分不同时出现，故对“RMB”也采用 OR 组配。

主题=(option OR implicit information OR information content OR implied volatility) AND (RMB OR exchange rate OR foreign currency) AND 出版年=2014-2023

共找到 310 条结果，查全率与查准率均较好。

根据第一个检索式的调整情况，撰写第二个检索式。

主题=economic policy uncertainty AND (RMB OR exchange rate OR foreign currency) AND 出版年=2014-2023

共找到 199 条结果，查全率与查准率均较好。

教师点评：该学生在外文文献检索中，使用布尔算符与专业术语的精确匹配方式构建了两个检索式。根据每个课题内容的特点，构建外文检索策略时，还可以考虑通配符或位置算符的使用，以确保检索结果的查全率与查准率。

指导教师总评：从该生的课题检索过程来看，其检索思路清晰、明确，文献调研充分仔细，不仅能够利用中国知网的可视化数据分析功能辅助检索，而且懂得通过阅读文献，从课题的内涵添加检索词的同义词、下位词，并调整检索词之间的逻辑关系，从而多次调整检索式，不断完善检索策略，以提高检索的查全率和查准率。

案例二：2023级建筑与城乡规划学院建筑学专业沈同学的课题调研

一　课题的分析

1　课题的名称：木拱廊桥建筑的现代转译设计研究

2　课题涉及的主要概念分析

通过对课题名称的“切分、删除、替换、补充”，剖析出课题的核心概念、相关概念及隐含概念，从而拟出检索的中英文检索词（表 F-2-1）。

表 F-2-1

从课题字面上选	从课题内涵选（同义词、近义词、上下位词）
廊桥（gallery/corridor/lounge/covered bridge）	风雨桥（weather bridge）
木拱廊桥（wooden arcade bridge）	
建筑（architecture）	古建筑/传统建筑（ancient architecture） 现代建筑（modern architecture）
现代转译（modern translation）	现代演绎（modern interpretation） 传统元素运用（application of traditional elements） 古今融合（fusion of ancient and modern）

3　总体检索思路

课题大致情况：我国对古建筑要素的现代融合已经有了不少研究。木拱廊桥是古建筑中的一种建筑类型。目前尚未有较多研究聚焦于木拱廊桥这一特定的古建筑类型，因此，应当从古建筑与现代建筑的融合和转译着手，再结合木拱廊桥的详细要素分解，从而聚焦到木拱廊桥的现代化转译研究。

由于研究创新点较为新颖，相关性较高的文献几乎没有，因此单一表达式可能无法收集全，可采用多主题、多角度的多次检索，然后限定到建筑学科领域，再通过对标题和摘要的略读，进一步筛选相关文献

本课题将从以下三方面展开综合检索：

先从普适的转译逐渐聚焦到木拱廊桥的转译：**各学科领域的转译→建筑学科中的转译→古建筑到现代建筑的转译→木拱廊桥建筑要素的现代转译**

单一概念：①廊桥；②木拱廊桥；③风雨桥

希望解决的问题：探寻出木拱廊桥的建筑元素，将其分类，并提取出可以转译的方面。

单一概念：①转译/演绎；②现代转译/现代演绎

希望解决的问题：明白演绎的原则和方法，清楚现代化转译的一系列策略。

概念关系：①古建筑与现代建筑；②传统建筑与现代建筑；③古今建筑融合

希望解决的问题：总结出古建筑现代化的研究现状和问题，学习前人如何把古建筑的要素运用到现代建筑中，找出适用于木拱廊桥的具体策略和原则。

4 检索表达式

主题=廊桥 AND 篇名=（现代 OR 转译 OR 运用）

TI=(gallery OR corridor OR lounge OR covered) AND bridge*

二 课题检索过程记录

1 百度学术

1.1 检索式

intitle:(廊桥 (现代 | 转译 | 运用))

1.2 找到的结果（截图略）

1.3 你选定的最相关的结果（以参考文献格式记录并截图）

[1]王量量,刘雅茹,吴新烨,等.闽南廊桥的现代性表达策略——以福建省漳州市金峰大桥设计为例[J].建筑与文化, 2023(5):68-70.

1.4 说明选择该文的原因，对你从事课题研究有什么启发（线索）

廊桥的**现代表达策略**与我想研究的**现代化转译**的内涵类似，“现代表达”同义于“现代转译”。该文章从廊桥文化入手，解读了闽南廊桥的艺术特征，对漳州市金峰大桥进行解析，提出具有地域文化特色的现代设计策略，实现了廊桥的一种现代表达或转译。

该文章先分析廊桥的概念和特征，细化廊桥要素，再通过一个实践案例，提出并探寻了闽南廊桥的现代表达方式，包括普适性原则和案例的具体策略，**行文逻辑**值得我参考学习。

让我明白了廊桥的现代转译并非简单地照搬传统的“形”，而是要探寻古人追求的“意”，真正的地域文化再生，应当探索尝试缓解“意”与“形”的矛盾、建立“新”与“旧”的关系，在重建旧时历史的同时，融入现代的记忆与痕迹，形成当代的独特价值。

教师点评：该学生使用课题的主题概念进行了初步的百度学术检索，从中挑选出最相关的文献，并从文献中获取了课题研究的参考思路。

2 图书搜索

2.1 检索式（概念、研究方法、实验方法任意选择一个检索）

T=木拱廊桥（比较适合，图书都是建筑学科的）

K=廊桥 AND（现代 OR 转译）

2.2 具体的检索结果，即概念的解释、研究方法或实验方法具体的操作过程等（截图表示）

[1]程霏，沈策. 贯木拱廊桥[M]. 哈尔滨：黑龙江少年儿童出版社，2020.

[2]吴卓珈. 木拱廊桥营造技艺　传承人口述实录[M]. 北京：中国书籍出版社，2020.

教师点评：该学生使用福建省高校数字图书馆（FULink）（图 F-2-1）平台对课题的主题概念“木拱廊桥”进行了图书信息的搜索。图书搜索的目的是查找与课题有关的信息，除了 FULink 平台，还可以使用读秀平台进行相关概念、研究方法、技术方案、实验方法等的查找。

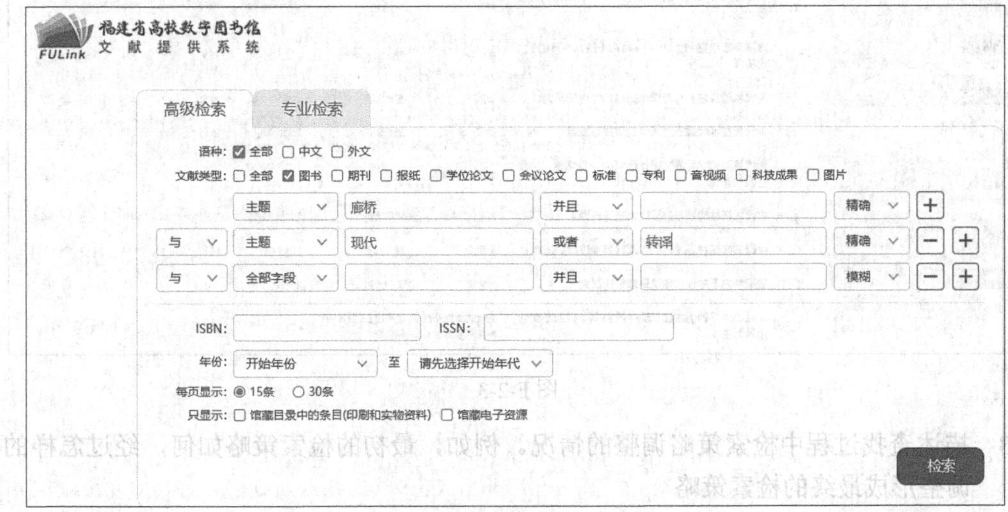

图 F-2-1

3　中文论文检索（选用 CNKI 跨库查找期刊论文、学位论文、会议论文）

3.1　检索式（最终的）

篇名=木拱廊桥；篇名=廊桥 OR 风雨桥

篇名=转译 OR 现代；篇名=演绎 OR 现代运用

篇名=(古建筑 OR 传统 OR 元素) AND 现代建筑

主题=廊桥 AND 篇名=（现代 OR 转译 OR 运用）

3.2　检索平台设置和检索结果页面（图 F-2-2、图 F-2-3）

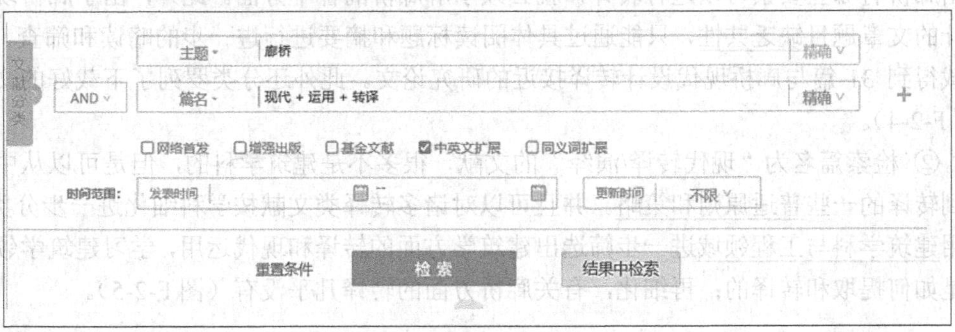

图 F-2-2

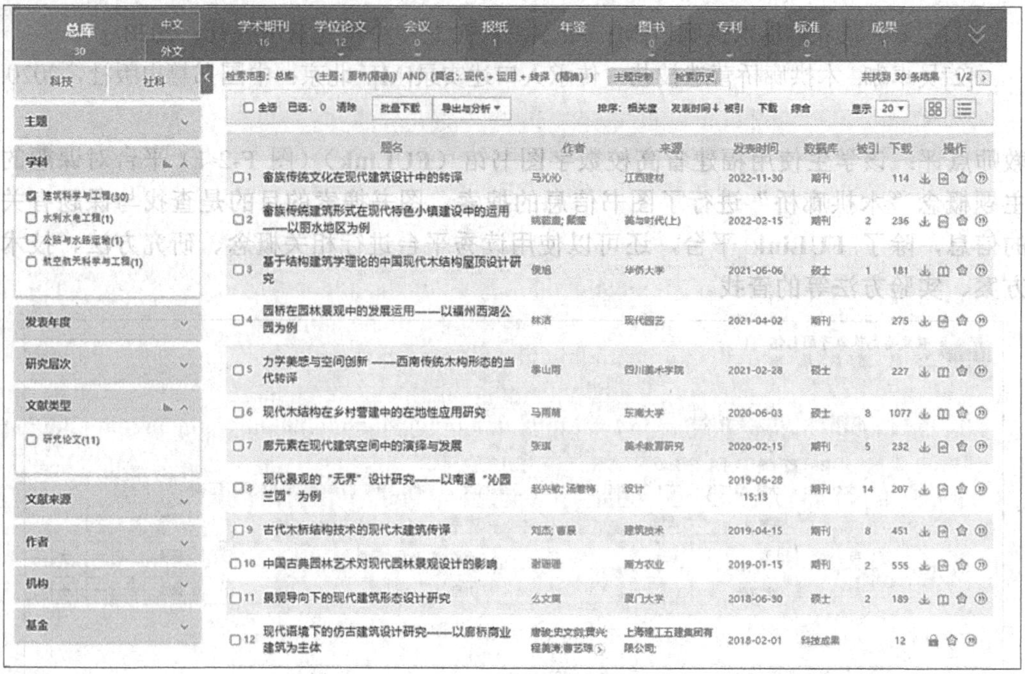

图 F-2-3

3.3 描述查找过程中检索策略调整的情况。例如，最初的检索策略如何，经过怎样的调整形成最终的检索策略

因为研究课题的内容较为新颖，最初想要既有木拱廊桥又有现代转译的文献，但发现相关文献特别少，所以只能把检索词放大和同义词替换，如木拱廊桥→廊桥，现代转译→现代设计/演绎/运用。但是检索出来的论文还是很少，因为确实很少有人研究廊桥的现代设计。

因此，我把目标聚焦到①廊桥、②转译/现代设计、③传统建筑/古建筑与现代建筑 三大部分分开检索，①和②是相关核心概念，③是两者的关系内涵。

① 检索篇名为“廊桥”，并选择建筑学科与工程领域，检索出195篇，对其中有用的100多篇进行分类，分为结构、造型、保护、文化等多方面，不敢遗漏的原因是想要找出廊桥有哪些要素可以进行转译，就必须了解廊桥的各个方面。此外，由于廊桥现代设计的文章题目缺乏共性，只能通过具体阅读标题和摘要进行进一步的略读和筛查，并下载得到 31 篇与廊桥现代设计转译接近的研究论文。此外还分类罗列了下载好的文献（图 F-2-4）。

② 检索篇名为“现代转译/演绎”的文献，很多不是建筑学科的，但是可以从中学习到转译的一些普适原则和策略。并且可以对诸多转译类文献按学科细化进一步分类；再用建筑学科与工程领域进一步筛选出建筑学方面的转译和现代运用，学习建筑学领域内是如何提取和转译的；再细化，有关廊桥方面的转译几乎没有（图 F-2-5）。

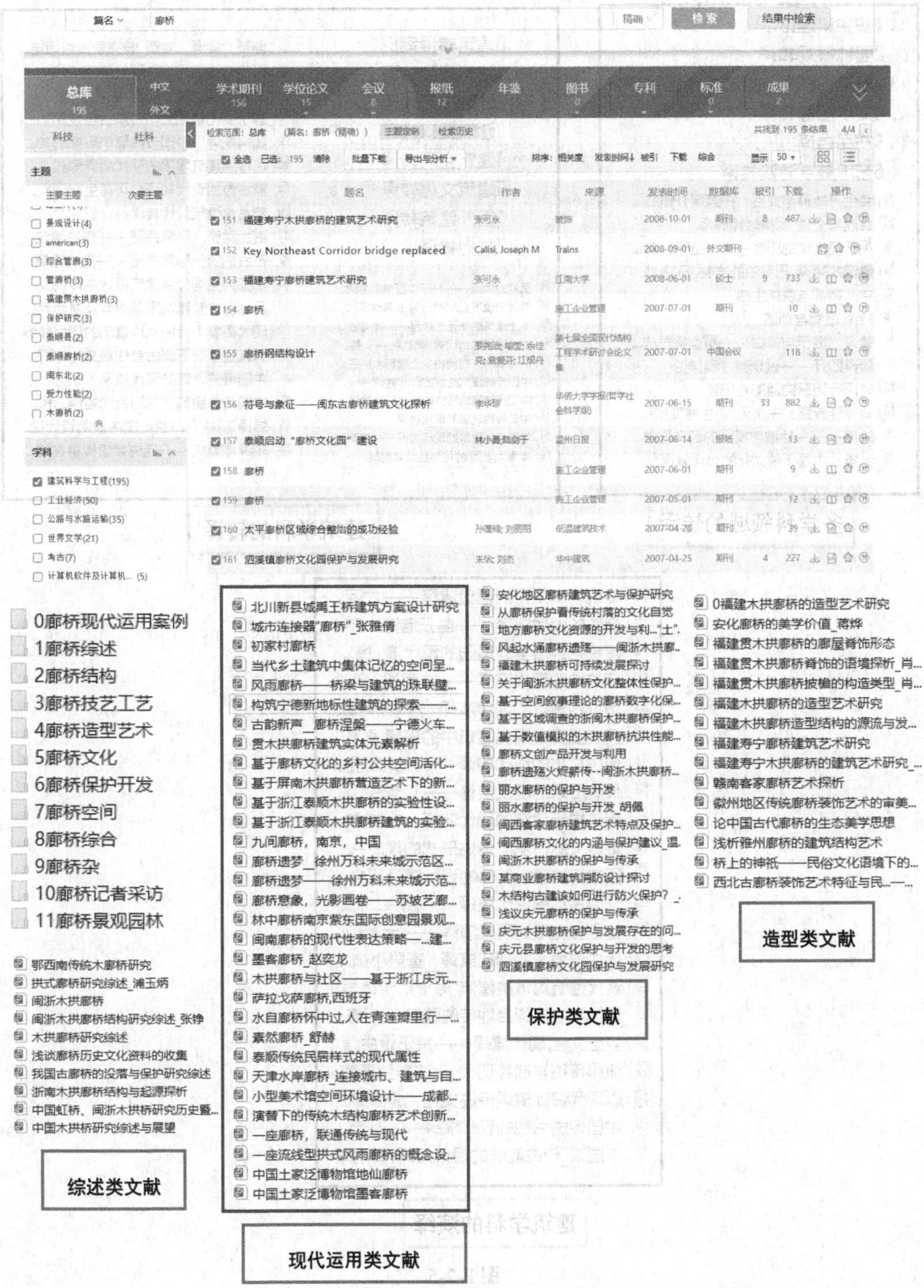
篇名 廊桥 精确 检索 结果中检索
总库 195 中文 外文 学术期刊 156 学位论文 15 会议 8 报纸 12 年鉴 图书 0 专利 标准 0 成果 2
科技 社科
主题
景观设计(4)
american(3)
综合管廊(3)
管廊桥(3)
福建贯木拱廊桥(3)
保护研究(3)
泰顺县(2)
泰顺廊桥(2)
闽东北(2)
受力性能(2)
木廊桥(2)
学科
建筑科学与工程(195)
工业经济(50)
公路与水路运输(35)
世界文学(21)
考古(7)
计算机软件及计算机...(5)
151 福建寿宁木拱廊桥的建筑艺术研究
152 Key Northeast Corridor bridge replaced
153 福建寿宁廊桥建筑艺术研究
154 廊桥
155 廊桥钢结构设计
156 符号与象征——闽东古廊桥建筑文化探析
157 泰顺启动"廊桥文化园"建设
158 廊桥
159 廊桥
160 太平廊桥区域综合整治的成功经验
161 泗溪镇廊桥文化园保护与发展研究
0廊桥现代运用案例
1廊桥综述
2廊桥结构
3廊桥技艺工艺
4廊桥造型艺术
5廊桥文化
6廊桥保护开发
7廊桥空间
8廊桥综合
9廊桥杂
10廊桥记者采访
11廊桥景观园林
鄂西南传统木廊桥研究
拱式廊桥研究综述_浦玉炳
闽浙木拱廊桥
闽浙木拱廊桥结构研究综述_张铮
木拱廊桥研究综述
浅谈廊桥历史文化资料的收集
我国古廊桥的没落与保护研究综述
浙南木拱廊桥结构与起源探析
中国虹桥、闽浙木拱桥研究历史暨...
中国木拱桥研究综述与展望
综述类文献
北川新县城禹王桥建筑方案设计研究
城市连接器"廊桥"_张雅倩
初家村廊桥
当代乡土建筑中集体记忆的空间呈...
风雨廊桥——桥梁与建筑的珠联璧...
构筑宁德新地标性建筑的探索——...
古韵新声_廊桥涅槃——宁德火车...
贯木拱廊桥建筑实体元素解析
基于廊桥文化的乡村公共空间活化...
基于屏南木拱廊桥营造艺术下的新...
基于浙江泰顺木拱廊桥的实验性设...
基于浙江泰顺木拱廊桥建筑的实验...
九间廊桥，南京，中国
廊桥遗梦_徐州万科未来城示范区...
廊桥遗梦——徐州万科未来城示范...
廊桥意象，光影画卷——苏坡艺廊...
林中廊桥南京紫东国际创意园景观...
闽南廊桥的现代性表达策略—建...
墨客廊桥_赵奕龙
木拱廊桥与社区——基于浙江庆元...
萨拉戈萨廊桥,西班牙
水自廊桥怀中过,人在青莲瓣里行—...
素然廊桥_舒赫
泰顺传统民居样式的现代属性
天津水岸廊桥_连接城市、建筑与自...
小型美术馆空间环境设计——成都...
演替下的传统木结构廊桥艺术创新...
一座廊桥，联通传统与现代
一座流线型拱式风雨廊桥的概念设...
中国土家泛博物馆地仙廊桥
中国土家泛博物馆墨客廊桥
现代运用类文献
安化地区廊桥建筑艺术与保护研究
从廊桥保护看传统村落的文化自觉
地方廊桥文化资源的开发与利..."土"...
风起水涌廊桥遗殇——闽浙木拱廊...
福建木拱廊桥可持续发展探讨
关于闽浙木拱廊桥文化整体性保护...
基于空间叙事理论的廊桥数字化保...
基于区域调查的浙闽木拱廊桥保护...
基于数值模拟的木拱廊桥抗洪性能...
廊桥文创产品开发与利用
廊桥遗殇火烬薪传--闽浙木拱廊桥...
丽水廊桥的保护与开发
丽水廊桥的保护与开发_胡佩
闽西客家廊桥建筑艺术特点及保护...
闽西廊桥文化的内涵与保护建议_温...
闽浙木拱廊桥的保护与传承
某商业廊桥建筑消防设计探讨
木结构古建该如何进行防火保护?...
浅议庆元廊桥的保护与传承
庆元木拱廊桥保护与发展存在的问...
庆元县廊桥文化保护与开发的思考
泗溪镇廊桥文化园保护与发展研究
保护类文献
0福建木拱廊桥的造型艺术研究
安化廊桥的美学价值_蒋烨
福建贯木拱廊桥的廊屋脊饰形态
福建贯木拱廊桥脊饰的语境探析_肖...
福建贯木拱廊桥披檐的构造类型_肖...
福建木拱廊桥的造型艺术研究
福建木拱廊桥造型结构的源流与发...
福建寿宁廊桥建筑艺术研究
福建寿宁木拱廊桥的建筑艺术研究_...
赣南客家廊桥艺术探析
徽州地区传统廊桥装饰艺术的审美...
论中国古代廊桥的生态美学思想
浅析雅州廊桥的建筑结构艺术
桥上的神祇——民俗文化语境下的...
西北古廊桥装饰艺术特征与民...—...
造型类文献

图 F-2-4

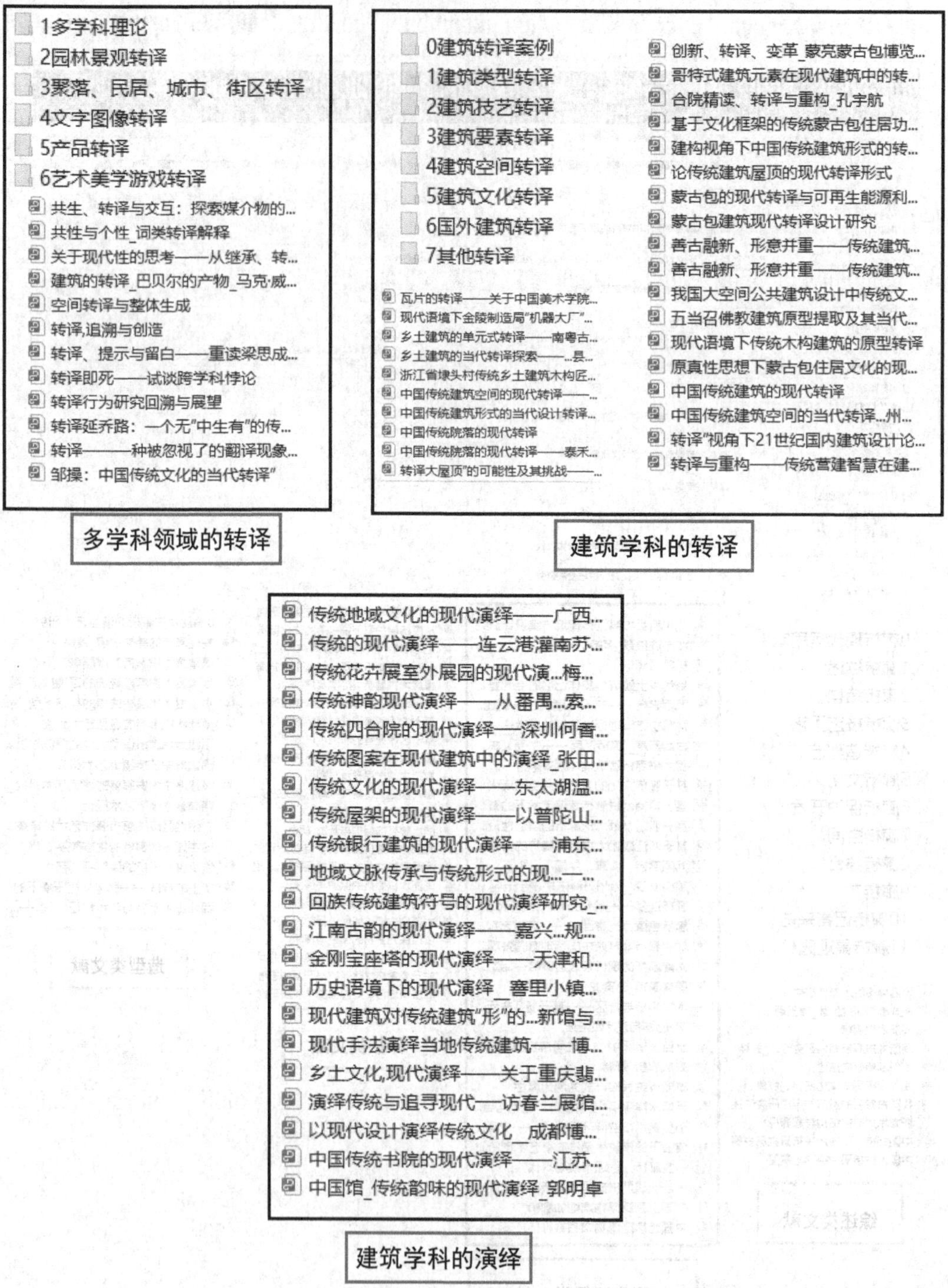

图 F-2-5

③ 检索篇名为“古建筑/传统/元素与现代建筑”，此类检索可以是模糊检索，只是为了找寻与题目类似的从古至今的转译的行文逻辑，删除室内和园林的篇名关键词，然后筛选出建筑科学领域的文献，论文数量较多，可选取部分引用和下载量较高的文献、

最新的文献，以及核心期刊的文献用来参考（图 F-2-6、图 F-2-7）。

图 F-2-6

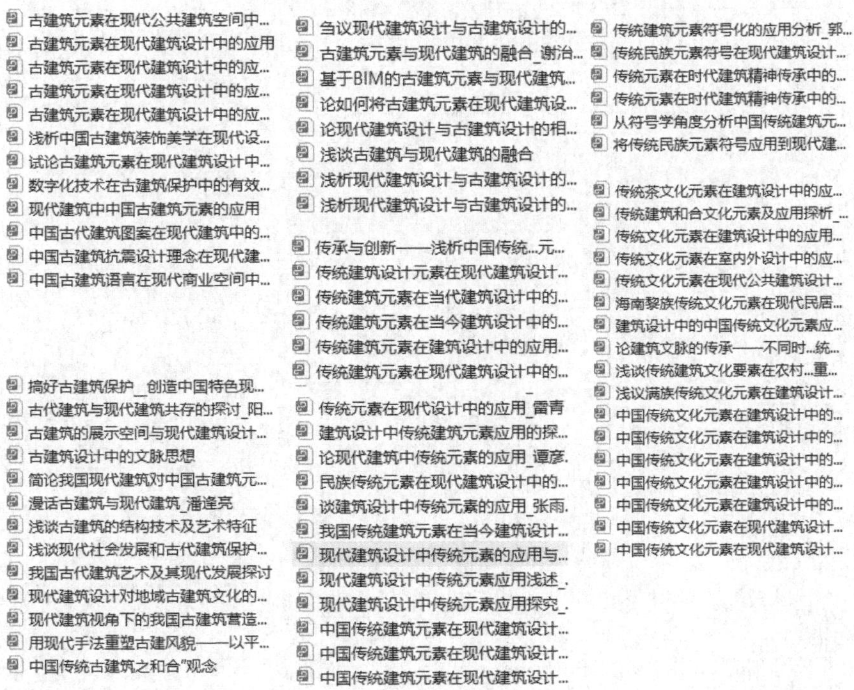

图 F-2-7

教师点评：该学生能够从课题的内涵考虑，通过补充检索词的同义词和上、下位词，从三个方面分别进行检索，从而扩展了课题的检索范围，有助于了解课题相关知识。

4 外文文献（利用 WoS 或 EI 检索与课题有关的信息，若是选用 SCI，则在“核心合集”里检索）

4.1 检索工具（SCI）

4.2 检索式（最终的）

国外对于廊桥研究的文献很少，仅仅针对廊桥这一核心概念即可。

TI=(gallery OR corridor OR lounge OR covered) AND bridge*

4.3 检索平台设置和检索结果页面须截图（截图略）

教师点评：由于国外关于廊桥研究的文献很少，该学生使用了上位词“廊桥”这一核心概念进行外文检索，提高了检索的查全率。

指导教师总评：因为该课题比较新颖，相关文献比较少，该生能够从课题的内涵考虑，补充检索词的同义词和上、下位词，使检索策略更周全，从而扩展了课题的检索范围，能够从多方位多角度了解课题相关知识。该学生不仅有针对性地收集文献，还进行归类分析，可见其文献调研非常充分且认真。